böhlau

Tanja Schult & Julia Lange (Hg.)

Was denkt das Denkmal?

Mit Zeichnungen von Patrick Nilsson

Böhlau Verlag Wien Köln

Bibliografische Information der Deutschen Nationalbibliothek:
Die Deutsche Nationalbibliothek verzeichnet diese Publikation in der Deutschen Nationalbibliografie; detaillierte bibliografische Daten sind im Internet über https://dnb.d-nb.de abrufbar.

Umschlagabbildung: © Patrick Nilsson
Korrektorat: Sara Alexandra Horn
Umschlaggestaltung: Michael Haderer, Wien
Druck und Bindung: Finidr, Cesky Tesin
Gedruckt auf chlor- und säurefreiem Papier
Printed in the EU

Vandenhoeck & Ruprecht Verlage |
www.vandenhoeck-ruprecht-verlage.com

ISBN 978-3-412-52280-3

Für Niklas,
der diesem Buch seinen Namen gab

Inhalt

Ein- und Ausblicke

Maulende Monumente

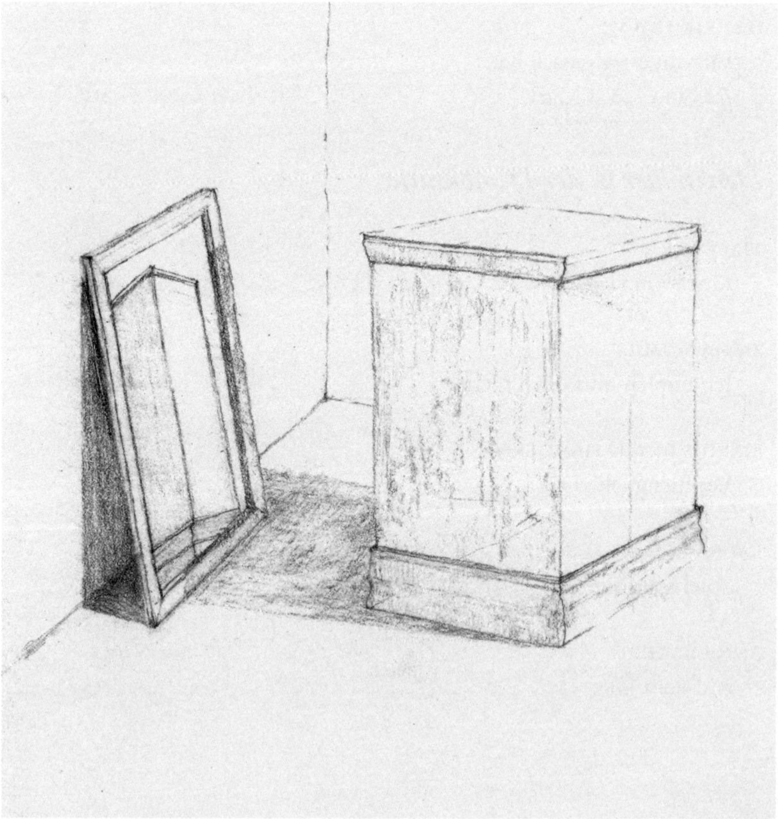

Vorwort der Herausgeberinnen

Denkste?

Alles begann mit einer Diskussion am Abendbrottisch.

Ich versuchte meinen Söhnen zu erklären, worum es in meinem neuen Forschungsantrag gehen sollte: Mit Denkmälern Demokratie erdenken. Da fragte Niklas: „Was denkt eigentlich das Denkmal?“ Damit war ein kongenialer Buchtitel geboren.

In der winterlichen Dunkelheit Stockholms im Jahr 2018 konnten wir kaum erahnen, dass den Denkmalstürzen von Kapstadt und Charlottesville bereits im Frühjahr 2020 viele weitere folgen sollten. Wieder einmal wurde das oft zitierte Diktum des österreichischen Schriftstellers Robert Musil *ad absurdum* geführt. Vor bald 100 Jahren hatte er verkündet, dass nichts auf der Welt so unsichtbar sei wie Denkmäler. Nun waren sie so sichtbar wie nie zuvor und wurden gleichsam zum Motor für gesellschaftliche Veränderungsprozesse.

Mit welchen Antworten könnte der angedachte Titel zur laufenden Denkmaldiskussion beitragen – und wie könnte das Buch realisiert werden?

Als Tanja mich einlud, an diesem Projekt mitzuwirken, saß ich gerade an einem Aufsatz zur deutschamerikanischen Erinnerungspolitik. Darin ging es auch um Denkmäler und ihre Rolle bei der Konstruktion ethnischer Identität. Anders gesagt: um Bedeutungen, die Denkmälern von verschiedenen Akteuren zugeschrieben wurden, um die in ihnen ikonisch verdichtete Vergangenheit „brauchbar" zu machen und bestimmte Interessen in der Gegenwart zu legitimieren. Den Gedankenwelten und Gefühlen von Denkmälern war ich hingegen noch nicht auf den Grund gegangen. Dabei gestehen wir ihnen, indem wir sie vermenschlichen – „schau, da steht der Hermann!" –, und mit der Art, wie wir über sie sprechen – „die beiden Denkmäler stehen im Dialog miteinander" –, ja oft eine Form von Artikulations- und Handlungsfähigkeit zu. Spannend und längst überfällig, dachte ich mir, diesen Fragen intensiver nachzuspüren.

In dieser Anthologie begeben wir uns zusammen mit anderen WissenschaftlerInnen, KünstlerInnen und AusstellungsmacherInnen auf eine Entdeckungstour in Raum und Zeit und wagen einen Perspektivenwechsel. Die AutorInnen fragen sich, wie es ausgewählten Denkmälern im Wandel der Zeiten erging, hin- und hergerissen zwischen ursprünglichen Intentionen, Umdeutungen und Instrumentalisierungen. Mit tiefgründigem Humor begeben sie sich in den Kopf der Freiheitsstatue, lassen die Brooklyn Bridge über ihre Rezeption in der Literatur zu Wort kommen oder enttarnen die Neue Wache in Berlin als konservative Querdenkerin. Andere räsonieren über die nackte Weiblichkeit im schwedischen Wohlfahrtsstaat oder schlüpfen in die Rolle des Sockels, der unter der Büste eines Nazidichters leidet. Einfühlsam werden Themen wie Völkermord, Kolonialismus und Rassismus aufgegriffen und die Bedeutung sowie Funktion von Denkmälern in Demokratien und im digitalen Zeitalter reflektiert. Fundierte Kenntnisse zur Geschichte, Gestaltung und Bedeutung bekannter und weniger vertrauter Denkmäler werden dabei anschaulich und abwechslungsreich vermittelt.

Allen AutorInnen, die an diesem intellektuellen Experiment mitgewirkt haben, danken wir herzlich. Unser besonderer Dank gilt Patrick Nilsson, der mit seinen Bildern dieses Buch bereichert hat. Sein spitzfindiger Humor zeigt sich bereits auf dem Umschlag –

schauen Sie genauer hin! Horcht der alte Mann tatsächlich in das Denkmal hinein? Dafür müsste er das Glas andersherum halten …

Wir laden Sie ein, zu lauschen, sich überraschen zu lassen, Denkmäler neu zu sehen – oder überhaupt erst wahrzunehmen, und sind gespannt, was Sie nun denken.

Tanja Schult, die Mama vom Fragensteller Niklas und seinem Bruder Mats, & **Julia Lange**

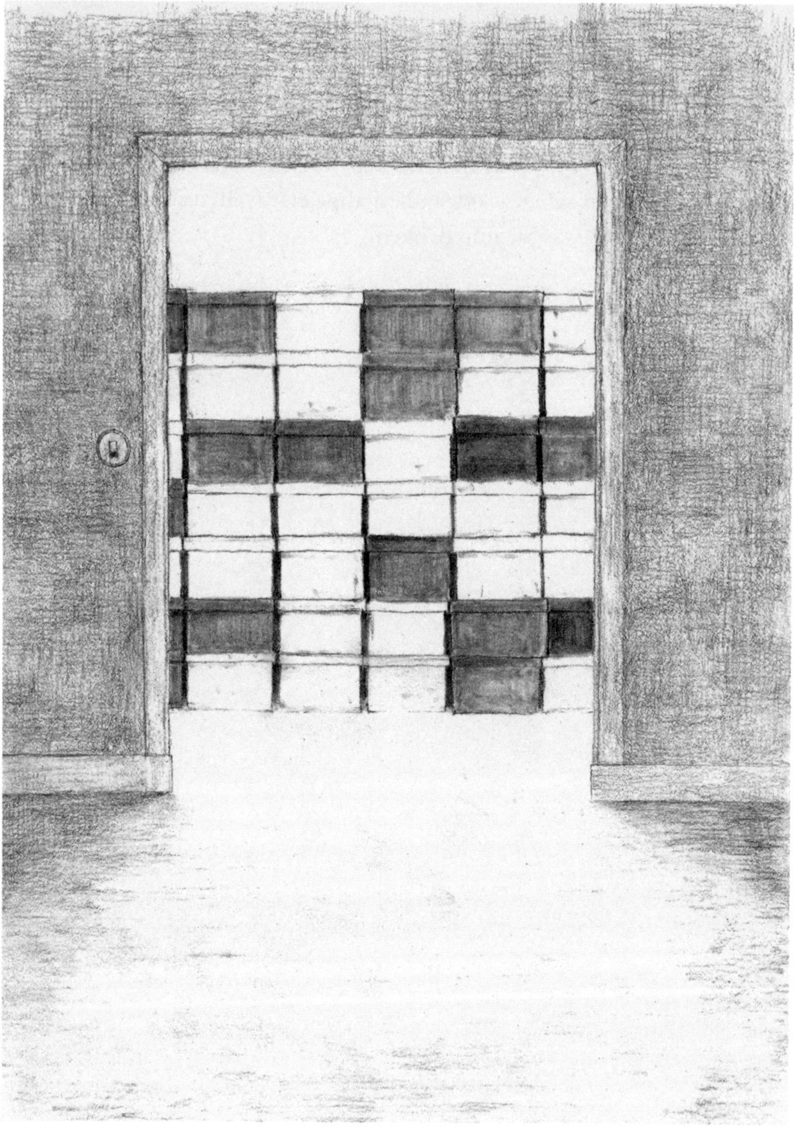

Gedanken übers Denkmalmachen

REBECKA KATZ THOR

Mich wird es geben

Andere sind verschwunden. Aber mich wird man errichten. Denn jetzt bin ich an der Reihe. Ich werde daran erinnern, was vergessen wurde – nicht daran, was im Laufe der Jahre in Vergessenheit geriet, sondern an bewusst Verdrängtes. An geschichtliche Ereignisse, denen sich die Nation nicht gerne stellt. Mich wird es geben – ein Denkmal über eine nicht verheilte Wunde, über eine Zeit, die nach Aufmerksamkeit verlangt.

Im Sommer 2020 demonstrierten Millionen von Menschen unter der Parole „Black Lives Matter“. Diese Bewegung war ein paar Jahre zuvor als Reaktion auf die Polizeigewalt und den strukturellen Rassismus in den USA entstanden. Eine der zentralen Fragen der Proteste war, an welche geschichtlichen Ereignisse erinnert und wie diese im öffentlichen Raum dargestellt werden sollten. Sowohl in den USA als auch in Europa wurden Forderungen laut, Denkmäler ehemaliger Sklavenhändler und Kolonialherren zu entfernen. Einige wurden von Demonstranten gewaltsam niedergerissen, andere von offizieller Seite stillschweigend abmontiert. Auch in Schweden wurden Gedenkorte für bislang verehrte Persönlichkeiten, wie den Botaniker Carl von Linné, infrage gestellt.

Ein Denkmal zu errichten ist eine kollektive Angelegenheit. Es ist eine Möglichkeit zu sagen: Wir zollen denen Respekt, die sich um das Gemeinwohl verdient gemacht haben, erinnern an die, die gelitten haben. Verdienste oder Unrecht werden durch Denkmäler öffentlich anerkannt. Denkmäler weisen zudem in die Zukunft, denn nicht nur gegenwärtige Generationen sollen von diesen Menschen oder Ereignissen wissen. In der Materialisierung manifestiert sich die Hoffnung, dass auch nachfolgende Generationen von diesen Geschichten erfahren und dadurch in ihrem Handeln beeinflusst werden.

Die Errichtung eines Denkmals kann aber auch den gegenteiligen Effekt haben, also nicht zum Erinnern, zur Nachahmung oder Aufarbeitung anregen, sondern eher als Versuch erscheinen, endlich einen Schlussstrich unter ein unbequemes Kapitel zu ziehen (wie es viele im Fall des jahrzehntelang debattierten Holocaustdenkmals in Berlin befürchteten).

Die meisten Denkmäler sind Teil einer größeren (nationalen) Erzählung. Dabei ist es von Bedeutung, dass sie im öffentlichen Raum errichtet werden, wo sie den Blicken der Menschen immer wieder ausgesetzt sind. Diese Begegnungen mit den auf Dauer angelegten Werken birgt die Möglichkeit, Geschichte immer aufs Neue ins kollektive Gedächtnis einzuschreiben.

Im Juli 1784 unterzeichneten der schwedische König Gustav III. und der französische Monarch Ludwig XVI. einen Vertrag. Darin wurde Schweden die westindische Insel Saint-Barthélemy zugesprochen. Frankreich durfte im Gegenzug eine Handelszone in Göteborg einrichten. Saint-Barthélemy blieb bis 1878 Schwedens karibische Kolonie. Hier wurde nicht nur mit Waren, sondern auch mit Menschen gehandelt. Dies stellt eine Fortführung des kolonialen Prozesses dar, der bereits im 12. Jahrhundert mit der Inbesitznahme des Siedlungsgebiets der Samen begann – Sápmi, einem Gebiet, das sich über weite Teile des heutigen nördlichen Schwedens, Norwegens, Finnlands und Russlands erstreckt. Das Quartier, das Frankreich als Handelszone zugesprochen bekam, trägt noch heute den Namen „Franska tomten“, „Französisches Grundstück“. Um an diese Vergangenheit zu erinnern, soll ich errichtet werden.

Mit dem Vertrag von 1784 waren König Gustavs III. langgehegte Kolonialträume wahr geworden. Doch wie sich herausstellte, war Saint-Barthélemy nicht für die Landwirtschaft geeignet, auch war die Nachfrage nach Kolonialwaren in Schweden eher gering. Um der Insel dennoch wirtschaftlichen Profit abzuringen, wurde sie zu einer Freihandelszone erklärt – was im Klartext bedeutete, dass die schwedische Kolonie zu einen Transithafen für den amerikanischen Sklavenhandel wurde. Davon versprach sich der schwedische König jedoch mehr, als der Handel tatsächlich abwarf. Nachdem weitere Kolonialträume platzten, verkaufte Schweden Saint-Barthélemy 1878 wieder an Frankreich.

Schwedens fast 100-jährige koloniale Vergangenheit wurde rasch aus der nationalen Geschichtsschreibung getilgt. Dieses Ausblenden der eigenen schambefleckten Geschichte dauert bis heute an – zum vorherrschenden schwedischen Selbstverständnis gehört es immer noch, die eigene koloniale Präsenz in Sápmi auszublenden. Ebenso hat es Jahrzehnte gedauert, die schwedische Neutralität während des Zweiten Weltkriegs kritisch zu hinterfragen. An etablierten Vorstellungen von Schweden als moralischer Großmacht änderten lange Zeit auch viele wissenschaftliche Publikationen wenig.

Die internationale Kunstbiennale in Göteborg (GIBCA) rief 2019 die Frage hervor, ob der „Franska tomten" nicht Ort einer künstlerischen Ausgestaltung werden sollte – ein Kunstprojekt, ein Denkmal gar, sollte diesen Ort und dessen Geschichte kritisch hinterfragen. Das war die Stunde meiner Geburt. Beim Schreiben dieser Zeilen ist meine Ausgestaltung noch im Findungsprozess, aber allein die Initiative, sie zählt! Diese Geste zeugt von dem Willen, sich endlich dem zu stellen, was hier passiert ist. Damit meine ich nicht nur die Zeit, als das Quartier hier tatsächlich Frankreich gehörte. Ich meine, die Geste zeugt auch von dem Willen, sich endlich dem zu stellen, was dem schwedisch-französischen Vertrag vorausging, und dem, was weit in unsere Zeit hineinreicht. Es geht um die Anfänge und die Fortführung des kolonialen Denkens.

Jene Kolonialzeit hat aber ganz konkrete, künstlerische Spuren an eben diesem Ort hinterlassen. An den Fassaden der Häuser finden sich Reliefs, die von der expansiven Seefahrtgeschichte künden. Das koloniale Erbe zeigt sich auch in der ornamentalen Ausgestaltung von Straßenlaternen. Unter anderem findet sich hier eine Szene mit einem Flusspferd, einem Affen und vier Menschen mit Lendenschurz, zwei davon tragen einen dritten in einem Tragestuhl, der vierte balanciert ein Paket auf dem Kopf. Die Szene ist eingebettet in eine tropische Pflanzenwelt. Vor diesem Hintergrund und auf diesem Boden werde ich errichtet.

Bei der Errichtung eines öffentlichen Denkmals geht es um die Forderung nach Sichtbarmachung, Anerkennung und Aufarbeitung eines verübten Verbrechens – diese Forderung wird im Denkmal dingfest gemacht, ist ein materialisiertes Eingeständnis des ehemals verübten Unrechts und verweist darauf, dass es Wunden hinterlassen hat, die bis in die Gegenwart hineinwirken. Ein Aufarbeitungsprozess beinhaltet damit immer eine Anerkennung des vorangegangen Hasses, von physischer und struktureller Gewalt. Die Kolonialisierung von Sápmi ist ein konkretes Beispiel dafür, wie geschaffenes Unrecht eine bleibende Wunde hinterlässt, die in unsere Zeit hineinreicht.

Im Jahre 2000 wurden die Samen in Schweden als ethnische Minderheit anerkannt, was ihnen ein gewisses Maß an Selbstbestimmung sicherte. Neue Gesetze schützen auch die für ihre Kultur und ihr wirtschaftliches Überleben wichtige Rentierhaltung. Gleichzeitig leben koloniale Ideen fort, denn Sápmi bleibt als Gebiet zwischen den Nationalstaaten Schweden, Norwegen, Finnland und Russland zerstückelt.

Unrecht verlangt nach Anerkennung. Dabei geht nicht darum, Verbrechen wieder gut zu machen. Das ist oft unmöglich. Es geht um die Anerkennung derjenigen, die zu Opfern geworden sind. Aber es geht auch darum, dass die Opferrolle nicht auf ewig festgeschrieben sein kann. Sie kann sich unter neuen Machtverhältnissen verändern. Die Frage ist, wie sich die Machthabenden – und das meint in einer Demokratie die Mehrheitsgesellschaft – gegenüber denjenigen verhalten, denen Unrecht zugefügt wurde.

Im Grunde ist dies eine philosophische Frage. Hier geht es um Verantwortung. Das Wort impliziert ein Antworten, ein Annehmen, und auch ein In-die-Pflicht-genommen-Werden. Verantwortung tragen meint, dass dem Schuldeingeständnis Handeln folgen muss – es geht nicht nur um symbolische Anerkennung (wie zum

Beispiel das bloße Entfernen von Denkmälern, die Teile der Bevölkerung kränken). Dem verbalen Verantworten müssen konkret Taten folgen, sich soziale Strukturen und Machtverhältnisse ändern.

Ein Denkmal ist eine Art von Antwort, eine Reaktion auf Vorangegangenes. Doch wie fällt diese Antwort aus? Es ist äußerst wichtig, wer diese Antwort gibt, wer in den Prozess der Antwortfindung eingebunden wird. Wer initiiert und realisiert welche Denkmäler? Wer möchte an wen oder was erinnern und zu welchem Zweck?

Du stehst verkehrt herum. Auf dem Kopf. Das dunkle Wasser verbirgt dich. Du wurdest verbannt, ins schwarze Nass abgeschoben, doch die Geschichte, an die du erinnerst, lebt fort. Wenn du ihre Spuren bist, so sind die Spuren nun nur weniger sichtbar.

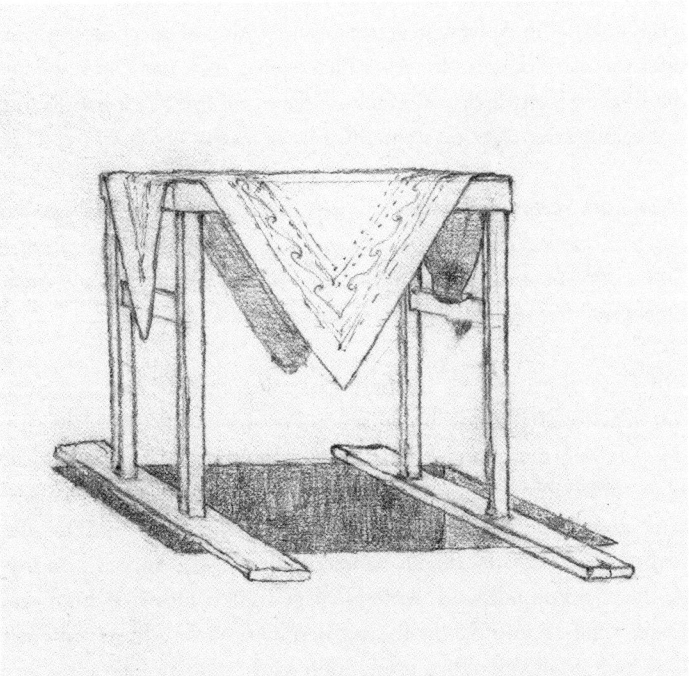

Jedes Denkmal ist geprägt von drei Zeitschichten: der Zeit, die es repräsentiert, der Zeit, in der es erschaffen wird, und der Zeit, in der es gelesen werden soll. Es ist diese Dreifaltigkeit, oder Dreigeteiltheit, die das Prisma des Verständnisses ausmacht. Wichtig ist dabei, dass der Blick auf das Denkmal stets veränderlich ist und davon abhängt, wer das Denkmal betrachtet und wann dies geschieht. Das Denkmal wird immer vor dem Hintergrund aktueller Gegenwartsfragen betrachtet.

Die drei zeitlichen „Verheimatungen" des Denkmals sollten nicht statisch als Vergangenheit, Gegenwart und Zukunft aufgefasst werden. Vielmehr ist das Betrachten ein Vorgang, gleicht einer Bewegung, die sich zwischen verschiedenen Polen im Hier und Jetzt, Da und Dort und einer ungewissen Zukunft hin- und herbewegt. Im Denkmal ist eine Spannung angelegt, die sich aus der Wirkungsmacht des Denkmals und des Dargestellten im Zusammenspiel mit dem Betrachten ergibt. Ein Denkmal zu verstehen verlangt, die Umstände seiner Entstehung zu erfahren: Wer hat das Denkmal in Auftrag gegeben, wann wurde es errichtet und wer oder was wird dargestellt? Aber gleichzeitig trifft das Denkmal auf die Blicke gegenwärtiger Betrachter, die es aus ihrer Zeit heraus und mit veränderten Wertesystemen ins Auge fassen.

Du da, du suchst noch immer deinen Sockel heim. Auch du wurdest entfernt, aber dein Schatten ist lang. Die Proteste forderten deinen Sturz, „Rhodes must fall"…, aber was änderte sich wirklich, nachdem du entfernt wurdest?

Ein Gedenkprojekt zu initiieren ist ein sich Auseinandersetzen mit gegenwärtigen und historischen Positionen. Es geht dabei um die Anerkennung von Verletzlichkeit, die Anerkennung derer, die Hass und Bedrohung, physischer oder struktureller Gewalt ausgesetzt sind. Verletzbarkeit und Trauerarbeit sind daher miteinander verbundene Begriffe, die an Konzepte des Gedächtnisses und Gedenkens gekoppelt sind. Anders ausgedrückt: Das Errichten von Denkmälern hängt davon ab, wer betrauert wird, und wer in einer Gesellschaft als verletzlich verstanden wird.

Ihr, die ihr nicht mehr auf euren Sockeln steht, ihr, die entfernt oder anderswo aufgestellt oder gestürzt wurdet, wie im Zuge der „Black Lives Matter"-Bewegung, was bedeutet eure Abwesenheit für meine Anwesenheit? Kann ich vielleicht erst errichtet werden, nachdem ihr gefallen seid? Denn nebeneinander stehen können wir nun mal nicht, auch wenn wir an dieselbe Vergangenheit erinnern.

Es erfordert Mut, dem nachzuspüren, was wehtut. Damit sind auch Geschichten gemeint, die in der großen nationalen Standarderzählung keinen Platz gefunden haben, wie eben die über den schwedischen Kolonialismus. Aufarbeitung als einen Prozess zu verstehen, der ausharrt, beharrlich dabeibleibt, kann helfen, Widersprüchlichkeiten aufzubrechen, die solche Prozesse umgeben. Damit meine ich, dass jede Erinnerungsarbeit ein Prozess der Sichtbarmachung ist (ein aktives Erinnern) und eine Art des Abschlusses (ein passives Erinnern). Das aktive Erinnern ist offen und gestaltet sich gemäß der neuen in Schweden geltenden Definition des kulturellen Erbes. In einem Gesetzesentwurf von 2017 wurde festgelegt, dass der Begriff des Kulturerbes weit gefasst wird: „[A]llgemein kann Kulturerbe als Spur oder Ausdruck der Vergangenheit verstanden werden, einer Vergangenheit, der ein Wert zugesprochen wird und die in der Gegenwart zur Anwendung gelangt". Was vor allem betont wird, ist, dass es sich hier um einen andauernden Vorgang handelt: Es geht um Deutungen und Umdeutungen, um Wertungen, denen Neubewertungen folgen können. Das passive Erinnern dagegen meint ein Abschließenwollen – sowohl im wörtlichen als auch im übertragenen Sinne, ganz so wie Denkmäler historisch oft verwendet wurden. Sie boten Denkmalsetzern die Möglichkeit, einen Schlussstrich unter ein Kapitel zu ziehen, um dann weiterzugehen. Die aktive Erinnerungsarbeit möchte das Gegenteil: Sie will zeigen, dass die Geschichte in die Zukunft weist, und dass alles Erinnern im Grunde genauso viel damit zu tun hat, wie wir uns die Zukunft vorstellen, wie mit der Geschichte selbst. Das Dranbleiben, Verweilen fungiert als Strategie, um Vergessen zu verhindern und auch um keinen vorschnellen, vereinfachten Abschluss zu schaffen. Hier schreiben Denkmäler Geschichtsverständnisse nicht fest, sondern öffnen stattdessen Möglichkeiten, Geschichte neu- oder umzudenken.

Der Geschichte öffentlich ein Werk, einen Ort, eine Erzählung zu widmen, ist die höchste Form von Verantwortung, eine Stellungnahme. Ausgehend von der Idee des Verantwortens kann man sich verletzliche Positionen vorstellen, von denen aus zukünftiges Gedenken möglich ist. Doch können diese *Antworten* eben nicht als langfristig gültige Antworten angesehen werden, sondern als etwas, das im Grunde gekoppelt ist an die Bereitschaft, die Welt stets neu zu denken, Offenheit und Ungewissheit zu akzeptieren. Eine solche Haltung ist vereinbar damit, dass es nicht eine einzige Antwort auf gestellte Fragen geben kann oder soll – weder ganz konkret in dem einen verwirklichten Denk- oder Mahnmal noch durch dessen Antizipieren, wie es in diesem Text geschieht. Wie die konkrete Ausgestaltung letztlich aussieht, hängt vom jeweiligen Kontext ab. Das „Dranbleiben" verweist auf das ständige Insistieren, dass ein Denk- oder Mahnmal eben nie eine endgültige Antwort darauf darstellt, was in einer Gesellschaft als denkmalwürdig erachtet wird: Es ist – wie die Gesellschaft selbst – stets Veränderungen ausgesetzt.

Der „Franska tomten" in Göteborg ist ein windiger, leerer Platz. Angrenzend daran stehst du, das Delaware-Denkmal. Du erinnerst an die erste schwedische Kolonie in Amerika. Dich gibt es noch einmal, eine Kopie steht auf der anderen Seit des Atlantiks, eben dort, wo viele verarmte Schweden zum Ende des 19. Jahrhunderts ihr Glück suchten, in Wilmington, Delaware. Dich hat der bekannte schwedische Bildhauer Carl Milles erschaffen. Milles sympathisierte in den 1920er und 1930er Jahren mit Hitler, Mussolini und Franco. Was soll ich neben dir? Wird es mich auch mehrfach geben? Werde auch ich einen Doppelgänger in Delaware oder auf Saint-Barthélemy bekommen?

Was erinnert werden soll, ist nicht selbstverständlich. Die Frage muss sich jede Generation erneut stellen. Daher werden auch alle Denkmäler immer wieder umgedeutet und hinterfragt. Das bedeutet nicht zwangsläufig, dass Denkmäler im Laufe der Geschichte entfernt werden müssen, auch dann nicht, wenn sich das Verständnis einer historischen Epoche dramatisch ändert – aber potentiell muss es diese Möglichkeit geben. Vor allem aber geht es darum, in einem Punkt beharrlich zu sein: Denkmalsetzungen müssen so beschaffen sein, dass sie zu ernsthaften Auseinandersetzungen beitragen und nicht einfach nur eine leere Geste von Wiedergutmachung und Anerkennung darstellen, die, wenngleich aus beständigem Material, sofort wieder in Vergessenheit geraten.

Vielleicht werde ich doch nie errichtet, nicht materialisierte Wirklichkeit. Aber dennoch bin ich ein Teil der Antwort. Wenn es gut läuft, biete ich eine Neudeutung, wenn es schlecht läuft, ein Nivellieren, ein Überspielen. Wie auch immer, mich wird es geben.

Aus dem Schwedischen von Tanja Schult und Julia Lange.

Angaben zu den Werken

www.possiblemonuments.se
KünstlerInnen: Aria Dean, Ayesha Hameed, Daniela Ortiz, Fatima Moallim, Hanan Benammar, Jimmy Robert & Runo Lagomarsino
Auftraggeberinnen: Gothenburg International Biennale of Contemporary Art & Public Art Agency Sweden
Entstehungsjahr: 2020
Ort: Göteborg, Schweden

Edward-Colston-Denkmal
Künstler: John Cassidy
Auftraggeberin: Anchor Society
Jahr der Einweihung: 1895 – gestürzt 2020
Ort: Bristol, England

Cecil-Rhodes-Denkmal
Künstlerin: Marion Walgate
Auftraggeberin: University of Cape Town
Jahr der Einweihung: 1934 – gestürzt 2015
Ort: Kapstadt, Südafrika

Delaware-Denkmal
Künstler: Carl Milles
Auftraggeber: Kooperativa förbundet
Entstehungsjahr: 1938 – errichtet 1958
Ort: Göteborg, Schweden

Zum Nach- und Weiterlesen

Butler, Judith, *Raster des Krieges: Warum wir nicht jedes Leid beklagen* (Frankfurt am Main: Campus Verlag 2010).

Hirsch, Marianne, „Vulnerable Times", in: Butler, Judith, Zeynep Gambetti & Leticia Sabsay (Hg.), *Vulnerability in Resistance* (Durham: Duke University Press Books, 2016).

Katz Thor, Rebecka, *Beyond the Witness – Holocaust Representation and the Testimony of Images* (Stockholm: Art and Theory Publishing, 2018).

Rönnbäck, Klas, „Franska tomten och den svenska jakten på kolonier", in: Helena Holgersson, Catharina Thörn, Håkan Thörn & Mattias Wahlström (Hg.), *Studier av en stad i förändring* (Göteborg: Glänta, 2010).

Rebecka Katz Thor ist Geisteswissenschaftlerin und Autorin. Sie lebt in Stockholm. In ihrer Forschung befasst sie sich mit der Wirkungsmacht und Zeugenschaft von Bildern.

GEORG KREIS

Andacht mit der heiligen Bibiana

Denkmäler stehen auf zentralen, belebten Plätzen. Denkt man. Das ist allerdings nur eine, wenn vielleicht auch die häufigere Variante. Daneben gibt es aber auch Denkmäler, die bewusst an abgelegenen Orten platziert werden, in Hainen, auf Bergspitzen oder in Grotten, damit man sich hinbemühen – hinpilgern – muss. In der einen Variante will das Denkmal gesehen werden, drängt sich gar auf. In der anderen Variante wünscht das Denkmal, sofern es überhaupt selbst etwas wünscht, dass man zu ihm geht.

Mein Denkmal steht an einem solchen abgelegenen Ort. Es steht in Rom, wo ich ein paar Forschungswochen am Istituto Svizzero verbrachte. Es ist nicht der Vittoriano, der für Vittorio Emanuele II. errichtete und in den 1920er Jahren vollendete *altare delle patria*, der jeden Tag von Hunderten von Touristen beklettert wird. Es ist auch nicht die weit weniger beachtete Mark-Aurel-Säule aus dem 2. Jahrhundert v. Chr., nicht der im klassischen Stil des 19. Jahrhunderts auf dem Campo de' Fiori errichtete und uns dort an der Stelle seiner Hinrichtung erwartende Giordano Bruno, nicht das von Wilhelm II. anlässlich seines Geburtstags im Jahr 1902 zu seinem eigenen Ruhm der Stadt Rom geschenkte Goethe-Denkmal und auch nicht die im 20. Jahrhundert auf dem Belvedere del Gianicolo aufgestellte Reiterstatue der Garibaldi-Gattin Anita, den rechten Arm in die Luft, eine Pistole haltend, im anderen Arm einen Säugling.

Um zu meinem Denkmal zu kommen, musste ich eine lange Wegstrecke zurücklegen. Mitten durch die große Ewige Stadt, immer um neue Häuserblocks herum, bis ich endlich vor der kleinen Kirche stand, die im Übrigen unscheinbar durch eine Mauer getrennt in brutaler Nähe der Dutzenden von Eisenbahngleisen des Kopfbahnhofs Roma Termini steht. Hierher gepilgert bin ich, weil ich eine wunderbare Skulptur gleichsam in Natura sehen wollte, die in diesem kirchlichen Gehäuse steht. Ihr war ich bereits sehr nahe, als ich sie, durch einen Buchhinweis angeleitet, im Internet suchte und dann auf dem Bildschirm vor mir hatte: die Bibiana.

Bibiana ist eine Andachtsfigur. Weilt man vor ihr, sollte und kann man auch als Ungläubiger vor allem seine eigenen Gedanken sammeln. Dabei könnte man sich aber von der Figur durch ihre Erscheinung inspirieren lassen. Mit kaum 28 Jahren hat Gian Lorenzo Bernini dieses Meisterwerk im Jahr 1626 vollendet und in den drei vorangegangenen Jahren, während seiner Entstehung, mit der Figur vor allem in Fragen der Gestaltung künstlerische Zwiesprache gehalten. Vollendet steht sie nun vor uns, mit 191 Zentimetern leicht überlebensgroß, seit bald 400 Jahren.

Wer vor Bibiana weilt, weiß in der Regel, wer sie ist: Eine jugendliche Märtyrerin aus dem 4. Jahrhundert, und aus vornehmem Haus. Was sie denkt, bleibt uns verborgen, spielt auch keine Rolle. Wir müssen es nicht wissen. So, wie Bernini sie gestaltet hat, fragt man sich weniger, was sie denkt, sondern vielmehr, was sie fühlt. Was sie glaubt, das müssen wir uns nicht fragen, das ist gesetzt: Sie bekennt sich in römisch-heidnischer Zeit zum christlichen Glauben und ist bereit, dafür zu sterben.

Was sie wohl denken mag, fragt man sich nur, weil ein Buchprojekt dazu auffordert. Doch das deutlich manifestierte und entsprechend wahrnehmbare Fühlen und Glauben dieser Figur lässt Überlegungen zum Denken kaum Raum. Bibiana steht in weißem Marmor denkmalgleich im stillen Dunkel der gleichnamigen römischen Kirche (wie gesagt, direkt neben dem stark frequentierten Bahnhof Termini), und sie steht in der zentralen Nische des Hochaltars vor uns, beleuchtet durch das Tageslicht, das aus der eigens dafür geschaffenen Luke auf sie fällt. Da steht sie, in wallendes Tuch gehüllt, ein dynamischer Kontrast zum strengen Rahmen, angelehnt an die Säule, an der sie zu Tode gepeitscht werden wird, im linken Arm schon die goldene Märtyrerpalme, die Rechte sachte zum Himmel erhoben, den Kopf leicht abgewinkelt und den Blick ebenfalls himmelwärts gerichtet. Zu Füßen bereits das Minzenkraut, das auf ihrem Grab wachsen wird und in der Folgezeit gegen allerlei Gebrechen empfohlen wurde.

Inwiefern qualifiziert sich diese Skulptur als Denkmal, wo sie doch bloß Ausstattung eines sakralen Gebäudes ist? Ohne diese Kirche, die in der Literatur ebenfalls als Kultur*denkmal* bezeichnet wird, gäbe es diese sakrale Figur nicht. Bibiana unterscheidet sich in einem wesentlichen Punkt: Sie wird länger betrachtet, als dies bei den zumeist weltlichen Monumenten gemeinhin der Fall ist, die im öffentlichen Raum stehen, oft im tosenden Verkehr, von den eiligen Passanten kaum zur Kenntnis genommen. Und sofern überhaupt beachtet, fungieren sie bloß als Hintergrund für ein Selfie. Das ist die Realität, widerspricht aber der Grundidee, dass von Monumenten ein Appell ausgehen und man sich mit ihnen auseinandersetzen soll. Im Idealfall (gemessen an den Intentionen der Denkmalstifter) sollten sie, beziehungsweise ihre Botschaft, zum Gegenstand von Gesprächen insbesondere der Nachgeborenen werden. Denkmäler sind jedoch visuelle Botschaften, die oft ungesehen bleiben.

Vor Bibiana verweilt man, kniet zuweilen sogar nieder, hält im sakralen Gehäuse Andacht, betrachtet sie innig – bis sie gleichsam lebendig wird, ihre Lippen bewegt, vielleicht sogar mit ihren Augen nicht nur gen Himmel schaut, sondern uns zuzwinkert, leicht einen der Finger bewegt. Was will Bibiana mit der rechten Hand sagen, sofern sie überhaupt etwas sagen will und nicht einfach nur „ist", wenngleich nicht mehr unter uns, bereits auf dem Weg ins Jenseits? Vielleicht will sie sagen, dass alles nicht so schlimm, es sogar leicht auszuhalten ist, wenn man gläubig ist. In der Literatur wird Andacht und Gebet mit einem „beziehungsweise" oft gleichgesetzt. Man kann aber unterscheiden: Per Gebet nimmt der Mensch Kontakt mit Gott auf oder mit einem seiner vielen Stellvertreter. Ist man im Gebetsmodus, also im Reden mit Gott, kann man zu direkten Antworten gelangen – zu Zustimmung oder Ablehnung oder etwas dazwischen. Andacht ist offener, auf Empfang ausgerichtet, auch wenn es bloß Empfang des eigenen Inneren ist.

Kann uns dazu eine Skulptur animieren? Berninis Bibiana ist ausdrucksstark. Sie soll und will uns erreichen. Was sie leistet, kann man im Vergleich mit einer anderen Gestalt – einer traditionellen Gipsmadonna – sehen, die in der gleichen Kirche im rechten Seitenschiff steht, ziemlich gewöhnlich und ausdrucksarm, trotz der vielen für sie eingesetzten elektrischen Lämpchen.

Bibianas versteinerte Bewegung kann in uns die Frage aufkommen lassen, was diese beinahe lebende Gestalt wohl fühlt und denkt. Könnte sie auch noch sprechen, würden wir vielleicht erfahren, was sie denkt. Was solche Gestalten aber denken und uns sagen, das hängt freilich von uns selbst ab, denn wir sind die Moderatoren unserer Zwiesprache. Es ist unsere *anima*, es ist unser Innenleben, das dem Gegenüber Leben verleiht, es in einem andächtigen Chat animiert.

Angaben zum Werk

Werktitel: *Santa Bibiana*
Künstler: Gian Lorenzo Bernini
Auftraggeber: Papst Urban VIII. (1623–1644)
Entstehungsjahre: 1624–1626
Ort: Rom, Italien

Georg Kreis ist Historiker und lebt in Basel.

MARIA SUNDSTRÖM

Vom Stein berührt

Drei Denkmäler für die Opfer des Holocausts haben tiefe Spuren in mir hinterlassen. Ich kehre ständig zu ihnen zurück, wenn ich die Möglichkeit habe, besuche sie oder suche sie gedanklich auf. Die Denkmäler, an die ich denke, sind Christian Boltanskis *Das fehlende Haus* in Berlin, die Gedenkstätte Neuer Börneplatz in Frankfurt am Main, und Gunter Demnigs europaweites Projekt *Stolpersteine*. Diese drei Denkmäler erinnern mich daran, zu erinnern, was geschah, und warum.

Beginnen möchte ich dennoch mit dem Besuch einer anderen Gedenkstätte. Vor vielen Jahren war ich zusammen mit meiner Familie im ehemaligen Konzentrationslager Stutthof in Polen. Mit dabei waren mein Sohn John, ein Teenager, und mein Jüngster, Martin. Ihm mochte ich noch nichts von alldem erzählen. Er war noch zu klein. Und ich? Viel älter, doch noch immer nicht fertig mit meiner Familiengeschichte. Wenn es jemals ein „fertig" geben kann. Bis heute habe ich noch immer nicht verstanden, warum mein Großvater Nazi wurde. Parteimitglied 1931. Und sich damit zu Hitler und dem Nationalsozialismus bekannte.

Es war ein schöner Sommertag. Wir gingen durch die Ausstellungen in den Baracken von Stutthof. Wir wechselten uns ab; einer blieb stets draußen bei Martin und spielte mit ihm. Wir aßen Eis, lasen ihm ein Buch vor und dachten uns Spiele aus, die man gut im Freien spielen konnte. Drinnen in den Baracken blieben wir stumm. Es war schwer zu ertragen, kaum zu verstehen, dass tatsächlich jemand geplant und ausgeführt hatte, was hier passiert war. Draußen schien die Sonne, warm und klar. Wir waren im Urlaub.

Ich konnte nicht anders. Ich musste hierher, versuchen zu begreifen, was hier geschehen war. In der Nähe war mein Großvater beruflich tätig gewesen. Meine Mutter war in Gdansk geboren worden, Danzig damals. Die ersten Lebensjahre verbrachte sie in Gdynia, während des Zweiten Weltkriegs Gotenhafen genannt. Mein Großvater war Bauingenieur und Offizier in der Organisation Todt. Er war am Bau des Hafens beteiligt. Stutthof liegt nicht weit davon. Hat er auch dieses KZ mit aufgebaut? Ich weiß es nicht. Was ich weiß, ist, dass er am Bau eines anderen Ortes beteiligt war. Der Wolfsschanze. War er auch in Stutthof? Hat er die Baracken entworfen?

Ich sammle Informationen. Sinneseindrücke. Geräusche. Der Ort nimmt mich mit. Draußen spielt mein Dreijähriger. Glücklich unbewusst dessen, was während der Nazizeit hier, und in Europa, geschah.

Unweit der Neuen Synagoge auf der Oranienburgerstraße in Berlin-Mitte stoße ich einige Jahre nach dem Fall der Mauer zufällig auf einen Gedenkort zwischen zwei Mietshäusern, Boltanskis *Das fehlende Haus*. Eine Bombe hatte am Ende des Zweiten Weltkriegs ein Mietshaus komplett ausgelöscht. Nun stehe ich auf dem Grund des ehemaligen Wohnhauses und schaue auf die angrenzenden Häuser. Auf den mich umgebenden Fassaden sind die zerstörten Wohnungen markiert, wie ein Querschnitt oder ein Röntgenbild. Mein Blick klettert die Häuserwand hinauf, Stockwerk für Stockwerk. Jede Etage trägt einen Text mit Informationen. Zu lesen sind die Namen der Mieter, ihr Beruf, ihr Geburtsjahr und das Jahr, in dem sie starben. Im Schatten des Hofes lese ich alle ihre Namen, langsam, der Reihe nach. Schleichend drängen sich Fragen auf. Wer waren diese Menschen? Wie sah ihr Leben hier im Kiez aus? Waren es jüdische Familien? Wurden sie deportiert? Konnten sie sich irgendwo verstecken? Hat jemand von ihnen überlebt, ist jemand von ihnen vielleicht noch am Leben, jemand, der noch erzählen kann?

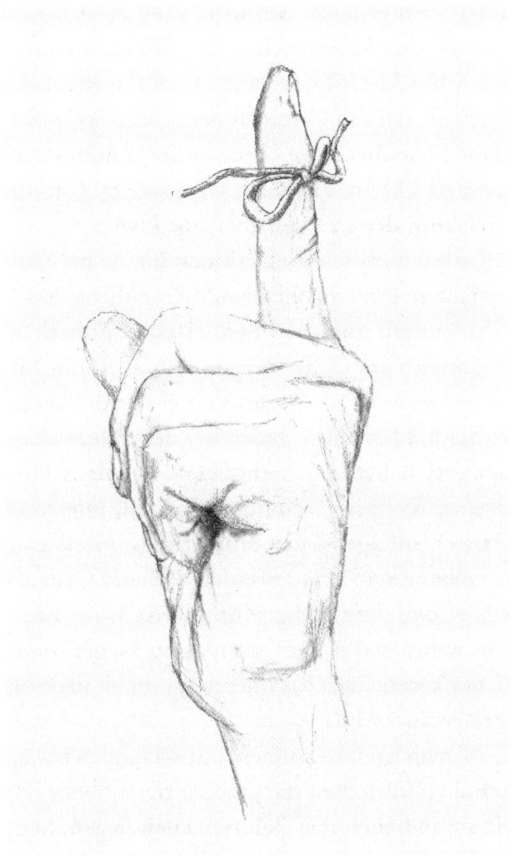

Ein weiterer heißer Tag, wieder im Juli, aber ein anderes Jahr. Ich bin auf dem Weg zum Alten Jüdischen Friedhof am Börneplatz in Frankfurt. Er ist von einer hohen Mauer umgeben, darauf viele kleine Formationen, die an Stempel erinnern. In langen Zeilen aneinandergereiht sind diese metallenen Kästchen auf der gesamten Ummauerung zu finden. Auf jeder dieser Formationen, so groß wie eine Streichholzschachtel, gibt es eine Inschrift mit einem Namen, einem Geburtsdatum, sowie, wenn bekannt, dem Todesjahr und dem Sterbeort. Die Aufzählungen der Orte und Konzentrationslager, zu denen diese Menschen gebracht und wo sie ermordet wurden, scheinen kein Ende zu nehmen. Theresienstadt, Auschwitz-Birkenau, Treblinka, Majdaneck … 11.908 Namen auf diesen metallen kleinen Blöcken, in sich stetig wiederholender Anordnung. 11.908 Schicksale. Ich kann kaum atmen. Es ist ein heißer Sommertag. Alle diese Menschen waren Einwohner Frankfurts. Die Anzahl der Namen und Orte macht mich schwindelig. Da, inmitten der Reihen, ein Name, den alle kennen: Anne Frank.

Die Gedenkstätte Börneplatz erinnert an die im Nationalsozialismus vernichtete jüdische Gemeinde Frankfurts. Sie liegt in der östlichen Innenstadt zwischen dem ältesten jüdischen Friedhof und der Rückseite des Gebäudes, in dem auch das Museum Judengasse untergebracht ist. Dieses Viertel war das älteste jüdische Viertel der Stadt. Hier haben Juden seit dem Mittelalter gewohnt. Den Gedenkort haben die Architekten Nikolaus Hirsch, Andreas Lorch und Wolfgang Wandel entworfen, 1996 wurde er eingeweiht. Hirsch zufolge ist der Erinnerungsprozess einer, der nie endet. Also gibt es kein „Fertigwerden"? Dieser Gedenkort ist ein Ort der Trauer und des ständigen Erinnerns. Das Museum Judengasse forscht weiter und in der Gedenkstätte Neuer Börneplatz gibt es ein digitales Verzeichnis, das unentwegt durch neue Namen und Erzählungen ergänzt wird.

Um alle Namen lesen zu können, muss ich mich bewegen. Unter meinen Schuhen knirschen die grobkantigen Steine, eben solche Steine, wie sie zwischen den Bahnschienen liegen, heute wie damals. Zwischen Eisenbahnschienen, die zu den Konzentrationslagern in Deutschland und dem besetzten Polen führten. Mir fallen auch die kleinen, runden Steine auf, die auf diesen Stempelkisten liegen. Mal einer, manchmal mehrere. Damals kannte ich ihre Bedeutung noch nicht: die jüdische Tradition, statt Blumen kleine Steine auf Gräber zu legen, als Zeichen der anhaltenden Erinnerung.

Meine Großtante Mia, die jüngere Schwester meiner Oma, ist die Einzige in unserer Familie, die jetzt noch lebt und die ich fragen kann, wie die Familie die Naziherrschaft erlebte. Im Sommer 2007 wage ich es, ihr meine vielen Fragen zu stellen. Wusste sie, wo ihr Mann, mein Großonkel, sich am Ende des Krieges befand? Das wusste sie. Im Führerbunker in Berlin. Tante Mia hatte versucht, ihn telefonisch zu erreichen, um zu erfahren, was sie tun sollte, nun, da die Russen auf dem Weg waren. „Du brauchst nichts zu tun, die Ostfront hält!" Tante Mia war verblüfft über diese Antwort. „Willie, Berlin wird bombardiert, hör doch!" Sie hielt den Telefonhörer in Richtung Fenster, sodass er die Explosionen draußen hören konnte.

Sieben Jahre später bin ich wieder in Berlin, um Tante Mia zu treffen und sie zu interviewen. Während des Gesprächs erzählt sie von einem Besuch bei Frau Bormann. „Meinst du die Frau des berüchtigten Martin Bormann?" „Ja, Gerda! Sie hatte mich zum Kaffee eingeladen." Beim Besuch im Altersheim in Friedenau, in dem Tante Mia wohnt, habe ich das Aufnahmegerät dabei. Wie seit über 20 Jahren. Tante Mia ist es gewohnt, dass ich unsere Gespräche auf Band aufzeichne. Wenn ich sie filme, muss ich immer erst ihren Kamm holen und vorher ihre Brille putzen. Tante Mia zupft ihren Pulli zurecht und prüft, dass ihre Kette auch richtig hängt. Man soll schon ordentlich aussehen. Ich starte das Aufnahmegerät.

Wir schauen uns ihre Hochzeitsbilder an. Schwarz-Weiß-Aufnahmen von 1940. Da haben sie und Wilhelm geheiratet. Tante Mia erzählt mir, wer die 26 Hochzeitsgäste waren, wie sie hießen, wie wir verwandt sind. Darunter ist auch Anne Rose, ein Dienstmädchen. Sieht niedlich aus. Neben Mia sitzt Mutter Baeck, ihre strenge Schwiegermutter. Und neben ihr, ganz in Schwarz, die Großmutter, Clara Bandt. Nachdem ihr Sohn Walter im Ersten Weltkrieg gefallen waren, trug Clara nur noch Schwarz. „Da ist Tante Käthe, Käthe Ständl, die Schwester meiner Mutter, die nach Kriegsende einen tragischen Tod in Sibirien starb." Käthe wurde gefangen genommen und nach Sibirien verschleppt. Sie hatte eine Position in einem Frauenverband im Dritten Reich inne, daher stand sie bei den Russen auf der Liste. So jedenfalls erzählte es immer Tante Mia. Was das genau bedeutete, habe ich nie aus ihr rausbekommen.

Nach dem Gespräch esse ich mit meiner Familie am Savignyplatz. Auf dem Weg zurück in die Pension, im Abenddunkel, gehen wir die Kantstraße entlang. Vor der Hausnummer 150 bleiben wir stehen. Im Fußweg vier Gedenksteine, *Stolpersteine.* Im Schein der Straßenbeleuchtung lesen wir: Rahel Sternberg, 1858, Louis Eugen Sternberg, 1884, Rosa Sternberg, 1895, und Sidonie Sternberg, 1898. Wir sagen nichts, ergriffen von dem, was hier 73 Jahre zuvor geschehen ist. Meine Tochter nimmt still meine Hand, als wir unseren Weg zurück zur Pension fortsetzen.

Im Herbst 2019 kommen meine Tochter und ich zurück nach Berlin. Wieder wollen wir Tante Mia besuchen. Auf dem Weg zu ihr gehen wir die Ahrweiler Straße entlang. Da ruft Klara mir zu, dass sie einen weiteren Stolperstein gefunden hat. Hier vor der Hausnummer 34 wohnte Helene Süssmann. Helene, so hieß auch meine Großmutter. Helene Süssmann, geboren 1884, wurde am 29. Januar 1943 deportiert. Ermordet in Auschwitz. Das steht auf dem Stein. Wir machen ein Foto. Betrachten das Haus, vor dem der Stolperstein liegt, wo Helene Süssmann gewohnt hat. Überlegen, in welchem Stockwerk wohl die Wohnung ihrer Familie lag. „Helene ist ein sehr schöner Name, finde ich“, sage ich zu meiner Tochter. „So hieß auch Oma, mit zweitem Namen.“ Plötzlich strömt eine Flut von Fragen aus Klara hervor, alle erdenklichen Fragen, auf die eine 13-Jährige kommen kann. Fragen, die meinen eigenen in Stutthof so sehr ähneln: über die Nazizeit, meinen Großvater, ihren Urgroßvater. Warum war er ein Nazi? War er auch der Ansicht, dass manche Menschen kein Recht haben zu leben? Gab es niemanden, der Hitler stoppen wollte? Gab es Juden, die entkommen konnten?

Gunter Demnig hat seinen ersten *Stolperstein* illegal 1992 ins Straßenpflaster gesetzt. 50 Jahre zuvor hatte Heinrich Himmler das Auschwitz-Dekret unterschrieben, das festhielt, dass Juden und andere „Unerwünschte“ deportiert und ermordet werden konnten. Das Projekt *Stolpersteine* erinnert an alle von den Nazis verfolgten Opfer, an Juden, Roma und Sinti, Kommunisten, Homosexuelle, Zeugen Jehovas.

In Schweden wurden die ersten drei Stolpersteine 2019 verlegt. Ein Jahr später suche ich ihre Standorte auf, zusammen mit Klara und Martin. Wir beginnen im Stockholmer Stadtteil Östermalm, von dort gehen wir weiter durch die Innenstadt nach Norrmalm bis Kungsholmen. Wir lesen die Inschriften auf den Messingplatten, betrachten die Wohnhäuser und ihre Umgebung. Dieses Abgehen ist ein Nachspüren, ein Versuch zu verstehen, welche geografischen Ausmaße der Holocaust hatte. Auch Schweden blieb nicht unberührt von den historischen Ereignissen, nicht frei von Verantwortung. In der Gumshornsgatan 6 erinnert ein Stein an Curt Moses, ausgewiesen 1937, vermutlich 1941 in Riga ermordet. Der Stein auf dem Kungsholmstorg 6 ist für Erich Holewa, in der Apelbergsgatan 36 wird an Hans Eduard Szybilski gedacht. Beide wurden 1939 aus Schweden ausgewiesen, zurück nach Berlin, und wurden von dort 1943 nach Auschwitz deportiert. Diese drei Menschen hatten in Schweden Schutz vor der nationalsozialistischen Verfolgung gesucht, doch ihre Verfolgung als Juden wurde in Schweden nicht anerkannt.

2015 hat Magnus Gertten, ein schwedischer Regisseur, Filmproduzent und Drehbuchautor, im Dokumentarfilm *Every Face has a Name* den Versuch unternommen, die Namen aller derjenigen Überlebenden herauszufinden, die am 28. April 1945 mit einem Schiff in Malmö angekommen waren. Ihre Ankunft wurde in einer Wochenschau festgehalten. Ich erwähne den Film, weil er vieles mit den Denkmälern, die mich bewegen, gemein hat. Sie alle zeugen von dem unermüdlichen Bestreben, die Opfer aus der Anonymität herauszuholen. Nur selten gelingt es, wie in Gerttens Film. Oft bleiben auch dann nur Namen, nicht viel mehr, und manchmal nicht einmal die.

Die Denkmäler, die mich so bewegen, regen uns Betrachter dazu an, weitere Nachforschungen anzustellen, mehr zu erfahren, zu lernen. Nicht an Ort und Stelle, dort regen sie eher dazu an nachzufühlen. Sich vorzustellen, wie so ein Leben aussah, wie es herausgerissen wurde aus seinem Alltag. Ein Alltag, der jetzt der unsere ist.

Die Gesichter, die mir vertraut sind, stammen von den Schwarz-Weiß-Fotografien im Fotoalbum meiner Tante Mia. Sie kann jedem Bild den richtigen Namen zuordnen. Ich habe es aufgezeichnet, und deshalb kann auch ich dieses Wissen nun wieder-holen, kann es nachschauen, wenn ich will. Vielleicht bin ich auch deshalb nicht „fertig". Ich kenne ihre Namen, aber die Namen der Opfer kenne ich nicht. Gerade deshalb lassen mich ihre Gesichter nicht los.

Aus dem Schwedischen von Tanja Schult.

Angaben zu den Werken

Werktitel: *Das fehlende Haus*
Künstler: Christian Boltanski
Jahr der Einweihung: 1990
Ort: Berlin, Deutschland

Werktitel: *Die Gedenkstätte Neuer Börneplatz*
Künstlergruppe: Hirsch, Lorch & Wandel (Architekturbüro)
Jahr der Einweihung: 1996
Ort: Frankfurt am Main, Deutschland

Werktitel: *Stolpersteine*
Künstler: Gunter Demnig
Erste Steinlegung: 1995, Projekt dauert an
Ort: europaweit

Maria Sundström ist Künstlerin und lebt in der Nähe von Umeå. Zusammen mit der Journalistin Elisabet Blomberg beschäftigt sie sich seit 1998 im Projekt *Wiedergutmachung* mit den Folgen, die die Nazizeit für ihre beiden Familien hat.

RALPH BUCHENHORST

Ich: Abgetaucht. Du: Denk!

Ihr seid meine Ansprechpartner, Ihr Passanten, die Ihr jeden Tag die Innenstadt bevölkert, mit euren Plänen, euren Einkaufszetteln, mit den Freunden oder Geschäftspartnern im Blick, die Ihr gleich treffen werdet. Aber auch Ihr, Ihr Streuner, die Ihr das Großstadtdickicht durchforstet und nach Spuren sucht, die euch die Vergangenheit erklären oder die Zukunft vermuten lassen. Und Ihr Kinder und Jugendliche, die Ihr begleitet oder unbegleitet Plätze und Straßen erkundet, über Poller springt oder einen Spielplatz anvisiert. Eure Alltagssorgen und eure Geschäftigkeit geben euch die Gangart vor, den Rhythmus, mit dem Ihr den Asphalt bespielt. Oft habt Ihr keine Zeit und keinen Sinn für das Gestern, das lange, ausladende, aber doch meistens verschwommene Gestern und seine Stimmen.

Was genau sind das für Stimmen, fragt Ihr? Es sind die Stimmen derer, die man nicht gerne hört, die Stimmen der Ausgesonderten, der am Rande Stehenden, der Untergegangenen. Sie vermischen sich mit den Stimmen der Mächtigen, derjenigen, die bestimmen, wer am Rande steht und wer im Mittelpunkt, wer untergeht und wer oben schwimmt. Es sind diese Stimmen, die ich aufrufe, ohne sie zu vertreten. Die ich nicht vertreten kann. Die Ihr selbst hören, die Ihr selbst sprechen lassen müsst. Die Ihr mahnt, die Ihr verhört, die Ihr aufruft, wenn Ihr meine Geschichte kennt – das jedenfalls hoffe ich. Ihr seid die Akteure, ich nur eure Plattform. Einige von euch haben mich gesehen, einige mit mir gesprochen, viele sind an mir vorbeigegangen.

Gut, sagt Ihr wahrscheinlich, wir sind also die Akteure, und du die Plattform. Alsdann, wo bist du? Sag uns, wo du wohnst, damit wir vorbeikommen und die Stimmen aufrufen können. Hier stellt sich ein Problem ein. Ich bin nicht mehr da, oder vielmehr, ich existiere noch, aber versteckt. Ihr nehmt mich erst wahr, wenn Ihr nach mir sucht, denn nur noch wenige Spuren deuten auf mich hin. Ich bin fast unsichtbar, und nur eine Tafel und eine Stahltür, mit einem schmalen Fenster versehen und eingelassen in ein Gewölbe, weisen auf mich hin. Ihr kennt mich nicht? Das kommt nicht unerwartet, sondern ist beabsichtigt. Ich bin nicht das, was man von unsereins erwartet. Eine Randerscheinung bin ich, nicht die Standardausführung von einem Denkmal. Kein Ross, kein Reiter. Ich darf mich vorstellen: das Harburger Mahnmal gegen Faschismus. Geboren am 10. Oktober 1986. Abgetaucht am 10. November 1993. Von euch ins Verschwinden geschrieben, ohne degradiert zu werden. Einige wenige Gesten von mir sind jedoch noch da – eben jene Tür, jene Glasscheibe, jene Tafel. Und eine oben abschließende Bleiplatte im Gehweg. Außerdem kann man durch ein Fenster in der Fußgängerunterführung einen Teil von mir sehen, und damit einen Teil der 60.000 Beschriftungen auf meiner Haut. Kein Tattoo-Fan kann das toppen. Die Autoren dieser Beschriftungen können Geschichten über mich erzählen.

Ich bin nicht eines von diesen Monumenten, die vergessen werden, weil sie sich aufdrängen. Sicher, als ich zu Beginn da war, von meinen Eltern gezeugt, geboren und benannt, von den Harburger Stadtmüttern und -vätern eingeladen, von Journalisten registriert und beschrieben, da stand ich wie ein mahnender Zeigefinger, der in den grauen norddeutschen Himmel deutet. Ihr kennt das ja, eine Säule, wie die Siegessäule in Berlin, der Obelisk im Zentrum von Buenos Aires, die Kolumbussäule in Barcelona. Aber ich war eine bewegliche Säule – eine Stele, bewegt von Besuchern, eine Oberfläche, die man nicht nur lesen, sondern auch beschriften konnte. Meine Bleihaut zeugt davon, was Passanten einst dachten, bevor sie es auf mich kritzelten und ich in der Versenkung verschwand. Nicht auf einmal versenkt, nicht in einem Schwung. Sondern immer wieder ein paar Meter, immer dann, wenn meine Bleihaut vollgeschrieben war. Mit Unterschriften, mit Graffiti, mit Kritzeleien. Meine Haut ist, was mich definiert. Meine jetzt fast unsichtbar

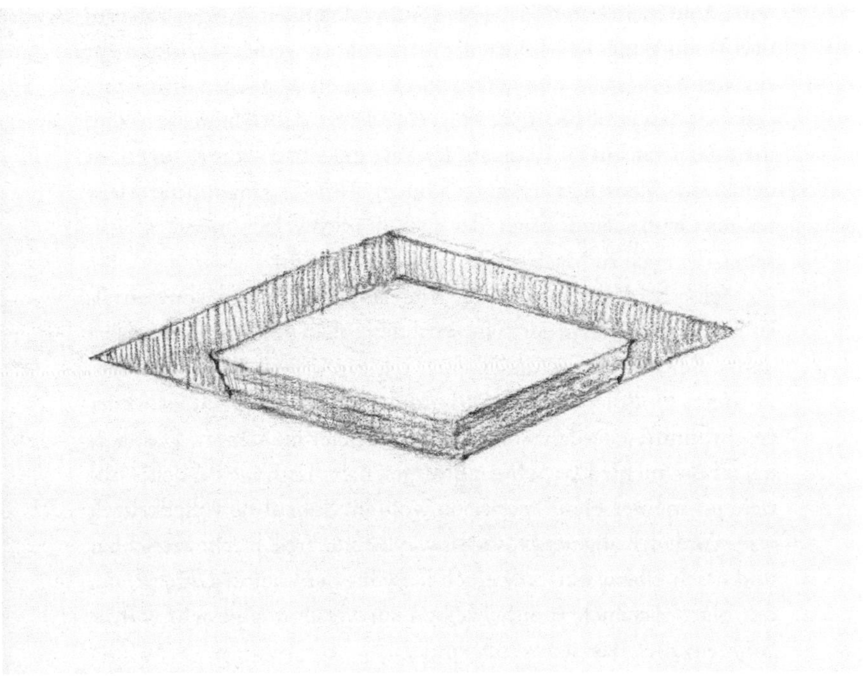

gewordene Haut, das heißt verschwunden für euch, verwahrt in einem Gewölbe, unzugänglich. Denn am Ende seid Ihr es, die die Erinnerungen fortspinnen, nicht ich, das Denkmal.

Wie alle Kinder – auch die verschwundenen – habe ich Eltern. Meine Mutter, Esther Shalev-Gerz, kommt aus Israel, mein Vater, Jochen Gerz, aus Deutschland, auch wenn er viele Jahre in Frankreich gelebt und gearbeitet hat und jetzt in Irland wohnt. Meine Mutter hat einmal über ihr Verhältnis zu ihren Kindern gesagt: „Ich versuche, in denjenigen Raum, der sich zwischen dem Zuhören und dem Sagen öffnet, einzusteigen, um aus der Diskurslogik herauszutreten, also um einen anderen Raum zu erreichen bzw. einen solchen mit künstlerischen Mitteln zu produzieren." Viel von dem, was sie da gesagt hat, verstehe ich nicht, aber mir gefällt, dass sie immer zwischen mir und den Besuchern anwesend ist. Das gibt mir ein Gefühl des Beschütztseins. Und mein Vater? Jochen hat Aufmerksamkeit großgeschrieben, und Vermittlung. Er ist einer, der mehr zuhört, weniger spricht, mehr zur Verfügung stellt, weniger regelt. Er lässt die Menschen mehr sprechen, als dass er sie beurteilt. Er ist ein Meister der Öffnung von Räumen des Jetzt hin zu Räumen der Vergangenheit, von Räumen, in denen sich Menschen begegnen können. Also ein ganz anderer Meister aus Deutschland. Einer, der euch das Schweigen meistern lässt. Einer, der euch zu Machern des Gedenkens macht.

Meine beiden Eltern hatten andere Vorstellungen von mir als andere Eltern. Normalerweise wird man klein geboren und wächst dann. Bei mir war es umgekehrt. Ich bin groß geboren worden, 12 Meter groß, und dann während der ersten Jahre immer weiter geschrumpft, jedes Jahr so um die zwei Meter im Schnitt. Das sagte ich schon, nicht? Das Schrumpfen geschah durch die Besucher, die sich auf meiner Haut verewigen wollten. Sobald sie vollgekritzelt war, wurde ich abgesenkt, sodass wieder eine freie Fläche erreichbar und beschreibbar war. So war ich freiwillig der Graffiti-Untergrund, das Blatt, das euch zum Schreiben zur Verfügung gestellt wurde. Mit dem Ziel, dass ich verschwinde.

Klingt kompliziert, kantig, vielleicht sogar aufsässig, nicht? Aber meine Eltern waren vorsichtig genug, mich nicht ohne Namen und – sozusagen – ohne Pflegeanleitung in die Welt zu entlassen. Die bereits erwähnte Tafel gewährt eine Einsicht in die Art und Weise, wie ich zu nehmen war. Auf ihr steht: „Wir laden die Bürger von Harburg und die Besucher der Stadt ein, ihren Namen hier unseren eigenen anzufügen. Es soll uns verpflichten, wachsam zu sein und zu bleiben. Je mehr Unterschriften der 12 Meter hohe Stab aus Blei trägt, um so mehr von ihm wird in den Boden eingelassen. Solange, bis er nach unbestimmter Zeit restlos versenkt und die Stelle des Harburger Mahnmals gegen den Faschismus leer sein wird. Denn nichts kann auf Dauer an unserer Stelle sich gegen das Unrecht erheben." Einige waren verärgert über mich und die Tafel, wütend, einer hat sogar auf mich geschossen. Es hat mir nichts getan, ich bin nicht dünnhäutig, meine Haut ist aus Blei.

Natürlich sind mehr Menschen für mich verantwortlich als nur meine Eltern. Paten wären zu erwähnen, Freunde, und solche Menschen, die mir bei dem gesamten Prozess immer aus der Ferne lächelnd zugewunken haben. Die Stadtmütter und -väter, die Bürgerschaft von Harburg, die Vertreter politischer Parteien und Künstler, die alle nichts Pflegeleichtes wollten, sie diskutierten monatelang, bevor sie mich willkommen hießen. So gehört sich das ja auch für eine wichtige Entscheidung in einer Demokratie. Eine wichtige Geburt ist oft eine schwere Geburt.

Einige Passanten, die den Spuren, die ich hinterlassen habe, gefolgt sind, fragen sich vielleicht, wie es damals war, als ich eingeweiht wurde, und wie ich danach, ohne den Schutz meiner Eltern, den Vorbeigehenden, Stehenbleibenden, Unterzeichnenden, den Nickenden, den Kopfschüttelnden und den Wütenden ausgesetzt war. Sicher, meine Eltern hatten eine bestimmte Etikette im Sinn, als ich ins Leben entlassen wurde. Eltern sind halt so, sie ziehen einen adrett an, möchten, dass man artig ist und dass diejenigen, die einen besuchen kommen, sich genauso artig benehmen. Und dann kamen Besucher, die eben nicht so artig waren, die mich nicht oder jedenfalls anders wollten, die böse waren auf das, was sie zweifelsohne selbst noch im Gedächtnis abgespeichert hatten, woran sie jedoch nicht erinnert werden wollten. Auch das sagte ich schon, nicht? Sie machten ihrem Ärger Luft, und ich ließ es geschehen. So lernten meine Eltern, dass meine Besucher und ich selbst bestimmen, wie wir miteinander umgehen.

Ob es einsam ist hier unten im Gewölbe? Nicht wirklich. Zum einen gibt es immer noch viele Unterzeichner von damals, die sich weiterhin an mich erinnern. Das glaube ich nicht nur, das weiß ich, denn Unterschriften dauern an. Auch diejenigen, die sich damals an mir gestoßen haben, diejenigen, die mich beschmierten oder auf mich schossen, werden mich in Erinnerung behalten haben. Außerdem habe ich Freunde in der Stadt, mit denen ich mich immer wieder gerne unterhalte. Sicher, sie sind ganz anders als ich, sichtbar und dadurch unsichtbarer, aber ihre Gegenwart lädt doch dann und wann zu einer Frage oder einer Betrachtung ein. Das Lessing-Denkmal am Gänsemarkt in Hamburg ist solch ein Freund, auch weil es ebenfalls verschwinden sollte, und weil Menschen es geschützt haben. Ein anderer, sehr guter Freund ganz in der Nähe ist das Warburg-Haus. Ich liebe es, weil es so vielfältig ist und so viel zu erzählen hat. Es ist Haus, Bibliothek, Veranstaltungsort. Und natürlich liegt mir die Gedenkstätte Bullenhuser Damm besonders am Herzen – ihr beredtes Schweigen, ihr Nennen der Namen der jüdischen Kinder, die hier in einem Keller kurz vor Kriegsende ermordet wurden. Das Bismarck-Denkmal im Alten Elbpark gehört nicht zu meinen Freunden, und wir streiten uns oftmals darüber, wie man sich zeigen, wie man mit den Hamburgern umgehen soll. Aber auch dieser grantige, granitene Klotz gehört dazu, wenn es darum geht, unter uns Denkmälern Diskussionen anzustiften.

Schließlich müssen wir noch über den Tod reden. Meine Eltern leben, einige meinen jedoch, ich sei gestorben. Richtig ist, dass wir uns manchmal mit der Tragik befassen müssen, die darin besteht, dass Kinder vor ihren Eltern sterben. Bei uns ist das aber nicht der Fall. Ich bin nicht tot, ich bin nur aufgehoben. Nicht so sehr im Gewölbe, sondern vielmehr in euch. Und dieses Aufgehobensein ist das Bewegende, nicht in mir, sondern in euch. Ich bin nur so gut wie die Gesellschaft, in die ich abgetaucht bin. Abgetaucht, nicht begraben.

Angaben zum Werk

Werktitel: *Harburger Mahnmal gegen Faschismus*
KünstlerInnen: Jochen Gerz & Esther Shalev-Gerz
Auftraggeberin: Bezirksversammlung Harburg
Jahr der Einweihung: 1986 (1993 vollständig versenkt)
Ort: Hamburg-Harburg, Deutschland

Zum Nach- und Weiterlesen

Das Zitat ist folgender Publikation entnommen: Shalev-Gerz, Esther, *Ton image me regarde?!* Ausstellungskatalog (Paris: Jeu de Paume et Fage Editions, 2010), 155.

Ralph Buchenhorst ist Professor für Philosophie und Kulturwissenschaften an der Türkisch-Deutschen Universität Istanbul.

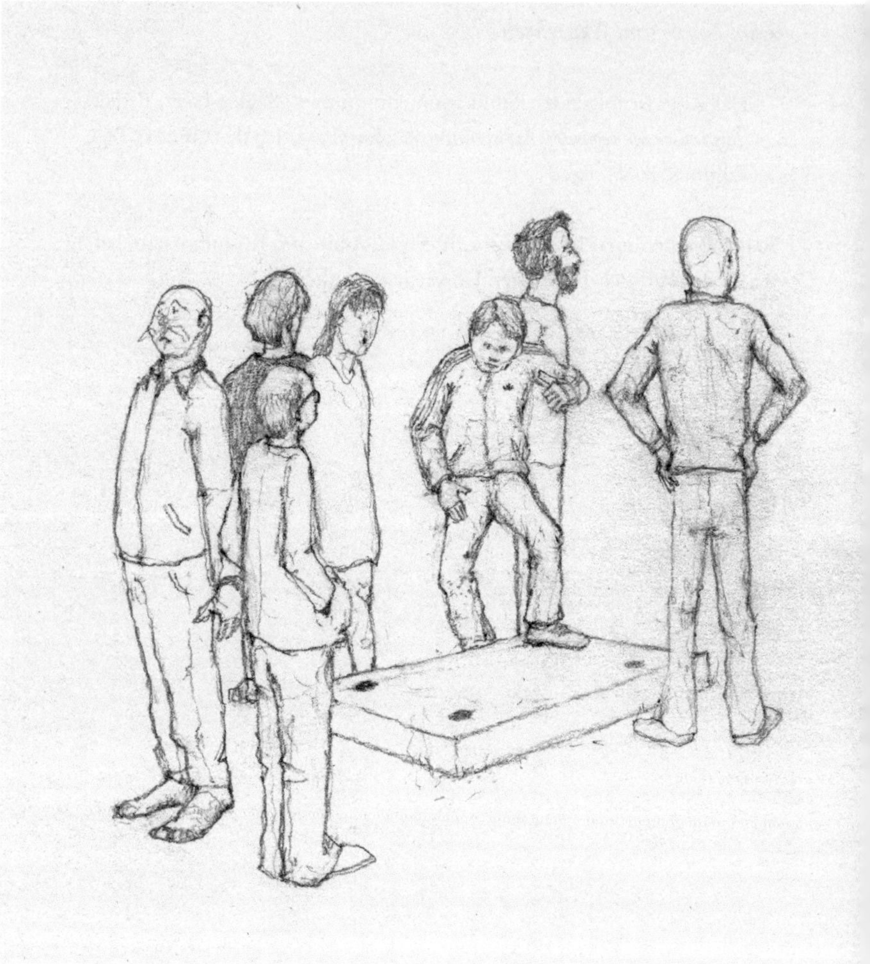

Nachgespräche

WILLMAR SAUTER

Was das Kolosseum noch sagen wollte

„Ist doch gar nicht wahr!“ Ein Murmeln trat aus den Steinmassen hervor.

„Bei der Eröffnung des Kolosseums im Jahre 80 n. Chr. wurden in 100 Tagen – so lange dauerten die Festlichkeiten – an die 10.000 wilde Tiere getötet. Das sind 100 Tiere am Tag!“

„Ach du lieber Gott!“ – „Fürchterlich!“ – „Diese Römer! Pfui Teufel!“

„Erstunken und erlogen!“ Wieder war dieses Murmeln im Untergrund zu hören. Es stammte nicht von der Touristengruppe, die sich um den Fremdenführer scharte. „Dieser Geschichtsschreiber Cassius Dio hat maßlos übertrieben, um die Römer zu beeindrucken. Und dann haben die Christen diese Zahlen benutzt, um die Römer schlecht zu machen.“

„Die Tiere wurden gejagt, mit Pfeil und Bogen, und mit Lanzen. Und damit sie sich nicht in einer Ecke verstecken konnten, ist das Kolosseum ovalförmig.“

„Warum hat man das Kolosseum nicht gleich ganz rund gemacht?“, piepste eine Stimme aus der Gruppe.

„Weil in ein Oval mehr Leute reingehen“, fuhr der Touristenführer unbeirrt fort. „Etwa 80.000 Zuschauer konnte das Kolosseum fassen …“

„Schon wieder so eine Übertreibung: das Fassungsvermögen belief sich auf nur gut 50.000 Personen. Zudem war es zu jener Zeit selten voll hier. Es war einfach viel zu viel los. Bei 134 *dies ludi* im Jahr, an denen offiziell gespielt und getanzt wurde, Pferderennen stattfanden, Theater aufgeführt und was sonst noch so alles angeboten wurde, da konnten eben nicht alle alles sehen, obwohl Rom schon damals eine Millionenstadt war."

„… und für diese blutrünstige Masse wurden jeden Tag seltene Tiere getötet. Die Gladiatoren schlachteten sich gegenseitig. Schließlich wurden im Kolosseum ganze Seeschlachten durchgeführt, oder besser gesagt, aufgeführt, denn dies diente ja der Unterhaltung."

Entsetztes Aufschreien in der Gruppe.

„Solch ein Unsinn!" Die unbekannte Stimme, hörbar erregt, sprach nun deutlicher. Aber niemand in der Gruppe schien sie zu hören. „Zwei oder drei solche Schlachten, die wir Naumachien nannten, kamen vor, ganz zu Anfang, als Vespasianus' Sohn Titus noch regierte. Aber der wurde ja schon nach ein paar Jahren von seinem Bruder Domitianus ersetzt. Dieser ließ das ganze Kellergeschoss umbauen und dann konnte man es nicht mehr mit Wasser füllen. Durch eine raffinierte Konstruktion, ein *hypogeum* von Gängen, Rampen und Hebebühnen konnten die Tiere direkt in die *arena* gebracht werden.

Und apropos Gladiatorenkämpfe – die bei uns *munera* hießen, also Geschenke –, da wurden die meisten, oder zumindest die, die gut kämpften, und das waren eben die meisten, vom Kaiser oder der Menge begnadigt. Von einem Abschlachten kann keine Rede sein. Sicher, die Verurteilten, *ad ferrum* – durch die Klinge – oder *ad bestias* – durch die Zähne der Tiere –, die kamen natürlich ums Leben. Christliche Märtyrer, wie die Päpste behaupteten, waren aber nicht darunter, die hat man woanders abgemurkst."

„Der Bau des Kolosseums wurde von Kaiser Vespasianus initiiert."

„… und von der Beute vom Tempel des gerade eroberten Jerusalems finanziert – das wird gern verschwiegen!"

„Es dauerte acht Jahre, bis der Bau vollendet war. Das war eigentlich eine kurze Zeit, wenn man bedenkt, dass man damals keine Bagger und Baukräne hatte."

„Aber man hatte 60.000 Juden, die Vespasianus' Sohn Titus als Sklaven nach Rom gebracht hatte. Sie dienten als Bauknechte. Das erzählt er nicht …"

„Das Kolosseum ist 188 Meter lang und 156 Meter breit. Sein Umfang misst sage und schreibe über einen halben Kilometer. Das …"

„Nicht ein einziges Mal werde ich bei meinem rechten Namen genannt. Ist es so schwer, *Amphitheatrum Flavium* zu sagen? Die Flavier, also Vespasianus und seine beiden Söhne Titus und Domitianus, haben dieses Amphitheater bauen lassen und selbstverständlich nach sich benannt. Der ‚Koloss' war ja was ganz anderes, nämlich die Riesenstatue aus vergoldeter Bronze, die Kaiser Nero darstellte. Er hatte sich auf dem Platz des Amphitheaters sein sogenanntes *domus aurea*, also ein goldenes Haus gebaut. Nach seinem Sturz durch eine Militärrevolte nahm er sich das Leben und das Haus wurde gleich vom nächsten Kaiser abgerissen. Durch den Theaterbau wurde der Platz sozusagen dem Volk wieder zurückgegeben. Der Platz war ja groß genug."

„Das Innere des Kolosseums besteht aus drei Zuschauerrängen, die strikt nach der gesellschaftlichen Stellung der Zuschauer unterteilt waren. Je vornehmer, desto näher am Geschehen. Die Stehplatztribüne ganz oben, die Titus dazu bauen ließ, war für Tagelöhner und Prostituierte gedacht."

„Ja, die einfachen Huren wurden in die obersten Ränge verbannt, aber die vornehmen Hetären hatten überall Zugang, saßen bei den

Senatoren und den Reichen, genauso wie bei den scheinheiligen Bürgern – eben dort, wo das Geld saß.“

„Wie kamen denn all diese Leute rein ins Theater? Ich hab gar keine Türen gesehen.“

„Sie haben vielleicht bemerkt, dass um das ganze Gebäude herum Arkaden laufen. Es sind diese 80 Öffnungen in den Arkaden, durch die das Publikum hereinkam. Auf den Eintrittskarten stand die Nummer der jeweiligen Arkade, und wenn man dort hineinging, kam man automatisch über die dazugehörigen Treppen zur richtigen Publikumssektion. Nach dem gleichen Prinzip werden noch heute Fußballstadien gebaut. Die Römer waren schon echt schlau!“

„Schlau? Die waren genial! Auch die Theater und der *Circus Maximus* wurden nach diesem Prinzip gebaut. Dank dieser *vomitoria* waren die Römer nicht an einen Berghang gebunden, wie das noch bei den Griechen der Fall war. Eine *cavea* für die Zuschauer konnte überall errichtet werden, ohne Rücksicht auf geografische Gegebenheiten.“

„In nur 15 Minuten waren alle auf ihren Plätzen, und in fünf Minuten konnte das ganze Gebäude geleert werden.“

„Schon schade, dass ich nie ein Fußballstadion wurde. Nach all diesen jahrhundertelangen Zu- und Umbauten wäre es gar nicht so übel gewesen, wenn sich die römischen Stadtväter dazu entschlossen hätten, aus mir das Stadio Olimpico zu machen, in dem Klubs wie Latio und Roma spielen. Stattdessen bin ich ein Museum geworden.“

„Eine Frage: Warum ist das Kolosseum so groß?“
„Ja, weil eben die Römer einen Größenwahnsinn hatten. Und weil jeder Kaiser etwas noch Größeres schaffen wollte als der vorige.“

„Hatte aber auch politische Gründe. Mit diesen großen, herrlichen Bauten konnte man alle Provinzfürsten kleinkriegen. Kam so ein Perser oder Gallier nach Rom und sah diese mächtigen Edifizien, ja, da verstand der schon, dass man gegen die Römer nicht aufmucken kann. In der Größe zeigte sich Stärke. Und welche Staatsführung hat uns das nicht nachgemacht? Sowohl die Bauweise als auch die Namen wurde ja immer wieder aufgegriffen, man denke nur an Capitol Hill …"

„Über 400 Jahre hat das Kolosseum der Unterhaltung der Massen gedient. Die letzten Tierhetzen sind aus dem Jahre 523 festgehalten, aber da war Rom nicht mehr römisch, sondern wurde von den Ostgoten beherrscht, also Theoderich dem Großen. Den kennen Sie doch noch aus dem Geschichtsunterricht. Ha, ha."

„Ha, ha, ha." –Verlegenes Lachen– „Wer erinnert sich noch an sowas?"

„Zu diesem Zeitpunkt hatten ungefähr 500.000 Menschen hier ihr Leben gelassen – eine halbe Million! Von den Millionen Tieren gar nicht zu reden …"

„Wieder diese Übertreibungen. Das wurde zwar alles hinterher von den Historikern statistisch und vermeintlich präzise errechnet, doch anhand von zweifelhaften Quellen … ist also völliger Quatsch. Der Quatsch hat jedoch Methode: Je grausamer man die Römer hinstellt, desto zivilisierter erscheint die eigene Gesellschaft."

„In der nachrömischen Zeit ließ man das Kolosseum verfallen."

„Langsam, langsam: noch zur Römerzeit brannte das *Amphitheatrum* und zur Renovierung brauchte man 20 Jahre. Es wurden viele Eisenspangen, die die Steinblöcke zusammenhielten, entfernt, gestohlen, eingeschmolzen, und da war es dann kein Wunder, dass die Mauern den Erdbeben von 847 und 1349 nicht standhielten. Aber genug Substanz blieb erhalten. Erst einmal wurden Wohnungen und Werkstätten in meinen Gewölben eingerichtet. 300 Jahre später kam Michelangelo, er hat all den Marmor gestohlen, der noch da war, um damit die Peterskirche zu schmücken. Aber noch im 18. Jahrhundert haben arme Leute in meinen Mauern gehaust. 1744 hat dann Papst Benedikt XIV. einen Kreuzweg eingerichtet, um der Märtyrer zu gedenken, obwohl die gar nicht in meinen Mauern umkamen. Und dann wurde ich zu einer Sehenswürdigkeit, einem Denkmal, aber für was eigentlich?"

> „In heutiger Zeit, seit 1999, hat das Kolosseum eine neue, symbolische Funktion. Es ist zu einem Denkmal gegen die Todesstrafe geworden. Jedes Mal, wenn ein Mensch irgendwo in der Welt, von einem Todesurteil begnadigt wird, dann wird das Kolosseum 48 Stunden lang mit goldenem Licht angestrahlt. Das hat Amnesty International zusammen mit der italienischen Regierung eingeführt."
>
> In der Gruppe herrscht betretendes Schweigen.
>
> „Eine Frage hätte ich noch: Warum waren die Römer so grausam?"
>
> Die ausgeschlagenen Hände des Touristenführers suggerierten wohl, dass es darauf keine Antwort gäbe. Die Führung war zu Ende.

„Typisch! Diese Führungen beantworten nie die wirklich interessanten Fragen. Aber natürlich ist schon die Frage falsch gestellt. Die Römer waren weder grausam noch blutrünstig. Sie betrachteten die Kämpfe im Theater als Spiel, als einen Teil der *Ludi Romani*. Jeder Kampf ist ein *agon*, wie die Griechen sagten, in dem der Bessere gewinnt. Das kann ein Mensch oder ein Tier sein, und der Unterlegene verliert. So war das eben. Hatte der Gladiator oder auch der Löwe oder der Bär gut gekämpft, dann wurde er meist begnadigt – und konnte an neuen Wettkämpfen teilnehmen. Mit Erbarmen oder Mitleid hatte das nichts zu tun. Es war einfach praktisch. Im Grunde drehte sich alles um die Zuschauer, um ihren Spaß bei der Sache. Sie saßen auf weichen Polstern, das Stadion war von dem bunten *velarium* bedeckt, das vor der Sonne schützte. Man kam mit Freunden, um sich zu amüsieren. Musik, Fanfaren, Fahnen, farbige Rüstungen und spannende Kämpfe – das war es, was das *Amphitheatrum Flavium* zur größten Attraktion Roms machte. Das Publikum, vom Kaiser bis zu den einfachsten Leuten auf den Stehplätzen, alle waren zusammen und erfreuten sich an dem Geschehen, ohne Rücksicht auf Klasse, Alter, Geschlecht, Religion. Die Gemeinschaft des Volkes mit den führenden Schichten, *Senatus Populusque Romanorum*, SPQR, wie's auf allen Standarten stand, das war das Entscheidende. Gegenüber dieser *communitas* spielte das Leben von einigen Sklaven und allerhand Viechern kaum eine Rolle. Mitgefühl war der Familie und den Freunden vorbehalten. Aber die zimperlichen Touristen des 21. Jahrhunderts versuchen ja nicht mal eine andere Zeit zu verstehen, sondern bewerten alles nach ihren gegenwärtigen Maßstäben. Das ist das Verstörende. Nicht die Historie selbst."

„Vielen Dank für Ihr Interesse …" Verstreuter Applaus.

Ein erneutes Murmeln in den Mauern blieb weiter unbeachtet. Es klang wie *Transit gloria mundi* – so vergeht der Ruhm der Welt …

Angaben zum Werk

Werktitel: Kolosseum
Auftraggeber: Vespasianus
Jahr der Fertigstellung: 80 n. Chr.
Ort: Rom, Italien

Zum Nach- und Weiterlesen

Beard, Mary, *SPQR: A History of Ancient Rome* (London: Tiptree Books Services 2016).

Hopkins, Keith & Mary Beard, *Das Kolosseum* (Ditzingen: Reclam, 2010).
Wegerhoff, Erik, *Das Kolosseum* (Berlin: Wagenbach, 2012).

Willmar Sauter ist Theaterwissenschaftler und lebt in Stockholm.

ARMIN KNIGGE

Hoch zu Ross auf sumpfigem Gelände

Ein nächtliches Gespräch

Ort: Das Reiterdenkmal Peters des Großen auf dem Senatsplatz in Sankt Petersburg
Zeit: Gegenwart
Jahreszeit: November
Sprecher: Der Reiter und das Pferd

Das Pferd: Es stürmt. Kommt der Wind vom Meer?

Der Reiter: Schlaf weiter.

Das Pferd: Vielleicht baut sich gerade wieder eine Flutwelle in der Finnischen Bucht auf. Weißt du, wie viele Überschwemmungen Petersburg seit der Gründung 1703 erlebt hat? 323!

Der Reiter: Na und? Die Stadt hat noch ganz andere Katastrophen überstanden. Wasserstandmeldungen gibt es seit 1715, die Warnsysteme sind Meisterleistungen unserer Ingenieure und zeugen von der Fürsorge unserer Herrscher für die Bevölkerung. Angefangen mit dem Stadtgründer Peter dem Großen, den ich repräsentiere. Er hat für die Befestigung des Newaufer und des sumpfigen Untergrunds der Stadt gesorgt. Vergiss auch nicht den Damm vor der Newamündung seit 2011! Wo gibt es so etwas sonst auf der Welt? Eine 25 Kilometer lange Schutzanlage quer über die Bucht, die die Wasserströme und die Schifffahrt reguliert. Oben darauf eine sechsspurige Autobahn. Das Baumaterial hätte für zehn Cheopspyramiden gereicht. Das ist Russland! Es gibt keine Überschwemmungen mehr.

Das Pferd: Das ist ja noch nicht erwiesen. Das Zentrum der Stadt liegt nicht mehr als drei Meter über dem Meeresspiegel, und Beton hält nicht ewig. Die Tausende von Opfern der Fluten sollte man jedenfalls nicht vergessen. Die hatten wenig von der Weisheit der Herrscher. Auf den niedrig gelegenen Inseln des Stadtgebiets wohnten schon immer die Armen in ihren kleinen Hütten, nicht die Reichen in ihren Palästen.

Der Reiter: Ach, du nun wieder mit deinem Pferdeverstand und dem Gejammer über das Los der kleinen Leute. Die 20.000 Bauarbeiter aus allen Gegenden des Reiches und die ausländischen Architekten haben Wunder vollbracht, aber das war nur möglich, weil sie die grandiose Idee Peters des Großen realisiert haben: eine Stadt am Meer, Bollwerk gegen die Schweden und zugleich ein friedliches „Fenster nach Europa". Und das auf sumpfigem Gelände und in einer widerspenstigen Natur, von Menschen kaum bewohnbar.

Das Pferd: Wirklich kaum bewohnbar! Freiwillig wären die 20.000 nicht in diese Einöde gezogen, sie verließen ihre Heimat auf Befehl des Zaren. Unsere Literatur hat ihnen in vielen Werken ein Denkmal gesetzt. Zu den Petersburg-Bildern des 19. Jahrhunderts gehören die Knochen der an Erschöpfung und Krankheiten gestorbenen Arbeiter, die zusammen mit den Steinen und Holzpfählen den Untergrund befestigt haben. In manchen Erzählungen tauchten sie effektvoll auf – als zerlumpte Gespenster in den Palästen der Reichen.

Der Reiter: Das waren meist boshafte Erfindungen der inneren Feinde unseres Staates. Sie waren von den Ideen des westlichen Liberalismus infiziert und nicht in der Lage, die Größe und Einmaligkeit unseres Staatswesens zu erkennen. Ich stehe hier seit 1782 und habe die Aufgabe, in meiner bronzenen Gestalt die Bedeutung Peters des Großen zu verkörpern. Und ich nehme diese Aufgabe mit Begeisterung wahr. Du bist mein Pferd und solltest ebenfalls stolz sein auf die ehrenvolle Bestimmung, einen der bedeutendsten, vielleicht sogar den größten Staatsmann in der Geschichte Russlands auf deinem Rücken zu tragen. Aber wie ich dich kenne, hast du sogar an ihm etwas auszusetzen.

Das Pferd: Mit dem Stolz muss ich dich enttäuschen. Ungeachtet meiner Privilegien als erhabenes Ross fühle ich mich doch mehr zu der Mehrzahl meiner Artgenossen hingezogen, die gleichfalls massenhaft an der Erbauung Petersburgs beteiligt waren, aber ebenso wie die Menschen überwiegend als gequälte Kreaturen.

Was meine Einstellung zu Peter I. betrifft, will ich dir erst einmal nicht widersprechen. Er war wirklich denkmalwürdig. Viele seiner Eigenschaften machten ihn zu einem idealen Herrscher, unvergessen sind seine Liebe zu Russland und die gleichzeitige Begeisterung für alles „Ausländische", vor allem für die Errungenschaften der europäischen Zivilisation. Darin war er irgendwie „unrussisch", ebenso in seiner verächtlichen Einstellung zu ehrwürdigen Traditionen wie der orthodoxen Kirche. In anderer Hinsicht war er den schlimmsten Tyrannen in der russischen Geschichte ähnlich, absolut rücksichtslos bei der Durchsetzung seiner Ideen, grausam und rachsüchtig im Umgang mit politischen Gegnern, sogar innerhalb der Familie. Wie Iwan der Schreckliche hat er seinen Sohn umgebracht, und im Gegensatz zu dem Schrecklichen keinerlei Reue über diese Tat gezeigt. Bevor er seinen Sohn Aleksej in seiner Gegenwart foltern ließ, hatte er ihn mit falschen Versprechungen aus dem Exil nach Russland gelockt.

Der Reiter: Das reicht jetzt! Aleksej war ein Schwächling und Verräter, und der Zorn des Vaters traf ihn im Namen der entstehenden Weltmacht Russland. Du redest nach, was die Intelligenzija bei uns seit zwei Jahrhunderten über den russischen Despotismus erzählt. Einer von ihnen, Pjotr Tschaadajew, war immerhin klug genug, darin einen russischen Sonderweg zu erkennen: „Russland ist eine ganz eigene Welt, die dem Willen und der Phantasie eines Mannes gehorcht; ob dieser nun Peter oder Iwan heißt, ist unwichtig. Es ist immer dasselbe – die Willkür einer Person." Wahre Worte. Wir Russen lieben den starken Herrscher.

Pause.

Das Pferd: Lass uns aufhören mit dem Streit. Nutzen wir die typische Petersburger Novemberstimmung mit Sturm, Regen und Nebel für eine Art Bestandsaufnahme unserer eigenen Gegenwärtigkeit auf diesem Platz. Wer waren die Menschen, denen wir unsere Entstehung verdanken und welche Ziele verfolgten sie mit diesem Denkmal?

Peter der Große ist Gegenstand der Ehrung. Doch war es vor allem seine Nachfolgerin auf dem Zarenthron, Katharina II., die unsere Entstehung mit großer Leidenschaft vorangetrieben hat. Ausgeführt haben uns der französische Bildhauer Étienne-Maurice Falconet und seine Schülerin Marie-Anne Collot in gemeinsamer Arbeit, wobei dein Kopf, verehrtester Kollege, das Haupt Peters I., allein von der Hand der jungen Frau geschaffen wurde.

Von großer Bedeutung für unser weiteres Schicksal ist auch Alexander Puschkin, der unserem Denkmal ein halbes Jahrhundert nach seiner Einweihung neues Leben eingehaucht hat. Seine Verserzählung „Der eherne Reiter", 1833 entstanden, ist zu einem der weltweit bekanntesten Werke der russischen Literatur geworden. Der endgültige Sinn des Poems ist immer noch Gegenstand heftiger Diskussion.

Schauen wir uns die genannten Geburtshelfer näher an, denen wir unser Leben verdanken. Auf dem Felsen, der den Sockel bildet, steht die Widmung „Petro primo Catharina seconda" in lateinischer und russischer Sprache mit der Jahreszahl 1782. Katharina erhob sich mit dieser Widmung gleichsam selbst auf die Höhe des legendären Reformers. Was meinst du, hatte sie das Recht dazu?

Der Reiter: Warum nicht? Sie hat Peters Politik der Erweiterung und Modernisierung des Reichs erfolgreich fortgesetzt, Weißrussland und die Ukraine von Polen zurückgewonnen und von der Türkei die Abtretung der Krim erreicht. Und sie hat es geschafft, dass sie trotz ihrer Herkunft als deutsche Prinzessin nicht als Fremde empfunden wurde. Historiker sagen, die Russen hätten sich dank ihrem Vorbild erstmals als vollwertige Menschen gefühlt. Sie hat den französischen Liberalismus sehr geschickt mit russischen Traditionen verbunden, ohne damit revolutionären Krawall zu importieren.

Das Pferd: Historiker sagen aber auch, dass Gefallsucht und Gier nach Ruhm die wichtigsten Antriebskräfte ihres Handelns waren. Ihre Stärke war die Propaganda, die sprichwörtlichen „Potjomkinschen Dörfer". Die lateinische Widmung gehört dazu wie die ganze zur Schau getragene republikanische Gesinnung. Neue Gesetze und Freiheiten waren reine Lippenbekenntnisse. Die Leibeigenschaft ließ sie unangetastet und verschenkte Tausende Bauern an ihre Günstlinge.

Der Reiter: Sie war eben eine Herrscherin mit dem richtigen Instinkt für die Machterhaltung, konnte Menschen um den Finger wickeln, Widerstände mit Charme und diplomatischem Geschick beiseite räumen. So hat sie es auch mit unserem Schöpfer Falconet gemacht. Er hat sich ja zuerst mehr für das Pferd, also für dich, interessiert als für meine Gestalt. Das müsste dir doch gefallen.

Das Pferd: Sein Interesse hatte nichts mit einer Leidenschaft für Pferde zu tun. Es ging ihm dabei um die Kunst. In Frankreich war er hauptsächlich mit Porzellanskulpturen bekannt geworden und träumte von einer neuen Karriere. Er wollte nun „etwas Kolossales" schaffen, und das sollte sich vor allem in Bewegung manifestieren. Das emporgerissene Pferd sollte den „Sprung Russlands" aus dem Mittelalter in die Moderne symbolisieren. Antike Vorbilder wie das Reiterstandbild Marc Aurels in Rom lehnte Falconet eben wegen ihrer klassischen Ruhe und Harmonie ab.

Der Reiter: Unser symbolisches Ensemble beruht ja auf mehr als nur dem Sprung, dazu gehört auch die ausgestreckte Hand, meine zeitlose Kleidung, die von einem deiner Hufe niedergedrückte Schlange und nicht zuletzt der Naturfels, aus dem der Sockel gemacht ist. Das erschließt sich nicht so einfach. Da haben die Fremdenführer den Touristen viel zu erklären. Alles das sind Elemente des großen nationalen Mythos, den wir verkörpern.

Das Pferd: Neuerdings dienen wir eher einer perfekt funktionierenden staatlichen Propaganda mit Anklängen an die Monarchie und die Sowjetzeit. Die ausgestreckte Hand verstand Falconet ja als segnende Geste eines Wohltäters. Heute erinnert sie an die zahllosen sowjetischen Lenindenkmäler, wo der Führer der Bolschewiki in die lichte Zukunft weist. Deine phantasievolle Kleidung, eine Art Toga, und ein Fell als Sattel wird in den Reiseführern als das Kostüm eines „Helden aller Zeiten und Nationen" gepriesen. Und die Schlange! Sie hat auch eine statische Funktion, sie dient als dritter Stützpunkt meiner Figur. Aber verkörpern soll sie das Böse, die Feinde, die Russland bedrohen.

Der Reiter: Vergessen wir nicht den Sockel, auf dem wir stehen, ein echt russischer Stein.

Das Pferd: Ja, er war schon vor der Entstehung des Denkmals eine Berühmtheit. Die Geschichte dieses Granitblocks, durch zahlreiche zeitgenössische Abbildungen dokumentiert, kann gleichzeitig als Beispiel dafür dienen, wie in Russland Legenden entstehen. Die Idee, den Reiter auf einem gewaltigen Naturstein zu platzieren, wird Katharina persönlich zugeschrieben. Aber die Realisierung war ein nationales Projekt. Ein Bauer hatte den riesigen Stein in einem Wald unweit der Hauptstadt entdeckt. Sein Name, Semjon Wischnjakow, bleibt allein für diese Tat unvergessen und wird in jeder Darstellung erwähnt. Im Volksmund wurde der von einem Blitz gespaltene Granitblock „Donnerstein" genannt. Er wiegt phantastische 2000 Tonnen, so sagen jedenfalls zeitgenössische Berichte. Der Transport war eine Sensation, Tausende von Schaulustigen wurden angelockt. Der Koloss wurde auf einem System von Metallkugeln und Schienen zu einem Hafen gebracht, allein mit Menschen- und Pferdekraft. Ein russischer Schmied hatte dieses Wunder der Technik erdacht. Dann folgte die Überfahrt zur Hauptstadt auf einer Plattform zwischen zwei Schiffen. Zu den Berichten über die Aktion gehört bis heute unbedingt der Preis – sechs Millionen Rubel. Der Stein, inzwischen „zivilisiert" und glattgeschliffen, hat sogar in der Wissenschaft Beachtung gefunden. Erst kürzlich haben Geologen auf einer internationalen Konferenz neue mineralogische Analysen im Vergleich mit anderen Denkmälern diskutiert. Allein der Sockel ist eine Art nationales Heiligtum.

Der Reiter: Notorische Skeptiker mögen das seltsam oder lächerlich finden, ich denke nicht so. Unsere Menschen interessieren sich eben für die nationale Geschichte, und besonders für die Leistungen russischer Wissenschaftler und Ingenieure.

Das Pferd: Bleiben wir bei unserem Denkmal. Wie wir alle wissen, schuf nicht Falconet deinen Kopf, sondern seine Schülerin Marie-Anne Collot. Sie war bei ihrer Ankunft in Russland gerade 19 Jahre alt, hatte sich aber schon in Paris den Ruf einer ausgezeichneten Porträtistin erworben. Nur der erste Entwurf des Kopfes stammte von Falconet. Aber Katharina fand, er sei dem historischen Peter nicht ähnlich. Und so überredete sie den Meister, den Auftrag an seine Assistentin zu übergeben. Er nahm die Kränkung hin und stimmte zu, um die Vollendung des Denkmals nicht zu gefährden.

Der Reiter: Eine gute Entscheidung. Allerdings wissen wir nicht genau, wie der wirkliche Peter ausgesehen hat, die Bilder sind ja sehr verschieden. Falconet selbst hielt nichts vom Prinzip der Ähnlichkeit, er wollte ein kraftvolles, majestätisches Antlitz. Das ist seiner Schülerin zweifellos gelungen. So sieht ein Herrscher aus, auf den Russland stolz sein kann.

Das Pferd: Apropos Ähnlichkeit, da gibt es noch eine Geschichte, die wenig bekannt ist und von der die Touristen gewöhnlich nichts erfahren. Das Denkmal, das Katharina bei Falconet in Auftrag gab, sollte nämlich ursprünglich nicht Peter dem Großen gewidmet sein, sondern seinem Enkel, Peter III., dem Gemahl Katharinas, der vor ihr 1761 den Thron bestiegen hatte und nach einem halben Jahr von Offizieren der Garde in einer Palastrevolution entmachtet wurde. Und auf ihn ist die russische Gesellschaft nie stolz gewesen.

Der Reiter: Dafür gab es auch keinen Grund. Dieser deutsche Prinz Karl Peter Ulrich aus der Dynastie Holstein-Gottorp-Romanow war eine Schande für das Imperium. Er verehrte den preußischen König Friedrich II., der unser Feind war, und wollte einen Krieg mit unserem Verbündeten Dänemark vom Zaun brechen. Außerdem war er verhaltensauffällig. Spielte ständig mit Soldatenfiguren, benahm sich respektlos gegenüber Kirchenvertretern und dachte nicht daran, die russische Sprache zu erlernen.

Das Pferd: In patriotischen Darstellungen wird er geradezu als ein Idiot auf dem Thron beschrieben. Es gibt aber auch Historiker, die ihn als einen etwas närrischen, aber menschenfreundlichen jungen Mann beschreiben, der für mehr Freiheit in Russland sorgen wollte, zum Beispiel mit der Auflösung der Geheimpolizei. Dass Katharina auf die Idee kam, ihrem Mann ein Denkmal zu setzen, hatte aber weder mit seiner Person noch mit seiner Politik zu tun, beides strafte sie mit Verachtung. Dagegen wussten viele Menschen in ihrer Umgebung, dass die Gerüchte um den Tod ihres Ehemanns ihr Albträume bereiteten. Denn als Peter unter ungeklärten Umständen starb, galt es für viele Zeitgenossen als ausgemacht, dass er ermordet worden war und dass Katharina die Auftraggeberin dieses Verbrechens war. Das bleibt bis heute unbewiesen und ist wenig wahrscheinlich, aber es leuchtet ein, dass dieses Gerücht der Herrschaft Katharinas, die so sehr auf die öffentliche Meinung ausgerichtet war, gefährlich werden konnte.

Der Reiter: Wir wissen doch, dass die Brüder Orlow den Mord arrangiert und der Kaiserin auch schriftlich versichert haben, dass sie daran nicht beteiligt war.

Das Pferd: Aber alles geschah im Geheimen, in der Grauzone von Palastintrigen. Eine bei uns wenig bekannte österreichische Schriftstellerin, Elisabeth Freundlich, hat diese Hintergründe in ihrem 1960 erschienenen Roman *Der eherne Reiter* thematisiert. Dort wird die Kaiserin von Angstträumen und Schuldgefühlen heimgesucht und lässt sich von Marie-Anne Collot eine kleine Büste von Peter III. anfertigen. Mit diesem Abbild hält Katharina heimlich Zwiesprache und verspricht dem ermordeten Ehemann die Aufstellung eines „Sühnemals", eben Falconets Reiterdenkmal mit dem Antlitz Peters III. So kommt es dazu, dass in dieser Version der erste vollständige Entwurf des Denkmals die Züge eines „falschen" Peters trug. Erst nach dem energischen Einspruch vonseiten des Fürsten Potjomkin ließ sich die Kaiserin zu einer Vertauschung der historischen Adressaten bewegen, das Vorhaben einer persönlichen Wiedergutmachung opferte sie der Staatsräson.

Der Reiter: Dieser Roman, den ich nicht kenne, war sicher eine

Attacke aus dem Westen, wie wir sie ständig erleben. Russland wird in den schwärzesten Farben gemalt.

Das Pferd: Mag sein, dass die Geschichte mit den beiden Peter-Köpfen in Teilen einer etwas zu lebhaften Phantasie der Österreicherin entsprungen ist. Aber dass die Geschichte unseres Denkmals sich in einer Atmosphäre von Palastintrigen, Legenden und Propaganda abspielte, ist wohl unbestreitbar. Und du weißt auch, dass wir Russen Legenden lieben. Typisch für unseren Staat ist allerdings ebenfalls, dass er bestimmt, an welche Legenden man glauben darf und an welche nicht. Von Peter III. und Katharinas Anteil an seiner Entmachtung erzählt man den Touristen nicht viel, weniger poli tisch anstößig ist da die Beziehungsgeschichte zwischen Falconet und seiner Schülerin.

Der Reiter: Auch das sind wieder typische Einflüsse aus dem Westen. Anstelle unserer großen Geschichte Schlafzimmeranekdoten, Klatsch und Tratsch.

Das Pferd: Was den Roman der Österreicherin angeht, trifft das nicht zu. Sie hat die große Liebe dieses Mädchens mit dem kindlichen Gesicht, wie ich finde, sehr schön und ohne sentimentale Übertreibungen erzählt. Falconet ist dort ein launischer Eigenbrötler, der die hingebungsvolle Liebe seiner Schülerin über lange Jahre gar nicht bemerkt. Der bekannte Enzyklopädist Denis Diderot, der mit den beiden befreundet war, hat sie auch in Russland besucht und dem Freund schwere Vorwürfe gemacht wegen seines egoistischen Umgangs mit Marie-Anne. Im Übrigen hatte die Geschichte ein Happy End. Nach einer unglücklichen Ehe mit einem Taugenichts, der dazu noch der Sohn des Meisters war, erfüllte sich der Traum des Mädchens aus ärmlichen Verhältnissen. Sie wurde endlich zur Ehefrau, also zur „richtigen" Madame Falconet und nach Falconets Tod Verwalterin seines Erbes. Das Thema ist natürlich trotzdem ein vielzitiertes Beispiel für die Geringschätzung von Frauen in der Kunst geblieben.

Der Reiter: Bei uns geschah das aber nicht. Der russische Staat hat sich doch gegenüber Collot sehr großzügig gezeigt. Ihre Mitwirkung an dem Denkmal wurde mit einer lebenslangen Pension und der Aufnahme in die Russische Akademie der Künste belohnt, wo sie das jüngste Mitglied war. Russland war und ist ein bedeutender Ort für die Emanzipation der Frau.

Das Pferd: Auch darüber gibt es verschiedene Ansichten. Beide Künstler haben übrigens durch das Projekt viel Geld verloren, und schon vor der Einweihung des Denkmals waren sie – nicht ganz freiwillig – nach Paris zurückgekehrt.

Der Reiter: Das sind Einzelheiten. Im Ganzen ist die Entstehung unseres Denkmals ein glanzvolles Beispiel für die Größe der russischen Kultur.

Das Pferd: Ich sehe mehr Düsternis als Glanz in unserer Geschichte, sie gleicht dem Wetter heute Nacht. Diese Düsternis wurde auch immer wieder im fiktionalen Petersburg der russischen Literatur aufgegriffen: Dunkelheit, Regen, Wind, Gaslaternen und Nebelschwaden. Das ändert sich auch nicht, wenn wir jetzt auf einen anderen Meister zu sprechen kommen, Alexander Puschkin. Er muss unbedingt zu den Schöpfern des Denkmals gezählt werden, obwohl sein berühmtes Poem „Der eherne Reiter" ein halbes Jahrhundert nach der Einweihung entstanden ist. Der unzensierte Text des Werkes konnte in Russland sogar erst 1904 erscheinen. Aber so wie wir heute hier stehen, sind wir untrennbar mit dem Namen und der Bedeutung dieses Werkes verschmolzen. Davor war das Denkmal nichts anderes als ein Symbol der Staatsmacht, altmodisch in seinem klassizistischen Stil und eindimensional in seiner Bedeutung. In einem 1815 entstandenen Gedicht beschrieb der Hofdichter Mersljakow den Reiter als einen Mann, der wie ein Gott auf einem flammenden Ross dahinstürmt und dem Land mit ausgestreckter Hand seinen Segen spendet. Aus diesem dekorativen Schauobjekt imperialer Größe machte Puschkin ein tragisches Symbol der Größe und zugleich der Ungerechtigkeit Russlands.

Der Reiter: Tragisch oder nicht, er hat dem russischen Staat die Größe zugesprochen, die ihm gebührt. Die Gestalt Peters des Großen im Jahre 1703 an dem öden Strand des Meeres mit dem unglaublichen Gedanken im Kopf, auf diesem sumpfigen Gelände eine Stadt zu erbauen, die die Feinde Russlands bedrohen und zugleich ein Fenster nach Europa aufstoßen sollte – das ist der Anfang des Poems, und darauf folgt wie ein Wunder die Realisierung des Traums: eine Stadt von überwältigender Schönheit mit Palästen und weiten Plätzen, durchzogen von einem breiten Strom und zahlreichen Kanälen. Ihr gilt das persönliche Bekenntnis des Dichters: „Ich liebe dich, du Schöpfung Peters …"

Das Pferd: Das ist aber nur die halbe Wahrheit des Poems. Denn diese Liebeserklärung endet mit einem überraschenden Wechsel des Tons: „Es gab einmal eine furchtbare Zeit, traurig wird meine Erzählung sein." Es geht um die Flutkatastrophe im November 1824, von der Puschkin als Zeitgenosse aus vielen Quellen erfahren hatte. Der Sturm und die Wassermassen richteten schreckliche Verwüstungen an, die Zahl der Opfer blieb unbestimmt, weil Hunderte Leichen im Meer verschwanden. Stellvertretend für sie erfand der Dichter das tragische Schicksal des kleinen Beamten Jewgenij. Seine Braut kommt in den Fluten um und damit endet sein Traum von einem bescheidenen Glück. Über diesem Unglück verliert Jewgenij den Verstand und endet als Bettler. Die Schuld an dieser Katastrophe schreibt der „arme Wahnsinnige" Peter I. zu, der die Stadt – wie der Erzähler feststellt – „unter dem Meer gegründet" hat (das heißt unterhalb der Wasserstände von mehr als drei Metern, die bei zahlreichen Überschwemmungen erreicht wurden). Jewgenij begegnet Peter in Gestalt des Denkmals, während ringsum die Stadt im Chaos versinkt: „Und, mit dem Rücken zu ihm gewendet, in unerschütterlicher Höhe /[…]/ Steht mit ausgestreckter Hand / Der Götze auf dem bronzenen Pferd." In den Bildern der schönen Stadt am Anfang kommt das Denkmal nicht vor. Wir, Ross und Reiter, gehören ganz zur dunklen Welt der Naturkatastrophen und der mitleidlosen Beziehung des Staates zu seinen Untertanen. Bei Falconet und der Stifterin Katharina war eine solche Bedeutung des Denkmals undenkbar.

Der Reiter: Ja, aber hier darf man nicht aufhören mit dem Zitieren. Im zweiten Teil folgt eine weitere Begegnung Jewgenijs mit dem Denkmal. Wieder erscheint der Reiter dem armen Jewgenij „schrecklich in der Finsternis". Das vom Erzähler vermittelte Bild des Reiters sagt aber auch etwas anderes: „Was für ein Gedanke auf dieser Stirn. / Welch eine Kraft ist in ihr eingeschlossen / Und in diesem Pferd was für ein Feuer!" Wieder etwas, das dir gefallen müsste, auch du avancierst zum Symbol Russlands. Es folgt die viel zitierte Frage „Wohin ist dein Sprung gerichtet, stolzes Ross, / Wo senkst du deine Hufe nieder?" Hier wird die Zukunft des Staates verhandelt, und das allein zählt, nicht das traurige Schicksal eines kleinen Beamten.

Das Pferd: So könnte man meinen, wenn hier Schluss wäre. Aber die letzten Verse, die wirkungsmächtigsten des Poems, sind der berühmten Protestszene gewidmet. Eigentlich besteht sie nur aus einem kurzen Augenblick, in dem der „arme Wahnsinnige" die Kraft findet, seinen mächtigen Kontrahenten herauszufordern, davor und danach ist er von Angst und Verzweiflung getrieben. Er umkreist das Denkmal, wirft „wilde Blicke" auf den „Herrscher der halben Welt" und bleibt schließlich mit finsterem Gesicht vor ihm stehen. Mit zusammengebissenen Zähnen und geballter Faust flüstert er, „wie von einer schwarzen Macht überwältigt": „Nun gut, du wundertätiger Erbauer, warte nur!" Im nächsten Moment stürzt er in panischer Flucht davon. Es scheint ihm, dass der Reiter zum Leben erwacht ist und ihm sein von Zorn brennendes Gesicht zuwendet. Es folgt die Antwort der Macht auf die freche Herausforderung des Untertans. Eine ganze Nacht lang verfolgt ihn der Reiter über die öden Plätze der Hauptstadt. Das lautmalerische Dröhnen der Hufe auf dem Pflaster – „Kak budto groma grochotanje – tjascheloswonkoje skakanje" – kennt jeder bei uns, der lesen kann. Jewgenijs „Aufstand" ist im nächsten Augenblick zusammengebrochen. Jedes Mal, wenn er von nun an bei dem Denkmal vorbeikommt, drückt er sich ängstlich an ihm vorbei.

Der Reiter: Und dieser Mann ist nun für viele in der liberalen Intelligenzija zu einem Helden des Widerstands geworden! Dabei lässt Puschkin doch wirklich keinen Zweifel daran, dass dieser „arme Wahnsinnige" wohl ein gewisses Mitgefühl wecken, aber doch niemals ein würdiger Kontrahent des großen Peter sein kann. Sein ganzer Auftritt vor dem Denkmal ist doch ein einziges Fiasko.

Ist das der gerechte Zorn eines Menschen, der als Richter vor dem Verursacher seines Unglücks steht? Nein, der gerechte Zorn ist aufseiten des Reiters, der das Schicksal des Staates zu verantworten hat und diesen Angriff auf seine Autorität nicht dulden kann. Ich hätte gern die Rolle des Verfolgers übernommen.

Das Pferd: Damit sind wir im Streit um den Sinn des „Ehernen Reiters" angekommen, der im Wesentlichen zwischen drei Fraktionen von Teilnehmern ausgetragen wird. Die einen vertreten wie du die Interessen des Staates und gelten als Vertreter der „Staatskonzeption", die zweite Gruppe ergreift Partei für den „armen Jewgenij", verteidigt seine Würde im Sinne der Menschenrechte und seine Größe im Moment seines kurzen „Aufstands". Diese Autoren bezeichnen ihre Meinung als „humanistische Konzeption". Die dritte Fraktion, die heute hauptsächlich von Literaturwissenschaftlern vertreten wird, glaubt sich mit Puschkins Position einig, wie sie ihrer Meinung nach in der ganzen Struktur des Poems zum Ausdruck komme: Der Konflikt ist vom Autor nicht zugunsten eines der beiden Protagonisten aufgelöst, er bleibt als unlösbarer Konflikt bestehen.

Der Reiter: Das ist Feigheit! In diesem Streit muss man Farbe bekennen. Und das hat auch Puschkin getan. Und zwar für die große Sache, nicht für die Privatinteressen der kleinen Leute.

Das Pferd: Das sehe ich nicht so. Es ist doch eher der Leser des Poems, der zu einer Stellungnahme herausgefordert wird. Puschkin selbst gibt zu verstehen, wer von den beiden Protagonisten seinem Herzen nähersteht. Und das ist – bei aller Bewunderung des Dichters für Peter I. und sein Russland – doch der „arme Wahnsinnige". Um dieser Frage nachzugehen, müssen wir noch unbedingt über einen Text sprechen, der 1832, kurz vor der Entstehung des Poems, in Paris erschienen ist und zu den schärfsten satirischen Texten über Russland gehört. Dieses Werk hat Puschkin offenbar stark beeindruckt.

Der Reiter: Das musste ja jetzt kommen! Du meinst natürlich den polnischen Klassiker Adam Mickiewicz und seine „Ahnenfeier" mit dem Gedichtzyklus „Anhang", wo er über alles herzieht, was uns heilig ist: Peter der Große und Petersburg, der russische Staat und das russische Volk und seine Kultur. Zu Recht war das Buch in Russland verboten. Aber was kann man auch erwarten von einem Polen und Katholiken, der zeitweise als Verbannter in Petersburg gelebt hat?

Das Pferd: Und der dort in Freundschaft mit Puschkin verbunden war!

Der Reiter: Mit der Freundschaft war es bald vorbei. Mickiewicz warf Puschkin vor, er habe die gemeinsamen Freiheitsideale verraten, und Puschkin war enttäuscht über die russlandfeindlichen Ausfälle des Freundes.

Das Pferd: Vieles davon hat ihn offensichtlich weiter bewegt. Das zeigt allein die Übernahme zentraler Themen Mickiewicz' in den „Ehernen Reiter": Peter I., die Gründung der Hauptstadt, die Flut von 1824, unser Denkmal und die Rebellionen einzelner Außenseiter gegen den Staat, die bei Puschkin zu der Geschichte des „armen Wahnsinnigen" umgeformt sind.

Der Reiter: Ja, aber er hat diese Themen doch nur übernommen, um Mickiewicz zu widersprechen. „Ich liebe dich, du Schöpfung Peters". Der Pole hat unsere Stadt gehasst.

Das Pferd: Die Liebeserklärung in der Einleitung des Poems bezog sich nicht auf den Staat Russland, sondern auf die persönliche Beziehung Puschkins zu der Stadt, die seine geistige Heimat war, eine vorwiegend ästhetische Beziehung. Mickiewicz beschrieb Petersburg als Spiegelbild des „asiatischen Despotismus", angefangen mit dem menschenfeindlichen Klima, bald zu kalt und bald zu heiß. Weiter beschrieb er den sumpfigen Grund, in den Peter „hunderttausend Bauernleiber" zur Befestigung versenken ließ, dazu den aus ganz Europa zusammengeklaubten Baustil der Paläste und die Manöver auf dem Marsfeld, wo Soldaten aus blindem Gehorsam auf ihren Posten erfroren und anderes mehr. Puschkin antwortet auf diese Horrorbilder, die der Leser des „Ehernen Reiters" natürlich nicht kennen konnte, gleichsam Punkt für Punkt. Dem menschenfeindlichen Klima setzt er fröhliche Schlittenfahrten und den Zauber der weißen Nächte in Petersburg entgegen, der eklektische Baustil begeistert ihn durch seine Schönheit und Harmonie, und bei der Truppenparade schaut er nur auf die in der Sonne blitzenden Helme. Bei Mickiewicz erscheinen sie als „blankgeputzte Samoware“.

Der Reiter: Da sieht man die geistige Überlegenheit unseres Klassikers. Er rückt die Dinge wieder an ihren Platz.

Das Pferd: Aber nur in der Einleitung. Dann folgt der Tonwechsel, die „traurige Erzählung“, das Chaos der Flut, das Unglück des „armen Wahnsinnigen“ und sein „Aufstand“. Wozu diente ihm das, wenn es Puschkin nur darum ging, Mickiewicz’ Verleumdungen zurückzuweisen?

Der Reiter: Diese ganze Düsternis ist letztlich eine Allegorie der gewaltsamen Umstürze in der Natur und in der Gesellschaft, die zerstörerischen Wellen der Überschwemmung werden mit dem Überfall einer Räuberbande auf die Stadt verglichen, und der Protest Jewgenijs vor dem Denkmal ist die Drohung mit einem „sinnlosen und erbarmungslosen Volksaufstand“, vor dem Puschkin immer gewarnt hat. Auch die revolutionäre Bewegung hatte solche terroristischen Begleiterscheinungen, zum Beispiel bei den Dekabristen, die den Zaren ermorden wollten und deren Aufstand 1825, ein Jahr nach der Flut, hier auf unserem Platz niedergeschlagen wurde. Zum 100. Jahrestag dieser Rebellion 1925 wurde der Senatsplatz umbenannt zum „Platz der Dekabristen“. Aber unser Staat hat Gott sei Dank von allen revolutionären Umstürzen, kommunistischen, bunten und sonstigen, Abschied genommen. 2008 hat der Platz seinen alten Namen Senatsplatz zurückerhalten, der sich auf das einstige Machtzentrum des Imperiums bezieht.

Das Pferd: Ja, aber viele bei uns finden, dass diese Verfolgung jeglicher systemkritischer Bestrebungen das Land in eine Diktatur verwandelt hat.

Der Reiter: Es reicht jetzt mit deinem ewigen „Ja, aber…“! Das ist ausländische Propaganda, und das solltest du wissen. Die russische Geschichte geht ihren Sonderweg, das Volk will einen starken Herrscher. So einen wie Peter den Großen.

Das Pferd: Doch hat Puschkin diesem Peter einen Januskopf verliehen. Er ist der Mann mit großen Ideen und gewaltiger Tatkraft, zugleich aber ein Mensch ohne Sinn für die Untertanen, die von seiner Politik ins Unglück gestürzt werden, und ein erbarmungsloser Verfolger, wenn sich einer von ihnen ihm in den Weg stellt.

Der Reiter: Du willst den Helden unseres Denkmals in eine Art Iwan den Schrecklichen verwandeln. Das ist einfach absurd.

Das Pferd: Nein, Peter I. hatte wirklich eine grausame Seite, nicht umsonst hielt ihn das Volk für den Antichrist. Davon ist allerdings nichts zu sehen in unserem Reiterdenkmal von Falconet und Collot, das Russland nichts als Heil und Segen zu bringen scheint, wohl aber in Puschkins Poem, wo wir beide mit dröhnenden Hufen den armen Jewgenij verfolgen. Die Besucher, zumindest die aus Russland, denken dieses Bild des Verfolgers mit, wenn sie vor uns stehen.

Der Reiter: Das war die Pflicht der Staatsmacht, eine Warnung an alle Umstürzler!

Das Pferd: Nein, das war Puschkins Warnung vor einem verhängnisvollen Weg des russischen Staates. Ich möchte das an einem Detail des Denkmals erläutern, sozusagen in eigener Sache, nämlich an dem Sprung des Pferdes, den darzustellen ich die Ehre habe. Es ist ein Sprung ins Ungewisse, der auch die Möglichkeit eines Absturzes einschließt. Und hier kommt wieder Mickiewicz ins Spiel, der dem Reiter ein unrühmliches Ende prophezeit hat. In dem Gedicht „Das Denkmal Peters des Großen" beschreibt der Dichter Ross und Reiter als eine „im Frost erstarrte Kaskade", die „über einem Abgrund hängt". Und weiter: „Doch wenn einst der Tag der Freiheit anbricht und ein warmer Westwind durch das Land weht, / Was wird dann aus der Kaskade – aus der Tyrannei?"

Das Bild der Kaskade und des Tauwetters, das uns heute an eine Periode im 20. Jahrhundert erinnert, hat Puschkin nicht übernommen, wohl aber das Bild des Abgrunds am Rand des Felsens, den es vor Mickiewicz in keiner Beschreibung des Denkmals gab. In Puschkins Poem folgt nach der Frage an das stolze Ross „Wo senkst du deine Hufe nieder?" eine weitere Frage, diesmal an Peter: „Hast nicht auch du, am Rande des Abgrunds, mit eisernem Zügel, Russland in die Höhe emporgehoben?" Der Abgrund schließt die Möglichkeit eines Absturzes und Untergangs ein.

Der Reiter: Reine Erfindung! Puschkin hat Russland niemals den Untergang prophezeit.

Das Pferd: Das behaupte ich auch nicht. Er wünschte sich einen Herrscher, der seinem Land Größe und Wohlstand bringt und auch in der Lage ist, sich mit seinen Gegnern großmütig zu versöhnen. Das war die Haltung eines russischen Europäers. Er selbst erlebte so ein Land und Herrscher solcher Art nicht und blickte fragend in Russlands Zukunft.

Der Reiter: Lass uns lieber Puschkin in seinen eigenen Worten hören: „Erstrahle in deiner ganzen Schönheit, Stadt Peters, und stehe unerschütterlich wie Russland! Und mögen die besiegten Elemente sich mit dir versöhnen."

Das Pferd: Die Dichter nach Puschkin haben in dem „Ehernen Reiter" eher den düsteren Verfolger als den ruhmreichen Gründer und die schöne Hauptstadt gesehen und weitergetragen. Aber mancher von ihnen folgte auch dem zwiespältigen Blick Puschkins auf seine Heimat, zum Beispiel unser letzter Nobelpreisträger der Literatur Joseph Brodsky, der die Auszeichnung 1987 erhielt. Der Sohn jüdischer Eltern und Emigrant schrieb über seine Jugend in Leningrad: „Es war einmal ein kleiner Junge. Er lebte im ungerechtesten Land der Welt /[...]/ Und da war eine Stadt. Die schönste Stadt auf dem Antlitz der Erde."

Auch ich, als Pferd auf diesem Denkmal, bin glücklich, ein Bewohner dieser Stadt zu sein und will es noch lange bleiben. Aber die ewigen Phrasen über die Größe Russlands erinnern mich an die Sowjetzeit und gehen mir auf die Nerven. Diesen Geist vermittelt auch der Film *Der eherne Reiter*, der 2019 in unsere Kinos gekommen ist. Im Mittelpunkt stehen Kaiserin Katharina II. und die ganze Pracht der Monarchie unter ihrer Herrschaft, verbunden mit dem Patriotismus unserer Tage. Thema und Sprache in diesem Film, die pathetische Beweihräucherung des Staates, erinnern an unsere Hofpoeten des 18. Jahrhunderts und auch an die *Prawda* 200 Jahre später. Untermalt von dröhnender Marschmusik, verkündet der Bildhauer Falconet im Film seine Bewunderung für die Größe Russlands und die Genialität Peters des Großen. Der

Kaiserin Katharina hätte dieser Blick in den Spiegel sicher gefallen.

Der Reiter: Für mich ist dieser Film eine hervorragende Abbildung des Geistes unserer Zeit. Russland hat sich von den Knien erhoben und ist im Begriff, seine imperiale Bedeutung zurückzugewinnen. (Mit lauter Stimme:) Es lebe hoch!!!

Das Pferd: (Schweigt.)

Angaben zum Werk

Werktitel: *Der eherne Reiter*
Künstler/in: Étienne-Maurice Falconet & Marie-Anne Collot
Auftraggeberin: Katharina die Große
Entstehungsjahr: 1782
Ort: Sankt Petersburg, Russland

Zum Nach- und Weiterlesen

Freundlich, Elisabeth, *Der eherne Reiter: Roman* (Frankfurt am Main: Insel Verlag, 1982).

Knigge, Armin, *Puškins Verserzählung „Der eherne Reiter" in der russischen Kritik: Rebellion oder Unterwerfung*, Bibliotheca Slavonica, Bd. 23 (Amsterdam: Verlag Adolf M. Hakkert, 1984).

Peterburg v russkoj poėzii, XVIII – načalo XX veka. Poėtičeskaja antologija, Sostavitel' M. V. Otradin (Leningrad 1988).

Puškin, Alexander S., *Mednyj vsadnik* (Moskva 1980). (Im Verlag „Russkij jazyk" für den Russischunterricht, akzentuierte Texte mit zahlreichen historischen Abbildungen.)

Rimscha, Hans von, *Geschichte Russlands* (Darmstadt: Wissenschaftliche Buchgesellschaft, 1975).

Armin Knigge ist Professor für slavische Literaturen und hat bis zu seiner Pensionierung an der Christian-Albrechts-Universität in Kiel gearbeitet.

OLAF OSTEN

Blaugrüner Akkord

Eigentlich gehört unser Quartett ja nicht hierher. Doch wo Menschen werken, kommt's eben oft anders als geplant. Deshalb stehen wir jetzt hier im Pötzleinsdorfer Schlosspark, auf grüner Bühne im 18. Bezirk. Wir vier sind: der Bass, die Sopranistin, der Tenor und ich, die Altistin. Wir waren einmal die Randfiguren auf der Attika des Theaters am Schottenring, wurden einst für Wien geschaffen, nicht für den Wienerwald. Für die Kultur, nicht für die Natur.

Im Grunde sollte es uns seit 139 Jahren nicht mehr geben. Als das Feuer uns erreicht hatte und wir verrußten, dachte ich, dass die sieben Jahre seit der Theatereröffnung keine sehr lange Lebenszeit für eine Skulptur gewesen sind. Ich dachte an alles, außer dass dieser monströse Unfall für uns langfristig eine Befreiung bedeuten könnte. Nun haben wir das Jahr 2021, und ich habe nach wie vor nicht ganz kapiert, dass es uns immer noch gibt. Weil wir eben nicht aus Fleisch sind, sondern aus Kalksandstein. Am Tag nach dem legendären Ringtheaterbrand im Dezember 1881 stand nur noch das Gebäudeskelett, mit uns vieren auf den Pilastern seiner Attika. Das Gesamtbild muss grotesk gewesen sein. Unter uns Trümmer und darin fast 400 verkohlte Publikumsleichen in ihren zum Teil noch erkennbaren Zylindern und Ballkleidern. Miese Brandsicherung zu jener Zeit. Die Gasbeleuchtung hinter der Bühne soll einen Vorhang erwischt haben. Alles ging sehr schnell, und man hat viel zu spät die Feuerwehr gerufen. Menschen haben zwar die Gabe, faszinierende Dinge zu erschaffen, aber genauso das Talent, dieselben durch Dummheit wieder zu zerstören. Angeblich wäre auch Anton Bruckner beinahe mit draufgegangen, wenn er nicht beschlossen hätte, wegen seiner Migräne zuhause zu bleiben.

Ebenso soll Sigmund Freud eine Karte gehabt haben und kurzfristig ferngeblieben sein. Wahnsinn, oder?

Die dumpfen Panikschreie aus dem Gebäudeinneren unter uns schwingen bis heute in mir nach. Und wenn ich singe, hört man sie.

Aber was hätten wir schon tun können? Menschen aus den Flammen ziehen kann ein von ihnen selbst geschaffener Architekturstatist nicht. Stell dir umgekehrt vor: um dich herum brennt's, und du musst stehen bleiben! Abgesehen davon, dass einen oben auf der Attika niemand hört.

Wir dachten: das war's. Und dass mit dem Abriss dieser schwarzen Ruine, auf der wir zurückgelassen wurden, auch aus uns Schutt und Asche werden und wir uns zum Publikum in den Theaterhimmel gesellen würden. Doch nach einer Woche standen plötzlich unten auf der Ringstraße diese eleganten Männer, redeten lange und zeigten dabei immer wieder nach oben, auf uns. Und nach ein paar weiteren Tagen bauten tatsächlich Handwerker ein Gerüst mit Seilzug zu uns hinauf und vertäuten uns, verrußt wie wir waren. Hievten uns nach und nach hinunter, denselben Weg, den wir 1874 raufgekommen sind. Wir machten keinen Mucks, aus Angst, diesen traumgleichen Verlauf der Dinge zu stören. Unten wurde jeder von uns auf einem Lastenfiaker bruchsicher verankert, und los ging's, erst die Währinger, dann die Gersthofer und die Pötzleinsdorfer Straße hinauf. Bis zum Ende, in den Pötzleinsdorfer Schlosspark, wo für jeden schon ein flacher Sockel ins Gras gesetzt worden war.

Der damalige Schlossparkbesitzer Max Schmidt hatte uns vier gekauft. Also den Bass, die Sopranistin, den Tenor und mich, die Altistin. Nun stehen wir talwärts und mit weitem Abstand voneinander mitten auf der Wiese, doch vom Hauptweg aus trotz der Entfernung gut zu sehen. Genau wie auf der Theaterfront, nur nicht mit je drei Metern zwischen uns, sondern mit jeweils 100! Und eben nicht irgendwo da oben, sondern hier unten im Gras. Unsere Reihenfolge gehört sich so natürlich nicht für ein Vokalquartett, aber Emil von Förster, der Erbauer des Theaters, wollte wohl für jede Seite der Attika eine Frau und einen Mann. Egal, wie wir dann gemeinsam klingen. Manche Architekten kennen da gar nichts. Aber wir versuchen bis heute, das Beste draus zu machen. Vielleicht hatte unser neuer Mäzen das Problem erahnt – und durch unsere großzügige Positionierung im Park versucht, etwas Neues entstehen zu lassen.

Wir sind weder aus Carrara-Marmor, noch besonders exakt gearbeitet. Weißer Kalksandstein halt. Auf dem Theater konnte uns sowieso niemand aus der Nähe sehen. Ich bin ja nicht vom Fach, aber unser Faltenwurf scheint mir recht korrekt modelliert zu sein, genauso wie unsere Haltungen. Und wahrscheinlich hat unser Schöpfer Friederich Steger in den 60ern, also den 1860ern, an der Akademie das komplette Bildhauerei-Grundstudium mit Michelangelo verbracht, weshalb unser Tenor ein wenig an dessen Florentiner David erinnert. Mit den zu großen Händen hat Friedrich allerdings seinem Idol allzu sehr gehuldigt, die vordere Hand ist gleich lang wie der Unterarm. Michelangelo Buonarotti würde bestimmt laut über uns seufzen, auch wegen unserer leicht grotesken Mimik mit diesen kurios betonten, tief gearbeiteten Pupillen. Sie wirken viel zu klein und verleihen uns einen hypnotisch-wahnhaften Blick. Ganz zu schweigen von unseren pathetischen Gesangsgesten. Wobei, die zu niedrige Stirn der Sopranistin hätte Michelangelo vielleicht schon gefallen …

Wollt ihr wissen, warum ich so gut aussehe? Friedrich Steger wurde im Atelier manchmal von Bertha aus der Türkenstraße besucht, auf die er ein Auge geworfen hatte, wenn nicht gar beide. Und ihr könnt sagen, was ihr wollt, durch den großen Spiegel an der rechten Raumseite weiß ich, dass ich aussehe wie sie, nämlich kräftig gebaut. Und weil er sich nicht getraut hat, *ihr* an die Brust zu fassen, hat er es bei mir gemacht, so sieht's aus. Künstler eben. Ich hatte gar nichts dagegen, bin cool geblieben, typisch Kalkstein. Wenigstens ist diese kleine Anekdote durch mich erhalten geblieben.

Unsere Gesamtdynamik stimmt jedenfalls, finde ich. Es war phantastisch, in den 1870ern in Wien gehauen zu werden. Uns gibts so nur, weil Steger erst gut 20 Jahre alt und günstig war. Fast ungerecht, dass wir immer noch existieren und ein großes Publikum haben, während der Name des Künstlers in Vergessenheit geraten ist. Wir werden sogar als sein wichtigster Auftrag betrachtet. Schade, dass er nicht sehen kann, wie hier heute die Kinder mit ihren Smartphones und Skateboards vorbeiziehen und um uns herum die Familien picknicken.

Wenn du Hausangestellte warst und keinen anderen Job kennst, singst du nicht einfach souverän los, sondern musst erstmal verstehen, dass es dich selbst überhaupt gibt. Als also nicht mehr alles um mich herum größer, stärker, höher, lauter war als ich, musste ich zunächst ein gefühltes Jahr ausschließlich atmen, bevor ich einen Ton in den Himmel schicken konnte. In den Himmel. Der ist hier draußen viel wichtiger als an der Ringstraße, obwohl wir ihm auf der Theaterfront näher waren.

Zwar stehen wir jetzt viel weiter auseinander, sehen und hören uns aber viel besser. Und der präpotente Zeus sieht kleiner aus. So haben wir unseren Bass schon auf dem Ringtheater genannt, weil er so aussieht wie der Göttervater, und sein Selbstbewusstsein hat er auch. In dieser Natur, hinter die zwei großen Eschen gepflanzt, wirkt er bescheidener. Irgendwelche Groupies haben ihm, wie auch mir, vor einiger Zeit einen Finger abgebrochen, sodass man jetzt ein Stück von unserem Metallskelett rausragen sieht. Aber ich sag's euch, sein Mordsorgan hat er immer noch und es klingt zusammen mit dem Baumrauschen sogar noch monumentaler als zuvor.

Seit wir im Park stehen, hören uns die Leute endlich zu. Dürfen zuhören, falls sie möchten, ganz unverbindlich, ohne Eintritt zu bezahlen. Und wir, wir sind einfach so da, ebenfalls völlig zwanglos. Dürfen singen, was wir möchten. Brauchen uns nicht aufzudrängen, sondern klingen von selbst. Morgens hören wir uns anders an als abends. Im Januar oft pur, minimal, und dissonanter als im Juni, zur Rhododendronblüte hinter der Sopranistin … nicht zu beschreiben, dieses Bild würde jeder Maler verweigern, und mir fehlen die Worte dafür. Es gibt Dinge, die muss man sehen. Erleben. Nichts ist stärker als die Wirklichkeit. Hat, glaub ich, Brian Eno gesagt. Um uns zu hören, müsst ihr uns also im Park besuchen.

Vom Eingang bei der 41er-Straßenbahn einfach den Weg geradeaus, dann links.

Am liebsten ist mir die Nacht, wenn der Park verriegelt ist und wir uns nicht mehr sehen können. Nur noch hören. Dann intonieren wir exakter, alles ist konzentrierter. Nichts lenkt uns mehr ab. Wir improvisieren und mäandern mit Tempo rubato dahin, würden vielleicht Arvo Pärt oder auch John Cage gefallen und im Konzerthaus vermutlich als Neue Musik angekündigt werden.

Manchmal lassen sich in der warmen Jahreszeit die Teens mit uns nachts im Park einschließen, um uns zu hören. Na ja, unter anderem. Die glauben natürlich, wir bekommen nichts mit. Wenn die Leute wüssten, dass wir alles hören. Einige wissen es, denke ich, aber sie sagen es nicht weiter. Oder sie sagen es, und die anderen glauben ihnen nicht.

Steht ein Paar mit Besserwisserbrillen vor mir, meint er zu ihr, eine Skulptur könne schon aus physischen Gründen keine Musik ausdrücken. Ignorant. Ich bin vielleicht eine Skulptur, aber deshalb noch lange nicht statisch, und schon gar nicht stumm. Gefrorene Pantomime, ja, relativ klassisch, ja, aber wir sehen doch regelmäßig die Passanten innehalten und uns lauschen. Das bedeutet, dass wir bei unserem Publikum etwas auslösen, sonst würden die Leute nicht stehen bleiben.

Es ist so: Man erwartet uns hier nicht. Erwartet, nichts von uns zu hören. Spannende Kunst ist immer auch eine Überraschung, oder? Womöglich passen wir deshalb so rätselhaft gut hierher.

Was mir an uns gefällt? Dass da ein Ton in der Luft ist – und gleichzeitig nicht. Ein Sound, der nicht verschwinden wird, solange es uns standhafte Wesen gibt. Ein merkwürdiger, vierstimmiger, blaugrüner Akkord, der sich ständig verändert, und gleichzeitig etwas Konstantes, Bleibendes hat. Dann fühle ich mich gar nicht mehr wie Stein, löse mich langsam vom Sockel, und zusammen mit den anderen drei und dem Ton in den Sternen auf.

Angaben zum Werk

Werktitel: *Singendes Quartett*
Künstler: Friedrich Steger
Auftraggeber: Emil von Förster
Entstehungsjahr: 1874
Ort: Wien, Österreich

Olaf Osten ist bildender Künstler und lebt in Wien.

JULIANE HAHN

Stein, Lüge und die zufällige Begegnung von „Hartung" und „Kueka"

Durch den freigelegten Sockel wirkt der Findling noch mächtiger. Stolz, einem monumentalen Grabstein ähnlich, steht er am Rande des Erdschachts, den die Männer für ihn ausgehoben haben, wartet auf seine Versenkung. Ein älterer Mann – es sind fünf auf der Fotografie – dirigiert die Aktion. Schirmmütze, herrische Haltung. Er hält den Findling am Seil, damit er nicht stürzt. Als würde er ein steinernes Tier im Zaum halten. Es ist eine Knochenarbeit. Dazu der Schnee des beginnenden Winters. Die Kälte steht den Männern ins Gesicht geschrieben und mehr noch der Krieg, dessen Ende nur einige Monate zurückliegt. Der Mann ganz vorne im Bild schaufelt unermüdlich weiter. Ist es ein Grab? Eine Ruhestätte? Vielleicht auch ein Versteck für bessere Zeiten.

Sie vergraben etwas, das vor zwölf Jahren feierlich besungen wurde. Weihe. Heiligkeit. „Am 22. Julmond [Dezember] 1933 dem Tage der Geburt der Sonne, weihten Nationalsozialisten in Zehlendorf einen Stein im Gedenken an den 30. Hartung [Januar] 1933, dem[n] Tag der Geburt des Dritten Reiches", so hat es der Ortsgruppenleiter der NSDAP auf einer Urkunde festgehalten. In den folgenden Jahren wurden sechs Eichen gepflanzt, die das germanisch anmutende „Mahnmal" umringen. Ein idealer Ort für Freizeit, Feste, Fackelmärsche. Seine Ausstrahlung war enorm. Geplant wurde eine Thingstätte für 5000 Zuschauer mit Aufmarschgelände, die jedoch in diesen Dimensionen nie realisiert wurde. Und ebenfalls fußläufig, idyllisch an der Krummen Lanke gelegen und von Heinrich Himmler gefördert, entstand die SS-Kameradschaftssiedlung am Vierling.

Was für ein seltsamer Moment, den die Kamera – vermutlich im Dezember 1945 – festgehalten hat: Die Beerdigung eines Steins. Ein Untoter wird begraben, denke ich. Wäre der Stein wertlos, hätten sie ihn seinem Schicksal überlassen. Niemand hätte sich die Mühe machen müssen, sorgfältig die Schrift herauszumeißeln. Auch der Lebensbaum Irminsul mit dem darüber liegenden Sonnenrad wurde so säuberlich entfernt, dass die Zierleiste unversehrt blieb. Keine Spuren von Gewalt. Von Ablehnung. Eher handelte es sich um eine kleine, heimliche Operation, die wahrscheinlich in den letzten Kriegstagen erfolgte, um den Stein zu „entnazifizieren". Nun, nach dem Weghauen der NS-Symbolik, sieht es aus, als sei er mit einer Frauenfigur verziert gewesen, die schützend oder segnend die Arme ausbreitet, der Kopf umleuchtet von einem Heiligenschein. Die Geste der Figur erinnert an etwas, das Christen mit dem Wort Gnade in Verbindung bringen.

Alles an diesem NS-Gedenkstein erscheint mir gelogen. Vor mir, in einer Ausstellungshalle der Zitadelle Spandau, nur ein paar Meter von Arno Brekers *Zehnkämpfer* entfernt, erhebt er sich, der fast fünf Meter hohe *30. Hartung 1933*. Er ist beschädigt. Beim Vergraben ist eine Ecke abgebrochen und liegt als loser Steinbrocken daneben. Nachdem der Gedenkstein 2011 wiederentdeckt und ausgegraben wurde, ist er seit 2016 in der Ausstellung *Enthüllt* zu sehen. Ein abgemeiertes Denkmal, das seine Macht verloren hat? Ich bin mir nicht sicher. Vielmehr scheint dieser Stein etwas zu kommunizieren, das seiner Inszenierung als Abfall der Geschichte widerspricht. Keineswegs ist er in die stumme Dinghaftigkeit eines ehemaligen „Gedenksteins" zurückgesunken, dessen Aussage sich auf die Zeugenschaft einer vergangenen Zeit beschränkt. Sendet er? Woran will er erinnern? Die Fotografie erzählt von der Lüge der Lossagung, aber es ist offensichtlich, dass die Lüge dieses Findlings viel früher begonnen hat.

Schon einmal bin ich einem Findlingsdenkmal begegnet, bei dem ich den Eindruck hatte, belogen zu werden. Und zwar im Berliner Tiergarten, wo der Weltumsegler Wolfgang Kraker von Schwarzenfeld das *Global Stone Project* realisiert hat. Ein „Friedensdenkmal". Es basiert auf fünf massiven Natursteinen, die – in einen Kreis gelegt, bearbeitet und beschriftet – die fünf Entwicklungsschritte der Menschheit repräsentieren, die auf dem Weg zu globalem Frieden und Bewußtsein notwendig sind. K. v. Schwarzenfeld hat diese Findlinge je einem anderen Kontinent entnommen und nach Berlin gebracht. Ihre symbolische Bedeutung wurde jeweils in sieben Sprachen eingefräst. So verweist der *Stein der Liebe* auf Amerika, der *Stein des Friedens* auf Australien, die *Hoffnung* wird Afrika zugeeignet, das *Erwachen* Russland und der *Stein der Vergebung* bezieht sich auf Asien. Zugleich besitzt jeder Stein einen kleinen „Zwillingsstein", der ebenfalls bearbeitet und beschriftet in dem jeweiligen Herkunftsland verblieben ist. Seit der Einweihung des Denkmals findet jährlich am 21. Juni eine Sonnenwendfeier mit K. v. Schwarzenfeld statt. Entscheidend ist die Reflexion des Sonnenlichts auf der Oberfläche der Findlinge. Denn mittels Lichtstrahlen verbinden sich die Berliner Steine, so das Konzept, mit ihren „Zwillingssteinen", was als ein globales und zugleich kosmisches Ereignis feierlich begangen wird.

Doch in der Vergangenheit des 35 Tonnen schweren *Steins der Liebe* spiegelt sich noch eine andere, dunkle Seite des Denkmals. Sie erzählt von seiner Herkunft aus der Gran Sabana im Südosten Venezuelas, wo er seit den 1970er Jahren von den dort ansässigen Pemón aus Mapaurí als Heiligtum verehrt wird. „Kueka" ist der Name, den sie ihm gegeben haben. Unter dem Vorwand eines wissenschaftlichen Forschungsprojektes gelang es K. v. Schwarzenfeld 1998, eine Schenkung des Steins an das deutsche Volk zu erwirken, gegen den Widerstand der Pemón, die zu diesem Zeitpunkt in Venezuela keine Grundrechte besaßen. Damit war der Abtransport „Kuekas" offiziell besiegelt, seine Reise nach Europa konnte von den Pemón aus Mapaurí zwar um einige Wochen verzögert, aber nicht verhindert werden. Die Hartnäckigkeit, mit der immer wieder in Caracas und Berlin protestiert wurde, um „Kueka" zurückzuholen, machte sein „Schicksal" zu einer politischen Angelegenheit, deren Ausstrahlung bis in höchste diplomatische Kreise reichte und sogar den deutschen Bundestag beschäftigt hat. Dennoch konnte sich die Bundesregierung bis 2019 nicht entschließen, „Kueka" an die Pemón zurückzugeben. Erst eine diplomatische Verwerfung zwischen dem venezolanischen Präsidenten und dem deutschen Botschafter brachte die Idee einer Rückgabe „Kuekas" wieder ins politische Spiel. Im Frühjahr 2020 wurde sie verwirklicht.

Der kolonialistische Gestus, mit dem K. v. Schwarzenfeld die Entnahme „Kuekas" rechtfertigt und den viele politische Entscheidungsträger gestützt haben, legt eine Bedeutungsschicht frei, die die Friedensbotschaft in Zweifel zieht, wenn nicht konterkariert. Die Interessen der Pemón zu berücksichtigen war in der Denkmalplanung nicht vorgesehen, sie wurden der bedeutenden Botschaft untergeordnet. Und auf den ersten Blick ist dem *Stein der Liebe*, wie er da friedlich im Tiergarten liegt und Yogagruppen in seine Nähe lockt, auch nichts anzumerken. Scheinbar perfekt fügt er sich in das leicht verständliche, vorgeblich weltoffene „Think Global"-Konzept ein. Nur die Glättung der fünf Findlinge, die Zurichtung ihrer individuellen Form lässt die Unerbittlichkeit erahnen, mit der dieses Werk geschaffen wurde. Und doch: Den Weltfrieden auf kultureller Hierarchisierung aufzubauen, dies womöglich zu müssen, ist als Idee in diesem Denkmal implementiert und Teil der Konstruktion. So liegt es nahe, das *Global Stone Project* auch als ein Denkmal für kolonialistisches, eurozentristisches Denken zu betrachten.

Mich interessiert die Frage, welchen Anteil die Steine als eigenständige Objekte und Bedeutungsträger an der Irritation haben, die ich eingangs als Lüge bezeichnet habe. Widersetzen sie sich etwa der intendierten Botschaft? Um mehr zu erfahren, arrangiere ich ein imaginäres Treffen der beiden Findlinge – ich nenne sie salopp „Hartung" und „Kueka" – in einer Lagerhalle irgendwo in Berlin. Abmontiert und zwischengelagert liegen sie herum. Hartung wartet auf seine Wiederentdeckung in der Ausstellung *Enthüllt*, während Kueka seine Rückreise nach Venezuela bevorsteht.

Die beiden waren dazu verdammt, einige Tage miteinander zu verbringen, und obwohl sie nach Gewohnheit der Steine nur ungern Worte machten, zwang sie die Nähe zur Kommunikation. Ihre Bedeutungsfel-

der kamen sich gleichsam in die Quere. Kueka, von der Idee ergriffen, an einem großen biografischen Wendepunkt zu stehen, begann plötzlich zu quatschen. „Das 20. und 21. Jahrhundert sind extrem anstrengend, findest du nicht?“ Hartung brummte etwas Unverständliches, um den Vorstoß abzuwehren, doch Kueka fuhr fort. „Nach nur zwanzig Jahren schon wieder ein Ortswechsel, dazu eine neue Bedeutung beziehungsweise die alte – na ja, ich lasse mich davon nicht verunsichern.“ – „Identitätsprobleme?“ – „Überhaupt nicht.“ Kueka ließ ein beleidigtes Schnaufen hören. Seine Rückkehr in die Gran Sabana stehe kurz bevor und dass er sich eigentlich freuen müsse, denn er habe diese weite, wilde Landschaft immer geliebt. Sogar die Reise über den Ozean könne er genießen – „von Element zu Element“ –, aber: „Sieh mich an, er hat mich zu einem polierten Walfisch gemacht! Meine Form erinnerte Schwarzenfeld spontan an einen Wal mit weißem Bauch, dem er in seiner Todesstunde begegnet war, als er schiffbrüchig tagelang auf dem Ozean trieb. So nähre ich seine Privatsymbolik von Tod und Überleben.“ Hartung ließ träge den Blick über Kuekas mächtigen Körper gleiten. „Seltsamer Gürtel“, bemerkte er, „siebenmal Liebe“. – „Geschmacklos, ich weiß“, murmelte Kueka. „Als Fremder kehre ich zurück, gezeichnet vom zweifelhaften Kunstwillen eines Abenteurers.“ Er versank in eine wüste Grübelei. „Wie werde ich auf die Pemón wirken?“ – „Wie ein typisches Wertobjekt westlicher Prägung – glänzend, mit Beschriftung“, antwortete Hartung kühl, Kuekas Melodramatik überforderte ihn. „Das Problem ist“, sagte er nach einer Weile, „die Menschen hämmern uns ihre Kultur ein, benutzen uns als Gedächtnisspeicher, weil sie wissen, dass wir sie überleben. So sichern sie sich den Zugriff auf die Ewigkeit.“ – „Dass sie ihren kurzen Aufenthalt mit Mythen veredeln wollen, stört mich gar nicht. Ich erfülle gern ihr Bedürfnis nach Symbolik, aber ein bisschen mehr Respekt! Und Eleganz!“ – Hartung konnte sich ein Grinsen nicht verkneifen. – „Die Pemón verehren mich als geheiligte Natur. In der Gemeinschaft mit anderen Findlingen bin ich Zeichen und mythisches Objekt. Ich vergegenwärtige. Das reicht.“ Hartung nickte bewundernd. „Der deutsche Skipper dagegen ist mit dem Schneidbrenner auf mich losgegangen und hat mir die Liebe eingemeißelt. Und das nur, weil von seinen Abenteuern auf den Weltmeeren nichts übriggeblieben wäre als Seemannsgarn." – „Trotzdem", beharrte Hartung, „auch die Pemón haben dich zu einem kulturellen Besitzstück gemacht. Doch, doch, sonst hätte es keine politischen Verwerfungen gegeben." – „Niemand kann uns besitzen!", antwortete Kueka verschnupft. – „Selbst wenn der menschliche Besitz nicht von Dauer ist", sagte Hartung, „allein die magische Bespielung, die Energie der Beschriftung!" Er schien sich zu verfärben. „Das ist wie ein Initiationsritus, den wir nie wieder loswerden." Kueka räkelte sich unbehaglich, aber Hartung dozierte wütend weiter. „Sie machen uns zu geschichtlichen Objekten, indem sie Spuren hinterlassen, und zwingen uns in ihre kleinliche Menschheitsgeschichte hinein. Das ist eine Form von Aneignung, die –", er brach ab und starrte ins Leere. – „Psychischer Missbrauch?" – „Wie soll ich als Gedenkstein aufhören, Gedenken auszulösen?" Kueka blickte ihn an, schweigend – ein plötzli-

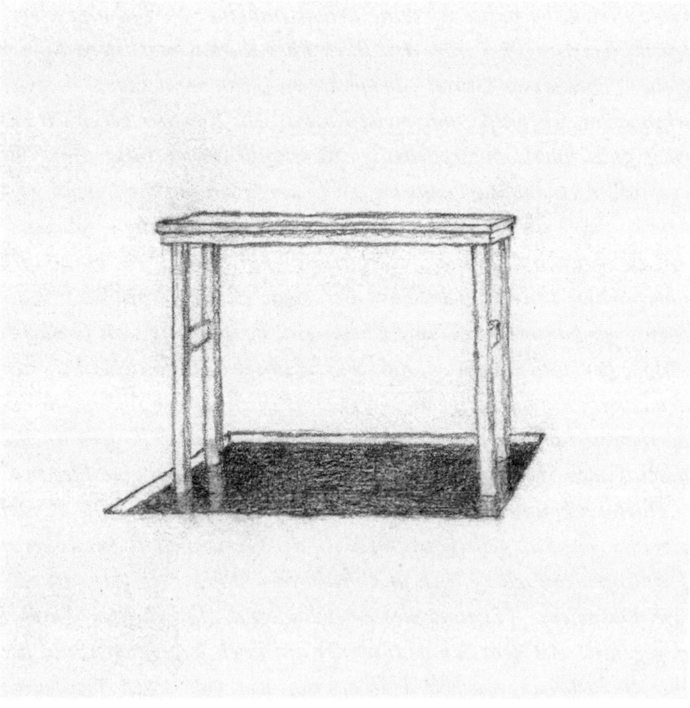

ches Innehalten, das Hartung als einen pädagogisch wichtigen Moment wertete, den er sichtlich genoss. Kueka gönnte ihm diesen und gab sich nachdenklich. „Oh, ich habe oft davon geträumt, meine Bedeutung loszuwerden, aber in deiner Situation – noch dazu das Bodyshape eines Grabsteins –", seine Stimme vibrierte mitleidig. „Meine ganze Existenz beruht auf einer Lüge", sagte Hartung schneidend. „Abgesehen davon bin ich mehr als ein hergelaufenes Naturobjekt, ich bin ein magisches Objekt, ein Fetisch." Das erste Machtergreifungsdenkmal in Berlin sei er gewesen, berichtete er. Die Nazis hätten suggerieren wollen, er entstamme der Gedächtniskultur der Germanen, um sich selbst in deren Ahnenreihe zu stellen. „So verlegten sie den Beginn der NS-Herrschaft in den mythischen Nebel einer germanischen Vergangenheit, die in Gegenwart und Zukunft strahlte." Der Anspruch auf Überzeitlichkeit, erklärte er, sei in der Wintersonnenwende zelebriert worden, als heroisches Gemeinschaftserlebnis. Und Totenkult für die Kameraden, die ihr Leben für den Sieg der „Bewegung" gegeben hatten. Ziel dieses Opferkultes sei es gewesen, die Männer auf ein Heldentum einzuschwören, das Kampf, Tod und Selbstopfer von ihnen forderte. „Das war Volksbildung!" – „Und deine Rolle als Fetisch?", fragte Kueka sanft. Hartung räusperte sich ausgiebig, dann fuhr er mit trockener Stimme fort. „Ich markierte den heiligen Bezirk, war das Zentrum ihrer Aufmärsche, aber auch des mystischen Geschehens. In mir konkretisierte sich alles, Tod, Sonnengeburt, ‚Heil' und Germanenkitsch. Auf mich blickten sie, wenn sie das Horst-Wessel-Lied sangen, und ich sah in ihren Augen, dass sie bei mir eine metaphysische Kraft suchten, die den Sinn des Opfers begründete und ihr kleines Leben auf eine höhere Stufe hob. Ich weiß nicht, was genau passierte, aber sie identifizierten sich mit mir." – „Wie widerlich! Sei froh, dass Schrift und Symbole weg sind." – „Ach was, die Schrift!", schnaubte Hartung. „Die Schrift ist für den Wert eines Kultobjekts nicht unbedingt entscheidend. Selbst wenn sie entfernt wurde, wie bei mir, so ist doch erkennbar, dass ich ihrer beraubt wurde. Das macht mich umso interessanter." – „Interessant für wen?" – „Man könnte auch sagen heroischer, denn man sieht, dass um mich gerungen wurde. In dem Moment, als ich vergraben wurde, hatte ich längst keine Schrift mehr. Trotzdem sah ich gut aus, meine Bedeutung wurde dadurch nicht angekratzt. Ich fühlte, dass sie mich schützen wollten, mich als Ding, als Materie." – „Weil Erinnerungen an dir hingen, das ist doch klar." – „Ich glaube, es ist mehr. Die Zeit, die unsere Materie bewohnt, überschreitet das menschliche Denken, und auf sie hatten die Nazi-Ideologen es abgesehen. Ich war für sie der materielle Anteil an der Unsterblichkeit." – „Das klingt, als seiest du stolz darauf." Hartung schwieg. „Tempi passati, mein Lieber", Kueka lächelte bösartig. „Heute besteht deine Funktion darin, deine Bedeutungslosigkeit unter Beweis zu stellen." – „Nicht nur", sagte Hartung langsam. „Ich bezeuge den religiösen Wahn der NS-Herrschaft und zugleich sein Scheitern. Doch das Scheitern eines Glaubens, egal wie verrückt, monströs oder dumm er war, hat etwas Tragisches. Diese Tragik besitzt eine nicht zu unterschätzende Anziehungskraft." Kueka hielt inne, dann stieß er mit kalter Wut hervor: „Spielst du immer noch bei denen mit?" – „Nein!" – „Aber du fühlst dich ungeheuer attraktiv?" Hartung zögerte. Er wusste, dass seine Beschädigung ihn zur Ruine machte. Augenblicklich fühlte er sich romantisch angehaucht, als verwitterte Preziosität. Und tat sich selbst leid. Eine Ruine erzählte von schimmernder Vergangenheit, von einer Schönheit, die sich noch im Moment ihres Verfalls steigerte. Aber welche Schönheit sollte das gewesen sein? Der Moment der Weihe kam ihm in den Sinn. Der Schein der Fackeln auf geröteten Wangen, der emphatische Gesang aus Dutzenden von Männerkehlen mit einer Hingabe, die ihn gerührt hatte. Er konnte ihnen etwas geben, worüber er reichlich verfügte: steinernes Alter, den Geruch von Ewigkeit. Man arbeitete zusammen, schuf Unaussprechliches, ein mystisches Ungeheuer, das einem religiösen Erlebnis glich. Jeder hatte in diesem Gefüge seinen Platz bekommen, auch er, Hartung. Kueka starrte ihn ungeduldig an. „Ich versuche nur auszudrücken", sagte Hartung endlich, „wie schwierig es für ein Denkmal ist, seine Bedeutung zu verlieren."

Es folgte eine Pause, die Kueka dazu nutzte, seine Siesta nachzuholen. Bevor der Schlaf ihn überkam, dachte er an die diplomatische Petitesse, welche die Interessenslage zwischen Venezuela und der Bundesrepublik so verändert hatte, dass seine Rückschenkung unverhofft möglich geworden war. Ein Handschlag des deutschen Botschafters in die falsche Richtung, der ihn, Kueka, zu einem Bonbon der Wieder-

gutmachung aufgewertet hatte, fähig, die diplomatischen Beziehungen zu normalisieren. Wie schwankend doch die Menschen in ihren Relationen waren, zu Dingen wie zu Menschen. Anschließend träumte er von schwankenden Schiffsdielen, die unter seinem Gewicht einbrachen. Der Boden öffnete sich, und während er dem Meeresgrund entgegensank, fühlte er, wie die Wasser des Ozeans seine Schrift auswuschen. Bezaubert blickte er an sich herunter und erkannte plötzlich die scharfen Kanten eines Grabmals. Kreischend vor Entsetzen wachte er auf.*

Hartung zuckte zusammen. Verströmte Missbilligung. „Schon mal was von Metamorphose gehört?", krähte Kueka. – „Ja, ich habe die Metamorphose einiger Natursteine erlebt. Ich lernte sie als Findlinge kennen und traf sie wieder als Geröll." Kueka erbleichte. „Der Horror der Dinglichkeit", sagte Hartung, „liegt nicht in der Verwandlung von einer Form in eine andere, sondern in der kulturellen Energie unserer Mitbewohner." Kueka nickte müde. „Sie brauchen uns", murmelte er schließlich, „aber warum ist diese Beziehung so kompliziert?" – „Weil sie uns als einen Widerstand erleben, als etwas Fremdes, das sich ihren Kommunikationsformen entzieht. Also beseelen sie die Dinge, um einen Kontakt herzustellen." – „Ach was", winkte Kueka ab, „wir bleiben für sie unbegreiflich." – „Deswegen versuchen sie es über unsere Aura." – „Hast du denn eine?" – „Jedenfalls spüren sie etwas", erwiderte Hartung ungehalten. „Oder warum suchen sie immer wieder unsere Nähe? Sie bespielen uns, um künstlich eine Sphäre zu erzeugen, in der sich die Grenzen zwischen ihnen und uns auflösen. Sie wollen eine Mensch-Stein-Verbindung eingehen." – „Oh nein! Nicht die Pemón! Für sie ist die Steinwerdung eine Strafe. Ich beispielsweise repräsentiere eine Liebende, die sich mit einem stammesfremden Mann eingelassen hat und versteinert wurde, genau wie er. Wir sind ein Strafexempel." – „Die Findlinge der NS-Denkmäler haben anderes erlebt, glaub mir. Diese Kulte bedienten die absurde Sehnsucht der Nazis, zu werden wie wir. Unbelebte Materie. Das Aufgehen in einer reinen, unsterblichen Volksgemeinschaft. Eine Art Todessehnsucht, die besonders Himmler propagierte und die meinen Eigenschaften entsprach: Hart, unverwüstlich. Ganz im Sinne der SS-Devise: ‚Hart sein gegen uns und andere, den Tod zu geben und zu nehmen.'" Eine Stille brach herein, wuchs sich aus, minutenlang. „Die Deutschen und der Sonnenkult!“, brüllte Kueka los. „Auch ich bin jedes Jahr am 21. Juni mit einer Sonnenwendfeier belästigt worden! Schwarzenfeld inszenierte eine Zeremonie und behauptete, wir fünf Steine schickten um exakt 13 Uhr das Licht der Sonne, das unsere Fläche spiegelte, einmal um die Erde – ein mystisches Zeichen, das die Evolution der Menschen vorantriebe in Richtung Weltfrieden. Denn jeder Konflikt, schreibt Schwarzenfeld, auch seiner mit den Pemón, diene einer Weiterentwicklung der Menschheit. Die Pemón müssten dieses Opfer erbringen, also mich als Kulturobjekt opfern, um sich als Volk auf eine höhere Stufe zu heben. So irrwitzig es klingt, dieses Opfer sei ein Beitrag zum Weltfrieden, meint er, den man durchaus verlangen könne – im eigenen Interesse der Pemón. Schwarzenfeld ist überzeugt, dass seine Kultur der indigenen viele Evolutionsschritte voraus ist.“ – „Tatsächlich?“, sagte Hartung. „Dann ersetze mal das Wort Konflikt durch Kampf.“ Kueka senkte den Blick. Die Erkenntnis, dass sie beide durch eine geistige Linie miteinander verbunden waren, die sich vom NS-Gedenkstein bis zum Global Stone Project *ziehen ließ, wagte er kaum auszusprechen. – „Unterströmung gibt es überall“, sagte Hartung und fügte flüsternd hinzu: „Spätestens seit den dreißiger Jahren lieben die Deutschen im Kreis angeordnete Findlinge“, er grinste, „sie ahnen die Germanen.“ Dann begann er zu lachen, immer heftiger, lachte Kuekas Verwirrung aus und fort, bis ihr zweistimmiges tosendes Gelächter die Halle füllte.*

Ob die Findlinge uns absichtlich mit ihrer Aura (sie haben eine, oder nicht?) manipulieren und irritieren, werde ich wohl nie erfahren. Aber die Sprache der Verwandtschaftszeichen, die die beiden entdeckt haben – vom Steinkreis über den Findlingskult bis hin zur Sonnenmystik –, ist deutlich, zeigt sie doch die seltsame Zähigkeit, mit der Symbole der Überzeitlichkeit, die auch die Nazis gern für sich in Anspruch nahmen, unser kulturelles Begehren prägen. Wie sie unsere Sehnsüchte formatieren und von unserer Beziehung zu Natursteinen immer wieder Besitz ergreifen.

So ist die Sonnensymbolik bis heute an dem Ort präsent, wo der NS-Gedenkstein *30. Hartung 1933* aufgerichtet und später vergraben wurde. Im Zentrum des Eichenkreises, unmittelbar neben dem unsichtbaren Steingrab, wurde 1970 die Plastik *Fruchtbarkeitsschrein* von Volkmar Haase installiert. Auf ihrer der Straße zugewandten Seite prangt mittig eine gespaltene Sonnenkugel, die auf eine Vagina verweist, entsprechend befindet sich gegenüberliegend ein Phallusdorn. Warum ausgerechnet Sonne und Fruchtbarkeit? Welche Saat sollte hier aufgehen? Womöglich der in der Erde schlummernde *30. Hartung*, dessen Existenz über Jahrzehnte hinweg in Berlin-Zehlendorf verdrängt und verschwiegen wurde?

Der Abschied fiel für beide Steine ungewohnt herzlich aus. „Man sieht sich“, sagte Hartung leise, und Kueka, seiner Vorliebe für Pathos nachgebend, antwortete: „Mein lieber Hartung, mögen sie dich irgendwo in die Landschaft werfen, wo dich keine Menschenseele findet. Mögen sie dich anerkennen als Gestein – ohne Bedeutung, für sie nichts weiter als ein kosmisches Rätsel.“ Hartung verneigte sich gerührt. Wenig später wurde Kueka auf einen Lastwagen gehievt und verschnürt. Während er mit aufgeregtem Herzen seiner Bestimmung entgegenbretterte, tröstete sich Hartung mit dem Gedanken, dass er die Zeit auf seiner Seite hatte. Für immer.

* Das Treffen des deutschen Botschafters Daniel Kriener mit dem selbsternannten venezolanischen Interimspräsidenten Juan Guaidó in Caracas löste 2019 eine diplomatische Krise mit der Regierung von Nicolás Maduro aus. Infolgedessen wurde der deutsche Diplomat zur unerwünschten Person erklärt. Die diplomatischen Kanäle wurden gekappt. Um diese wieder aufnehmen zu können, erinnerte die venezolanische Seite an den „Kueka“-Konflikt, der daraufhin vom Auswärtigen Amt mit der Entscheidung der Rückgabe gelöst wurde.

Angaben zu den Werken

Werktitel: *30. Hartung 1933*
Künstler: unbekannt
Entstehungsjahr: 1933
Ort: Argentinische Allee, Berlin, Deutschland (1933–1945)
Seit 2016: in der Ausstellung *Enthüllt*, Zitadelle Spandau, Berlin, Deutschland

Werktitel: *Global Stone Project*
Künstler: Wolfgang Kraker von Schwarzenfeld
Entstehungsjahr: 1999
Ort: Großer Tiergarten, Berlin, Deutschland
Kueka: Santa Cruz de Mapaurí, Venezuela (bis 1998 / seit 2020)

Zum Nach- und Weiterlesen

enthüllt. Berlin und seine Denkmäler. Ausstellungskatalog der Zitadelle (Berlin: Andrea Theissen für das Bezirksamt Spandau, Fachbereich Kultur, 2017).
enthüllt. Berlin und seine Denkmäler. Dokumentation der Begleitausstellung in der Alten Kaserne. Ausstellungskatalog (Berlin: Bezirksamt Spandau von Berlin, Fachbereich Kultur, 2017).

Juliane Hahn ist freie Autorin und lebt in Berlin.

GABRIELA LANGHOLF

Zeugenschaft aus Stein

Eine Unterhaltung zwischen dem Denkmal *Alley of Glory* in Suchumi und dem *Heroes-Square*-Denkmal in Tiflis.

Stehe ich in Georgien oder in der Hauptstadt eines unabhängigen Staates, Abchasien? Diese Frage führt zu den Gründen meiner Existenz. Die Opfer einer der Kriege, an die ich mahne, waren auch die Opfer unterschiedlicher Antworten auf diese Frage. Ich erinnere an die Gefallenen im Georgisch-Abchasischen Krieg 1992/1993 und mahne an den Frieden. Die Namen derjenigen, die im Krieg getötet wurden, sind in Marmorplatten im *Park of Glory* eingraviert. Ich befinde mich im Zentrum des Parks, gefertigt aus Marmor und Stein in der Form eines Bajonetts, das mit der Klinge nach unten im Boden steckt.

Ich stehe in Tiflis, der Hauptstadt Georgiens. Seit meiner Entstehung 2009 erinnere ich in Form einer riesigen in sich gewundenen Säule am Platz der Helden *an die Gefallenen vergangener Kriege. Eine große Marmorplatte erinnert an die Gefallenen des Krieges gegen Abchasien 1992/1993. 4000 Namen befinden sich darauf. Nicht nennen tue ich diejenigen, die in Abchasien lebten, einem Territorium, das wir als einen Teil von Georgien bezeichnen. Ich bin mir aber nicht sicher, ob die Regierung auch die Menschen dort als GeorgierInnen versteht. Die gleichen Fragen, wer gibt die Antworten?*

Die Antworten spalten nicht nur die Erinnerung an den Krieg, sondern auch die Leben der Menschen heute. Neulich erst lauschte ich einer Unterhaltung zweier junger Frauen, die angeregt ihr Wissen teilten: „Der Kriegsbeginn hing mit dem Bürgerkrieg in Georgien zusammen. Aber alle Seiten haben schwere Menschenrechtsverletzungen begangen", sagte Nino. Sie war für die Arbeit an einem kleinen Dokumentarfilm aus Tiflis angereist. „Der Kriegsbeginn kam für alle schnell und überraschend", setzte Svetlana fort, die erst vor kurzem von ihrem Studienaufenthalt in Moskau in ihre Heimat Suchumi zurückgekehrt war. „Am 18. August 1992 hatte das georgische Militär nach nur wenigen Tagen das Parlamentsgebäude in Suchumi gestürmt, Universitäts- und Kulturgebäude geplündert und das abchasische Nationalarchiv in Flammen gesetzt. Die georgischen Kämpfer überraschten die Bevölkerung, ermordeten Zivilisten, plünderten Häuser und zwangen die abchasische Bevölkerung zur Flucht. In diesen ersten Wochen wurde der Grundstein für weitere Spiralen der Gewalt geschaffen. Die abchasische Regierung suchte nördlich von Suchumi den Schutz von Russland und versammelte Truppen und Kämpfer aus anderen kaukasischen Regionen." Nino ergänzte in emotionalem, aber sehr bemüht ruhigem Ton: „Nach drei Versuchen gelang es ihnen schließlich, mithilfe russischer Ausrüstung Suchumi zurückzuerobern. Am 16. September 1993 brach das abchasische Militär die Waffenruhe und eroberte Suchumi zurück. Mindestens 230.000 GeorgierInnen wurden zur Flucht gezwungen und die georgische Bevölkerung unter brutalen Racheakten gefoltert, ermordet und vertrieben. Die vorher ethnisch durchmischte Region mit 45 % GeorgierInnen und 18 % AbchasierInnen wurde zu einer zuvorderst abchasisch bewohnten Region, neben ArmenierInnen, GriechInnen und RussInnen. Viele der 50.000 *Internally Displaced Persons*, die IDPs, leiden bis heute darunter."

Es berührte mich, zu beobachten, wie die beiden jungen Frauen, die sich inzwischen auf einer Mauer niedergelassen hatten, noch lange ihr angelesenes Wissen und Geschichten aus ihren Familien austauschten.

Nino hat großes Glück gehabt, dass sie überhaupt nach Abchasien einreisen durfte. Wenn auch nur einer aus der Familie am Krieg beteiligt war, darf kein einziges Familienmitglied aus Georgien jemals dorthin reisen. Die administrative Grenze, die Georgien und Abchasien voneinander trennt, wird streng kontrolliert. Nach einer kurzen Überprüfung durch die abchasischen Soldaten folgt die eigentliche Kontrolle durch das russische Militär. Die georgische Seite wiederum verzeichnet keine Ausreise im Pass, da die Reise nicht als Ausreise aus Georgien betrachtet wird.

Dass der Konflikt im Interesse Russlands liegt, ist hier kein Geheimnis. Vor allem durch Gespräche von WissenschaftlerInnen und DiplomatInnen habe ich viel gelernt, zum Beispiel, dass bereits der Tschetschenienkrieg zeigte, dass Frieden und Sicherheit in der ganzen Region vor allem von Russland gefährdet würden. Spätestens seit dem Georgisch-Russischen Krieg 2008 und der Anerkennung der Unabhängigkeit Südossetiens und Abchasiens ist die Bedeutung Russlands als Hauptakteur allen klar. Russland drückt die administrative Grenze Südossetiens seitdem regelmäßig weiter in Richtung der wichtigsten Verbindungsstraße Georgiens. Wenn diese erst einmal erreicht ist, steht das Land vollends unter Kontrolle. „Borderization" nennen sie das. Oft können Bauern in den Bergdörfern am Morgen nicht mehr auf ihre Obstwiese, die ihnen am Abend zuvor noch gehörte.

Als im Jahr 2008 russische Soldaten kurzfristig auch in andere Teile Georgiens eindrangen, sahen die BewohnerInnen dort als erstes, wie Flugblätter umherwehten. Dinge wie „Warum braucht ihr Georgien? Ihr habt doch eure eigene Sprache, eure eigene Geschichte, eure eigene Kultur … Georgien ist die Gefahr … Unabhängigkeit ist zielführender," standen darin. Fernseh- und Radiosender des Kremls proklamieren auch heute, dass einzig Russland der Garant für Sicherheit sei, und warnen vor den Werten „des Westens".

Die Unterstützung von Separatismus bedeutet für Russland bekanntermaßen einen strategischen Vorteil an den eigenen Grenzen. Die politische Instabilität und das Konfliktrisiko machen Georgien zu einem riskanten Geschäftspartner und schließen das Land von einer Nato-Mitgliedschaft aus, die Abhängigkeit von Russland steigt. Statt von einer Unabhängigkeit Abchasiens spricht man hier von Annexion. In eurem „unabhängigen" Staat wird nicht nur die Grenze durch rus-

sische Soldaten gesichert, auch die wichtigsten Militärstützpunkte sind russisch, eure Währung ist der russische Rubel, die meisten Touristen kommen aus Russland, die russische Sprache ist heute verbreiteter als die abchasische und sogar die Schulbücher sind russisch …

In der Tat, russische Schulbücher und Staatsmedien lehren die russischen TouristInnen, dass Abchasien unabhängig sei. Und darüber hinaus stehe ich in einem durchaus lohnenswerten Reiseziel, gerade für die Mittelschicht eine preisgünstige Alternative am Meer. Ich selbst bin nicht allzu dienlich für einen guten Schnappschuss. Die meisten verschwinden schnell wieder an den Strand, ihre übergroßen Schwimmtiere unterm Arm geklemmt. Sie kommen hierher, um Urlaub zu machen, nicht, um Politik zu hinterfragen.

Wenn die Rubel der TouristInnen aber ausbleiben, bleibt jegliche Einnahmequelle aus. Die Grenzschließungen zur Eindämmung des Coronavirus haben das bewiesen. Dass die Grenze geschlossen wurde, zeigt aber auch: Der Kreml sieht uns noch nicht ganz als Teil seines Territoriums, immerhin gibt es noch eine Grenze, die geschlossen werden kann. Außerdem wandte sich Abchasien ja auch so stark Russlands wirtschaftlicher Unterstützung zu, weil die Menschen hier seit Kriegsende durch Blockaden litten, die Georgien veranlasst hatte. Nachdem die olympischen Spiele in Sotchi, das ja bei uns direkt hinter der Grenze liegt, vorbei waren, kam allerdings bereits weniger Geld.

Seitdem hat vor allem die Krim Abchasien als Tor zum Schwarzen Meer abgelöst. Die neue Brücke, die sie mit dem russischen Festland verbindet, hat so viel Geld gekostet, dass sogar Putin-treue WählerInnen sich gewundert haben. Erinnerst du dich überhaupt noch an die Zeiten, in denen die AbchasierInnen das Meer frei bereisten? Das ist bei euch ja schon lange kein Tor zur Welt mehr.

Aber natürlich. Ich erinnere mich zum Beispiel daran, wie unsere Küste auch wirtschaftlich mit Griechenland und Kleinasien verbunden war. Suchumi, damals Dioskurias genannt, war eines der wichtigsten Handelszentren der Region. Es müsste ca. 2200 Jahre her sein, da lag ein Stein, der später ein Teil von mir wurde, dort am Strand. Damals hörte ich ein paar griechischen Handelsleuten zu, die sich bei abchasischem Wein über einen Philosophen namens Platon unterhielten. Dieser soll gesagt haben, dass das unsichtbare Auge der Seele des Menschen mehr Wahrheit in sich habe, als der Geist erfassen könne. Der stille Dialog mit sich selbst als Tätigkeit des Denkens mache einen demnach zum Freund Gottes und der Wahrheit. Mir gefiel, wie sie dasaßen, nachdachten, schwiegen und hin und wieder Gedanken austauschten. Als Mahnmal frage ich mich, welche Wahrheiten es über den Krieg gibt, die wir nicht kennen, und ich nehme wahr, dass der Geist der Menschen noch nicht alles darüber erfasst, was sie Frieden nennen.

Aber die sanften Wogen des von uns allen hier geliebten Schwarzen Meeres, über die damals die Handelsschiffe mit Gold, Wachs und Harz kamen, verlieren ihre Schönheit, wenn ich davor eine Mutter im stillen Dialog mit sich selbst weinen sehe. Die eine, weil ihr Mann sie nicht in Ruhe lässt, wenn sie schlafen will, und es keine Möglichkeit zum Weggehen gibt. Eine blumige Zukunft für ihr noch ungeborenes Kind kann sie sich nur schwer erträumen, geschweige denn realisieren. Die andere, weil sie alle Männer ihrer Familie verloren hat und der Schmerz noch nicht vergehen will. Hier im *Park of Glory* wurden erst vor kurzem anonyme Opfer des Krieges exhumiert, um sie zu identifizieren. Die Mütter dieser Söhne haben jetzt wenigstens ein Grab, das sie pflegen und an dem sie trauern können.

Wenn IDPs heute ihre geliebte Heimat erinnern, schwärmen sie von den großen Oleandersträuchen und den kühlen Drinks an der Strandpromenade. Die jungen GeorgierInnen hörten oft die Geschichten ihrer Eltern aus Studienzeiten in Abchasien oder den Urlauben am paradiesischen Strand des Schwarzen Meeres. Abchasien beschreiben die Alten immer noch als schönsten Teil Georgiens. Der Zeit vor dem Krieg wird oft als einer friedlichen gedacht, in der GeorgierInnen und ihre abchasischen NachbarInnen sich gut verstanden. Sie wirken nostalgisch auf mich, aber Groll vernehme ich selten.

Den hier noch ansässigen GeorgierInnen wurde der abchasische Pass entzogen, damit sie nicht an den Wahlen teilnehmen können, ihr politischer Status stellt eine ständige Diskriminierung aufgrund ihrer Ethnizität dar. Die Häuser derjenigen, die gehen mussten, wurden zerbombt, sind im Zerfall begriffen oder werden von Familienangehörigen oder neu eingezogenen RussInnen oder AbchasierInnen bewohnt. Steine von sogenannten Geisterhäusern aus der Gali-Region werden inzwischen hier in Suchumi weiterverkauft, um neue Gebäude daraus zu bauen.

Politische Ämter und allgemeines Wohlergehen hängen bei euch von den ethnischen Wurzeln und Verdiensten im Krieg ab, während Abgeordnete und Kriegsveteranen nach Georgien fahren, um das Angebot kostenloser medizinischer Versorgung, das speziell für AbchasierInnen gilt, in Anspruch zu nehmen.

Die Angst vor Georgien wurde bereits früh gesät. 1918 zum Beispiel erkannte Georgien Abchasiens Existenz als autonome Republik zunächst an und sandte doch im gleichen Jahr Truppen, um es zu einem Teil des georgischen Staates zu machen. Schon das russische Zarenreich setzte die sogenannte „Nationalitätenpolitik“ durch, um seine eigene Macht zu untermauern. Später wurde sie durch die sowjetische Regierung weiterbefördert.

In den 90ern schließlich wurde der Separatismus als politisches Mittel genutzt, um die Unabhängigkeit eines georgischen Staates zu verhindern. Erst als die politischen Ideologien eines abchasischen Separatismus Unterstützung fanden, flammten die Konflikte zwischen GeorgierInnen und AbchasierInnen auf. Die Folgen dessen sind bis heute in der Verletzung der territorialen Integrität Georgiens spürbar.

Am 27. September, dem Tag der Niederlage, organisieren StudentInnen hier in Tiflis gelegentlich eine friedliche Demonstration, die bei mir endet. Dort sprachen sie zuletzt auch davon, dass sie bereit seien, mit den AbchasierInnen in Frieden zu leben. Generell sei der Ton in der Politik aber meist konfliktgeladen, wenn es um Abchasien gehe. Eine stabile Zu-

kunft fuße auf der Vergangenheit, sagen sie, und Wunden nicht zu heilen, könne noch schmerzhafter werden als der Schmerz der Wunden selbst.

Auch in Georgien gibt es Traumata, viele liefen mit Waffen umher, erst Bürgerkrieg, dann „failed state“, zu wenig Nahrung, zu viele Herointote, Alkohol und Gewalt, Rechtslosigkeit ... Die Rosenrevolution im Jahr 2003 ließ auf sich warten. Erst dann kroch langsam der Duft des Wandels aus der Vergangenheit hervor.

Der 27. September wird hier sehr groß als Jahrestag der Befreiung Suchumis gefeiert. In der Regel kommen Veteranen, Beamte des De-facto-Staates und Schulkinder hierher, um auf mir, dem Denkmal des Triumphes, Kränze und Blumen niederzulegen. Bei der letzten Feier hörte ich einen kleinen Jungen, der mit seiner Schulklasse hergekommen war, im Gespräch mit einem der Veteranen. Er fragte den in die Jahre gekommenen, aber noch stolzen Schrittes gehenden Mann vorsichtig: „Wie war das, im Krieg? Mein Bruder sagt, die Georgier zu hassen, sei das Richtige. Stimmt das?“ Er hatte den Mann mit Bedacht gewählt, er war der Einzige von den sieben angereisten Veteranen, der trotz der ernsten Mienen während der Feier noch ein freundliches Lächeln in den Augen hatte. Er antwortete leise, sodass es nicht jeder hören konnte, aber bestimmt: „Beachte immer: Wut, Angst, Verzweiflung, Hoffnungslosigkeit und Unverständnis wurde auf beiden Seiten gefühlt. Großmut, Übermut und Hass gibt es immer auf beiden Seiten. Es gab Täter und Opfer. Manche Täter wurden zu Opfern und einige Opfer zu Tätern. Viele Tränen wurden geweint; viele Gebete gesprochen. Aber vieles von dem, was passiert ist, ist nicht erklärbar. Nicht faktisch, nicht menschlich, weder in Regierungserklärungen noch intellektuell oder emotional. Georgien ist unser Feind, weil Georgier dieses Land wollen, ohne an uns zu denken. Aber hasse niemals den Menschen dafür.“

Manchmal würde es meines Erachtens nach die Gedenkenden und Schein-Gedenkenden weiterbringen, weniger laut zu sprechen und lieber leise darüber zu sinnieren, wer die Sprechenden und wer die Schweigenden sind. Wer sind die Zuhörenden und wer sind die Nicht-Gehörten? Vielleicht sind wir beide nicht nur durch die Grenze am Enguri-Fluss getrennt, sondern auch durch die rivalisierenden Erzählungen über den Krieg im Bewusstsein der Menschen.

Für immer schweigen werden die Opfer. Denjenigen, die sie sterben sahen, können wir kaum vorschreiben, welche dieser Erzählungen sie unterstützen sollten. Ein Teil des Marmors, aus dem ich bin, kommt aus dem kleinen Dorf Lata. Dort liegend habe ich gesehen, wie einer von zwei Hubschraubern abgeschossen wurde. Schwarze Stücke verbrannter Menschen, darunter Kinder, fielen um mich herum vom Himmel. Wenn diejenigen, die dies sahen, es trotzdem schaffen, den Fokus auf Frieden zu richten, vielleicht muss dies als die eigentliche Heldentat angesehen werden?

Höre noch folgende Geschichte, der ich ebenfalls lauschte: Leonid, der einige Monate wegen Schmuggel im Gefängnis gesessen hatte, erzählte einem Bekannten, was er dort erlebt hatte. Er lernte im Frühjahr 2017 Archiko und seinen Sohn Paata kennen, die von Grenzsoldaten aufgegriffen wurden. Sie lebten in einem Grenzort auf georgischer Seite und waren zu nah an die georgisch-abchasische Grenze geraten, als sie ihr Pferd suchten. Dafür mussten sie einige Monate im Gefängnis einsitzen. Die russischen Soldaten hielten sie weiter gefangen, obwohl selbst AbchasierInnen auf der Seite der beiden GeorgierInnen standen. Darunter auch Archiko, der selbst noch im Krieg 2008 mitgekämpft hatte. Dies sei der Umgang im Kaukasus, so sei es eben immer gewesen, Krieg und Brüderlichkeit gäben sich täglich die Hand.

Angaben zu den Werken

Werktitel: *Zeugenschaft aus Stein*
Auftraggeberin & Realisation: Abchasische Regierung in Suchumi & Georgische Regierung in Tiflis

Jahr der Einweihung: 2007 (Suchumi) & 2009 (Tiflis)
Ort: Suchumi, Abchasien & Tiflis, Georgien

Zum Nach- und Weiterlesen

Ferrie, Jared, „Can they ever go home? The forgotten victims of Georgia's civil war", in: *The New Humanitarian* (27. Mai 2019).

Gaprindashvili, Paata, Mariam Tsitsikashvili & Gogi Zoidze, *One Step Closer – Georgia, EU Integration and the Conflict Settlement?* (Tbilisi: Grass; Georgia's Reforms Associates, 2019).

Kolstø, Pål, „Biting the hand that feeds them? Abkhazia–Russia client–patron relations", in: *Post-Soviet Affairs* (2020), Bd. 36, Nr. 2, 140–158.

Kozak, Tetiana, „A war for hearts and minds: how Georgian civil society is putting Abkhazia and South Ossetia back on the agenda" (2018), https://www.opendemocracy.net/en/odr/a-war-for-hearts-and-minds/ (letzter Zugriff: 7. Mai 2021).

Sideri, Eleni, „‚The Land of the Golden Fleece': Conflict and Heritage in Abkhazia", in: *Journal of Balkan and Near Eastern Studies* (Juni 2012), Bd. 14, Nr. 2, 263–278.

Gabriela Langholf ist Kulturwissenschaftlerin und lebt in Berlin.

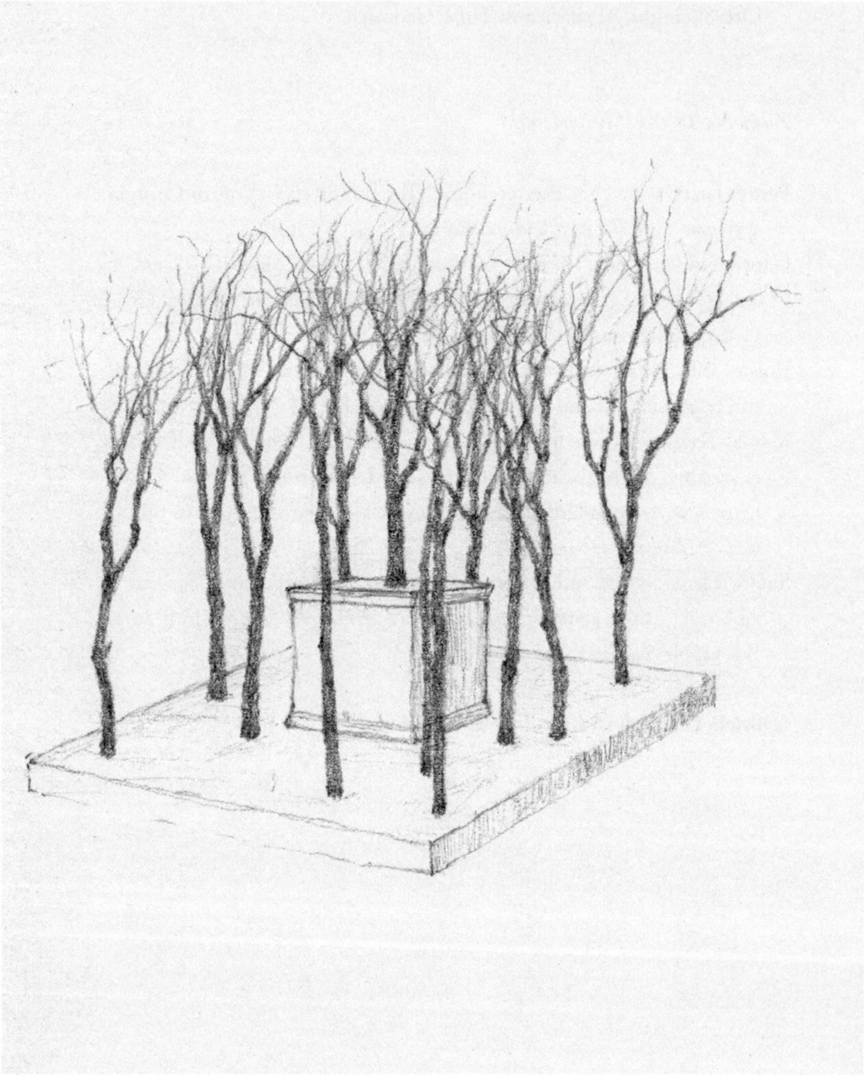

Ein- und Ausblicke

HEINZ ICKSTADT

Wovon die Brooklyn Brücke redet, wenn sie träumt

Ach ja, die Brooklyn Brücke. Ich hatte ihre Form bereits im Kopf, bevor ich ihre geschwungene Gestalt aus Stahl und Stein leibhaftig zu Gesicht bekam. Im Herbst 1960 war das, fast vor genau 60 Jahren, als ich zum ersten Mal nach New York kam. Vertraut war sie mir vor allem von Hart Cranes zyklischem Gedicht „The Bridge" – dem einleitenden „To Brooklyn Bridge" und dem ekstatischen Finale „Atlantis"; oder auch von John Marins Bild der tanzenden Brücke oder von den religiös-verklärenden Bildern Joseph Stellas. Als ich dann ihre weit gebogene Kurve tatsächlich hinaufging, hatte ich die glanzvollen Metaphern von Cranes Gedicht im Ohr. Und dieses Gefühl, gleichzeitig *vorwärts und nach oben* getragen zu werden, von dem Crane in seinen Briefen schrieb – ich spürte es selbst, als ich gleich zwei Tage nach meiner Ankunft die mir schon lang vertraute und doch fremde Brücke staunend betrachten konnte.

Wie ich damals zur Brooklyn Bridge gelangte, weiß ich heute nicht mehr genau. Wahrscheinlich bin ich von meinem Hotel in der 57. Straße, gleich neben der Carnegie Hall, zum Columbus Circle gelaufen und mit der Linie 1 zur Endstation South Ferry gefahren; von dort wohl durch die Lower East Side und Chinatown zur Auffahrt gewandert, dann die Stufen hoch zur schier endlosen Rampe, die sich über enge Straßen und tief geduckte Häuser erhebt, bis zum ersten Turm mit seinen gotischen Bögen, knapp hinter dem Manhattan-Ufer des East River mit seinen Piers und dem Dreimaster, der dort, wer weiß wie lange schon, vor Anker liegt.

Die Kabelverstrebungen und -vernetzungen fangen freilich bereits vorher an, und wenn man den Blick hebt und den Weg nach oben entlangschaut, dann gibt es in der Tat jenes *sursum-corda*-Gefühl, von dem Crane geschrieben hat, und später auch Alfred Kazin in *A Walker in the City* – seiner Liebeserklärung an die Lower East Side Manhattans, in der er groß geworden war. Zwischen den Lücken im verzweigten Netzwerk der Brückenkabel erscheint die New Yorker Bucht in aufgesplitterten Segmenten: zur Rechten die berühmte Statue mit der Fackel, dann ein Stück rechts von ihr die seltsamen Minarette von Ellis Island (wo meine Schwiegereltern Anfang des 20. Jahrhunderts gelandet waren); weiter links und etwas näher: Governors Island mit seinen Befestigungen. Möwen schweben gelassen über der Takelage der Brücke oder kreisen weiter draußen über dem schaumigen Wasser der Bucht, *Freiheit bauend*, wie Crane schrieb.

Nur zwei Tage zuvor hatte ich nach mehr als einer Woche Seereise mit der MS Berlin die Meeresenge durchfahren, die sich zur riesigen New Yorker Meeresbucht öffnet – die Verrazano Bridge über diese Enge, ebenfalls eine Hängebrücke, weit länger noch als die Brooklyn Bridge, wurde damals noch gebaut. Der Brückenturm hat eine kleine Aussichtsplattform, von der aus man auf die Ostseite Manhattans hinabschauen kann oder auch hinüber auf Brooklyn und Brooklyn Heights, vielleicht sogar, damals noch, denn es steht nicht mehr, auf das Haus 110 Columbia Heights, in dem Washington Roebling und später Hart Crane wohnten – der eine mit Blick auf die noch im Bau befindliche Brücke, der andere das fertige Produkt vor Augen: dieses monumentale Kunstwerk aus Stahl und Granit.

Inzwischen war es Abend geworden – noch hell zwar, aber erste Lichter gingen bereits an. Unterhalb der Promenade rauschte, rechts wie links, unablässig der Verkehr; und ich staunte – so um die 100 Jahre später – über die Weitsicht und Expertise John Augustus Roeblings, der von Autos noch nichts wissen konnte, aber dennoch alles genau berechnet hatte: Wie viel Gewicht diese riesige Hängebrücke, damals die größte ihrer Art, tragen konnte: Menschen, Fuhrwerke, Straßenbahnen, vielleicht sogar Hochbahnen, sodass sie auch bei starkem Wind nicht an ihren Schwingungen zerbrechen würde. Der alte Roebling hat freilich den Bau seiner Brücke nicht mehr erlebt: Er kam mit 63 Jahren, im Juli 1869, noch in der Anfangsphase ihrer Konstruktion, nach einem Unfall ums Leben. Sein Sohn Washington versuchte dann in den nächsten 14 Jahren die Pläne seines Vaters umzusetzen – gegen Korruption und politisches Ränkespiel, gegen lokale Widerstände auf beiden Seiten des East River, vor allem aber gegen die Lähmung seiner Beine, die er sich 1872 bei Arbeiten in den Senkkästen zugezogen hatte, mit deren Hilfe die beiden Türme gegen die starken und diffusen Strömungen des East River ihr Fundament erhalten sollten. Aus dem Fenster seiner Wohnung in Brooklyn Heights überwachte er danach im Rollstuhl die Arbeit an der Brücke und schickte seine Frau, die tatkräftige Emily, mit Anweisungen, Korrekturen, Aufträgen zu den Ingenieuren am Bau. Eine heroische Familie, diese Roeblings – besessen von der Idee, dass sich Schönheit, praktischer Nutzen und materieller Ertrag (etwa die schnellere Verbindung der Städte New York und Brooklyn und damit auch die Aufwertung der Grundstückspreise in Brooklyn) mühelos miteinander verbinden ließen – als Teil der Erfüllung eines göttlichen Plans menschlichen Fortschritts.

Was doch diese Brücke nicht schon alles erlebt hat! Wie viele Arbeiter bei ihrem Bau ums Leben kamen, wie viele Lebensmüde sich über ihr Geländer so an die 50 Meter tief in den East River stürzten. Schon eine Woche nach ihrer Einweihung 1883 durch den damaligen amerikanischen Präsidenten Chester Arthur kam es zu einer Massenpanik, wohl weil jemand auf der Brooklyn-Seite geschrien hatte: „Die Brücke stürzt ein!" – 12 Menschen wurden dabei zu Tode getrampelt und noch mehr verletzt. Damals war die neue Brücke der höchste Punkt New Yorks, weit höher als der Kirchturm der Trinity Church, bis dahin das höchste Gebäude der Stadt, so dass man damals sagen konnte, ganz New York liege der Brooklyn Brücke zu Füßen. Es gab Menschen, die liebten sie wie ein Wesen aus Fleisch und Blut. So wie jener Journalist, der sich körperlich zu ihr hingezogen fühlte. Das war in den späten 1870er Jahren, als die Brücke noch lange nicht fertig war. Eines Nachts gab er seinem Verlangen nach und kletterte an einem der Kabel hoch zum Turm auf der Manhattan-Seite – *die Sirene hielt ihn in ihrem Bann,* heißt es in einem zeitgenössischen Dokument, ein Bann, der jedoch kurz danach brach und in Schwindel und Schrecken umschlug. Er schrie verzweifelt um Hilfe, musste aber bis zum Morgen ausharren, bis ihn endlich jemand von dem über 80 Meter hohen Turm herunterholen konnte.

Doch die Brücke verlor schon bald nach der Jahrhundertwende ihren alles überragenden Rang. Roeblings Revolution im Brückenbau folgte gleich danach eine Revolution im Häuserbau, und dem nach Norden strebenden Manhattan schon bald das nach oben strebende Manhattan der Wolkenkratzer: so etwa 1913 das Woolworth Building, das die Brücke bei weitem überragte, und das John Marin ebenfalls als Teil einer dynamisch-lebendigen Stadtlandschaft gemalt hat. Doch wer immer die Wolkenkratzer wirklich sehen will, der muss über die Brücke laufen, meinte einst der New York und die Wall Street hassende, wenn auch die schwarze Kultur Harlems liebende spanische Dichter García Lorca. Nella Larsen hatte ihm die Schönheiten dieser Kultur gezeigt. Und war der Blues nicht eine Art *Cante Jondo*? Ja, doch – auch wenn er die kapitalistischen Wahrzeichen der Moderne hasste, beeindruckt von ihnen – das zeigen auch die Briefe an seine Eltern – war Lorca trotzdem.

Wenn ich die Brücke wäre, sinniere ich weiter und blicke hinauf zur Brüstung des ersten Turms, die Gegenwart so vieler Wolkenkratzer hätte mich ganz sicher irritiert: Dieser tiefe Fall vom achten Weltwunder zum niedrigeren Rang eines großen Bauwerks unter noch viel größeren Repräsentanten der höheren Mächte von neuem Geld und neuer Technik. Ganz zu schweigen von den vier oder fünf anderen Brücken, die nach ihr gebaut wurden: zuerst 1903, weiter nördlich, hinter der Biegung des East River, die hässliche Williamsburg Bridge – na ja, keine wirkliche Konkurrenz, nur Stahl und ohne eine Vision, die sich mit der Roeblings vergleichen könnte; dann 1909, gleich nebenan, die Manhattan Bridge, eine praktische

Entlastung für die schnell überlastete Brooklyn Bridge, aber auch nicht gerade eine Schönheit.

‚Moment mal', hör ich da eine Stimme, die nahe scheint und doch auch weit entfernt. ‚Wisch nicht, wie Henry James, die Errungenschaften von Stahl und Technik so arrogant zur Seite. Gewiss fühle auch ich mich oft erdrückt von der bedrohlichen Übermacht technischer Erfindungen, zu denen ja auch die Brooklyn Brücke gehört: *vom dumpfen Grollen der Untergrundzüge,* vom kreischenden Geräusch der Straßenbahnen, die sie überqueren. Doch ich liebe das Singen des Windes in ihrem Kabelwerk und *das stampfende Geräusch der Schlepper, auf dem dunklen East River unter ihr.* Für mich ist die Brücke ein Gegenentwurf zur neuen Wolkenkratzer-Moderne und doch auch der Inbegriff dieser neuen Welt der Technik selbst – *als ob ich, der jeden Abend zur Brücke pilgert, ergriffen auf ‚der Schwelle einer neuen Religion stünde oder mich in der Gegenwart einer neuen Gottheit befände*'. ‚Das ist doch ausgemachter Blödsinn', höre ich da eine andere Stimme. ‚So etwas kann doch nur aus dem Munde eines überdrehten Dichters kommen.' ‚Nein, nein, das war nicht Hart Crane, wie man vielleicht meinen könnte (der redet ja so ähnlich), sondern Joseph Stella, der Maler, der wie ich aus Italien nach New York kam und der jetzt in seinen pseudo-religiösen Bildern inbrünstig die Kräfte des Kapitalismus verklärt. Ich dagegen sehe in der Brücke das Ende dieses Traums von einer neuen Gottheit, gleich ob sie nun Technik oder Kapital heißt. In meiner Vision der Zukunft sehe ich die Granittürme zerbersten, die Kabel platzen und schlaff herunterhängen, sehe, wie sich Menschen als aufziehbare Automaten kraftlos an die Geländer lehnen.' ‚*Ganz recht, Louis Guglielmi*', sagt da ein anderer mit spanischem Akzent, ‚*Lo sé*! Solche Visionen hab ich auch. Für mich ist das gigantische New York auf zerstörtem organischen Leben aufgebaut.' Dann fährt er fort: *‚Ich seh hier unter den Multiplikationen, einen Tropfen Entenblut; / debajo de las divisiones, einen Tropfen Seemannsblut; / Unter den Additionen, einen Fluss mit zartem Blut … Und es ist Geld, Zement, oder Wind / in der falschen Morgenröte New Yorks. Yo denuncio. Ich verdamme jene Hälfte*, welche die andere *ignoriert, verdamme die*

Hälfte, die niemals Erlösung finden kann, die ihre Zementberge auftürmt … Nein, nein, ich verdamme das alles …'

‚Du übertreibst, Genosse Lorca', sagt da ein anderer, der sein *r* wie ein Russe rollt. Ob das wohl Majakovski ist? ‚*Ich bin geradezu stolz auf diese Meile aus Eisen. Wenn ich auf ihr stehe, werden meine Visionen lebendig, hier stehen sie aufrecht und gerade – denn hier geht's um Konstruktion, um die genaue Ordnung von Bolzen und Stahl, nicht um Ästhetik und Stil … Ruhmestrunken und lebensgierig, klettere ich stolz die Brooklyn Brücke hinauf und schaue von den nahen, Sternen überstreuten Himmeln durch ihre Kabel hindurch auf New York … Ja doch, die Brooklyn Bridge, das is'n Ding!*' ‚Wahr gesprochen, Vladimir', sagt da jemand, der diesmal wirklich Crane sein könnte. ‚Diese Lobeshymne war ganz in meinem Sinn.' Während eine Frauenstimme (sie klingt vertraut, ist das vielleicht Marianne Moore?) in Majakovskis Lobpreis einstimmt und ähnlich wie Crane von Brückenkabeln spricht, die *von der See versilbert* seien, *aus Draht gewoben, von Nebel grau, und Freiheit beherrscht die Bucht.* Dann höre ich, wie einer sagt – oder betet er gar? –: ‚*Und als du mir die Brooklyn Bridge am Morgen zeigtest, O Gott, als die Leute auf den eisglatten Straßen ausrutschten, da hab ich geweint … und mich an eine ihrer Lampen gelehnt und geweint und geweint … Bring mich nach Hause zur Ewigen Mutter!*' ‚Nun hör schon auf, Kerouac', sagt darauf ein anderer, am Ende gar einer der Roeblings selbst? ‚Nimm dich zusammen und sei ein Mann! – auch wenn dir das Herz blutet und du endlich weinen kannst, aus welchem Grund auch immer! Du solltest Gott danken: Wenn alle rutschen und fallen, so ist die Brücke doch ein fester Anker.' Oder sagte er: ‚So ist die Brücke fest verankert'?

So reden sie alle durcheinander, weil für jeden die Brücke etwas anderes bedeutet. ‚Ich weiß gar nicht, was ihr wollt', höre ich da eine neue Stimme. ‚*Wenn ich über die Brücke gehe und nach unten schaue, habe ich das Gefühl, als ob mir die Eingeweide aus dem Leib fallen, hoch über dem Wasser und zwischen zwei Ufern fühlt es sich an, als ob ich mit dem Kopf nach unten hänge über einer bodenlosen Leere.*' ‚Wie kannst du nur so reden, Henry Miller! Anders als du, hatte ich das große Glück, *Hand in Hand, mit meinem Liebsten über die schönste Brücke der Welt zu laufen – umschlungen von ihren Kabeln und von ihnen in einem solchen Tanz ekstatisch in die Höhe getragen, wie ich es noch nie erfahren habe und wohl auch nie mehr erfahren werde.* Wie kannst du nur so in dir selbst verloren sein, Henry: ausgerechnet du, der – wie Walt Whitman, unser aller Vater – ein Kind Brooklyns bist. Für mich bedeutet die Brücke nicht Isolation, nicht Trennung vom Leben diesseits oder jenseits des East River, sondern Verbindung, Kommunikation, Zusammenklang – ein Bild der großen Einheit, die einmal kommen wird, das Bild eines möglichen und anderen Amerika!' *Die* Stimme kenne ich. Das ist ganz sicher die Hart Cranes, der wohl von allen, die – wie ich – auf der Promenade ihren Abendbummel machen, die Brücke am meisten geliebt hat: ihren metallisch leuchtenden Körper, ihre Kurven und Schwingungen, die gleitenden Lichter, die abends wie Sterne in ihr Netzwerk eingeflochten sind oder im Mondlicht glänzen. Ich sehe, wie Federico García Lorca melancholisch lächelnd den Kopf schüttelt und auf Spanisch etwas vom *blinden Panorama New Yorks* redet, und wie oft er sich hier schon verloren hätte. ‚*Ich kenne diese kleinen Schwalben auf Krücken*' seufzt er, ‚*die das Wort Liebe aussprechen konnten.*' Doch dann seh ich auch, wie Vladímir Majakovski zunächst zwar beifällig nickt, schließlich aber ungläubig mit den Schultern zuckt und beim Anblick der Wolkenkratzer gar Begeisterung zeigt. Henry Miller hat gar nicht erst zugehört.

Ein anderer dagegen schon. Noch so ein Spaziergänger durch die Stadt, den es zur Brooklyn Bridge getrieben hat und der zunächst rückwärtsläuft, mit Blick auf die Tenement-Häuser der einstmals jüdischen Lower East Side, bevor er sich umdreht und Richtung Brooklyn weitergeht. Dabei murmelt er etwas, bleibt stehen, sieht *die Kabel, die den Turm hinaufspringen und wie die großen dreieckigen Netze, höher, immer höher steigen – Gott, mein Gott, wann werden sie aufhören, mich in ihrer Flucht nach oben mitzunehmen?*

Ich lasse diesen Träumer ein großes Stück voraus gehen, bevor ich mich selbst wieder auf den Weg mache – nein, nicht bis ganz hinüber auf die andere Seite nach Brooklyn, aber doch wenigstens bis zur Mitte, zu ihrem höchsten Punkt. Inzwischen ist es dunkel geworden. Die Laternen der Promenade verströmen einen gebrochenen Heiligenschein aus gelbem Licht. Die Autos bilden zuerst grelle Lichterketten, die dann in langen Reihen roter Lichtpunkte aus dem Blickfeld verschwinden. Auf beiden Seiten des East River fangen jetzt die Fenster der Wolkenkratzer an zu leuchten, auch die des Häuserblocks von Brooklyn Heights.

Ich setze mich auf eine der Promenadenbänke und lasse die immer noch große Menschenmenge von Fußgängern und Fahrradfahrern an mir vorbeiziehen. Darüber habe ich die aufgeregt diskutierenden Dichter und Maler aus den Augen verloren. Hier, in der Bogenmitte, hängen die Kabel am tiefsten, und man hätte einen unverstellten Blick auf die Bucht, wenn da nicht das hohe Geländer wäre, das wohl potentielle Selbstmörder zurückhalten soll. Ich drehe den Kopf über die rechte Schulter, schaue flussaufwärts und sehe gleich links die Lichter der City Hall und ein Stück weiter das Empire State Building. Im Jahre 1930/31 gebaut, war es lange das höchste Gebäude Manhattans, bis es die Twin Towers des World Trade Centers Anfang der 70er Jahre überragten. Dann weiter rechts und nördlich davon der schönste Wolkenkratzer aller Zeiten: das Chrysler Building. Ich stelle mir vor, wie die Brücke, die schon so viel gesehen hat, mit großer Erschütterung erlebt, wie die Twin Towers brennend in sich zusammenfallen; dass sie sieht, wie die riesigen Staubwolken, die ihr Zusammenbruch erzeugt, ganz Lower Manhattan zu ersticken drohen. Menschen fliehen hinauf zu ihr, als wäre sie die Schutzmantelmadonna unseres Zeitalters, und stehen dort gebannt, um das grandios-schreckliche Spektakel angstvoll und doch fasziniert aus sicherer Distanz zu betrachten.

Ob die Brooklyn Brücke vor jetzt schon 20 Jahren insgeheim nicht doch auch ein bisschen zufrieden war, dass sie mit dem Fall der babylonischen Türme ein wenig von ihrem früheren Status zurückbekam? Wenn ja, dann dauerte das neue Hochgefühl nicht lange an, denn der Turm des One World Trade Centers streckt sich noch weiter in die Höhe als die beiden vom Terroranschlag zerstörten.

Ich wende den Blick weg von Manhattan und schau nach vorne: Die Sicht ohne die Kabelnetze auf das Meer verschlägt mir den Atem. Ich sehe die hell erleuchtete Staten-Island-Fähre von Manhattan quer durch die Bucht zur Insel fahren. Ihr Gegenstück kommt ihr gerade entgegen, auf dem Weg zur South Ferry Station. Ihre Wege kreuzen die von Tankern und von mächtigen, hell erleuchteten Kreuzfahrtschiffen auf dem Weg nach Bermuda, Miami oder die Karibik. Unten, durch die Planken der Brücke bruchstückhaft im schwarzen Wasser des East River sichtbar, keuchen ein paar Schlepper auf dem Weg zum Hafen, rauschen schnelle Wassertaxis nach Queens, in die entgegengesetzte Richtung nach Jersey City oder den Hudson hinauf nach Hoboken und noch weiter zur Washington Bridge – jedes von ihnen sein langes weißes Kielwasser hinter sich herziehend.

Natürlich habe ich längst vergessen, in welchem Jahr ich mich befinde, auf dem wievielten Spaziergang über die von mir so sehr geliebte Brücke. Die Bilder fließen ineinander. Kann ich mich wirklich noch an das erste Mal erinnern? Inzwischen wurde die Brücke mehrfach renoviert, gestrichen, weiter abgesichert und vergittert, ihre Kabel erneuert. So hat sie sicher viel von ihrem ursprünglichen Glanz verloren. Ob Crane wohl heute noch so zu ihr beten würde wie in „Proem: To Brooklyn Bridge" – zu ihr, die jetzt ständig eingehüllt ist in den übelriechenden Dunst der Abgase, umgeben von der alltäglichen Dreckproduktion der Megalopolis New York? Cranes und Stellas mythisch-mystische Überhöhung erscheint jetzt wie das Echo einer längst vergangenen Zeit. Sie sahen die Brücke als Inbegriff des modernen Zeitalters, als Versprechen einer möglichen Zukunft, das dann nie eingelöst wurde. Einerseits war sie eine Ikone, ein Wahrzeichen der Moderne, andererseits begann im Zeichen der Moderne auch ihr Niedergang. Aber was heißt hier Niedergang, wenn täglich Zehntausende aus aller Welt sie sehen und auf ihr gehen wollen, sich über sie hinwegdrängen oder Selfies mit ihr machen? Die Liebe zu ihr hat doch nie wirklich aufgehört; oder hat auch sie sich, wie alles andere, verändert?

Ich bin plötzlich müde, und die Augen fallen mir zu. Die Bilder, die ich gerade noch draußen sah, sind nun nach innen gewandert. Die in den Weiten des dunklen Wassers verschwimmenden Lichter der Schiffe mit ihren weiß schäumenden Furchen, die auf- und abwippenden Strahlen des unablässig flutenden Verkehrs, das monotone Rollen der Autos und Lastwagen versetzen mich in einen Zustand wachenden Träumens.

Ich höre nun auch wieder Stimmen, die von der Brooklyn-Seite der Brücke zurückkommen. Lorca wird wohl in Brooklyn Heights bei Crane gewesen sein. Ob die sich wohl viel zu sagen hatten? Lorcas Englisch ist trotz der Monate in New York noch ziemlich schlecht, und seine Gedichte sind auch völlig anders als die Cranes. Da glaube ich auf einmal drei Schatten durch das Dämmerlicht zu sehen, drei Männer, die einander die Arme um die Schultern gelegt haben, anhalten, gestikulieren, dann weiterlaufen, an mir vorbei oder durch mich hindurch Richtung Manhattan. ‚Aber Vladi', hör ich den einen sagen, ‚die Brücke ist mehr als eine präzise gefertigte Stahlkonstruktion, mehr als ein Triumph der Arbeiter, die sie gebaut haben. Sie ist vielmehr eine ästhetisch vollendete Form, ein Lobpreis Gottes und der uns ein- und angeborenen Kreativität.' ‚Verschon mich, caro amigo, mit diesem *desatino*, diesem Gefasel', sagt die Stimme mit dem spanischem Akzent. ‚Glaub mir, Hart, auch ich liebe das Schöne, wenn auch auf meine eher surreale Weise. Doch dies hier ist, zusammen mit den Wolkenkratzern, den lärmenden Autoschlangen, den Obdachlosen, die überall hinkotzen und in alle Ecken pissen, sogar hier auf der Brooklyn Bridge, ganz im Gegenteil eine Verschwörung *gegen* das Schöne! *Ach, ihr habt ja keine Ahnung, wie einsam sich ein Spanier hier fühlt, vor allem einer aus Andalusien. Wenn du in dieser Stadt hinfällst, wirst du einfach totgetrampelt! Unter offenem Himmel kann hier niemand schlafen. Niemand. Niemand schläft. Lunare Kreaturen beschnüffeln und umkreisen die Behausungen dieser schlaflosen Stadt.*' ‚Aber beruhige dich doch, Federico, glaubst du denn wirklich, dass ich diese andere Seite nicht auch kenne?', hör ich Crane widersprechen. ‚Wie du verbinde ich sie übrigens mit Edgar Allen Poe, dessen Bild mir jedes Mal vor Augen schwebt, wenn ich in der U-Bahn sitze und den

East River unterquere. Und ich weiß genau, weil ich es am eigenen Leib erfahren habe, *dass Liebe ein verglimmtes Streichholz ist, das in einem Pissoir schwimmt.*'

Auch Majakovski will Lorcas *urban blues* so nicht gelten lassen. Der Blick von der Brücke auf das leuchtende Manhattan lässt ihn sogar jubeln, denn er eröffnet ihm hinter der glitzernden Oberfläche kapitalistischer Selbstbejahung eine bessere, will sagen sozialistische Zukunft. Die drei machen erneut Halt und gestikulieren wild durcheinander. Doch dann legen sie sich wieder die Arme um die Schultern und verschwinden langsam im Nebel. Nebel? Wo kommt der denn so plötzlich her? Jetzt höre ich auch weibliche Stimmen, die sich über die Argumente der Männer lustig machen. ‚Mir reicht es, wenn die Brooklyn Brücke die *grande dame* aller Poeten zu mir nach Manhattan bringt. *Komm doch, Marianne, komm bitte schnell über die Brücke geflogen.*' Sie lächelt und winkt auch zu mir herüber, bevor sie ebenfalls im dichter werdenden Nebel verschwindet. Dann eine andere Frauenstimme, die ihr nachruft: ‚Nun warte doch, liebe Elizabeth Bishop, ich komm ja schon, ich fliege, wollte doch nur noch das Spiel der Brooklyn Dodgers zu Ende sehn. Meine Ohren dröhnen noch vom Geschrei in Ebbets Field!' Lachen und Kleiderrauschen irgendwo über oder neben mir. Dann Stille.

Bis ich höre, wie jemand sagt: ‚Ich hätt die Brücke nicht gebraucht, die Brooklyn Ferry war für mich damals, jetzt und für alle Zeiten gut genug. Ich stand immer am Bug der Fähre und ließ mir die Gischt ins Gesicht spritzen, wenn ich – wie so oft – ans andere Ufer nach Manhattan fuhr. Wie hab ich das doch genossen!' ‚Aber, aber, verehrter Meister', sagt da ein anderer, dessen Stimme die seines treuen Begleiters sein muss, ‚nun werden Sie bitte nicht sentimental. Wie könnten Sie, der immer ein großer Kämpfer für Gerechtigkeit und Fortschritt war, die Zeit zurückdrehen wollen?' ‚Ah, ich seh schon, Horace, du verstehst nicht, was Zeit bedeutet, verstehst nicht, dass sie wohl fort- und aufwärts schreiten, aber zugleich auch stillstehen kann, gleichsam zurückgebogen auf sich selbst, als ob sie in Felsgestein verankert wäre. Mit anderen Worten: Wenn auch die Zeit immer weiter geht und sich verändert, so wiederholt sie sich doch auch immer wieder. Ein Augenblick, der vergeht und dennoch stillsteht, ewig ist.' ‚Sie haben recht, verehrter Meister, das versteh ich tatsächlich nicht. Mit Verlaub. Ich denke, dass sich die Zeit nach Gottes Plan nur in eine Richtung bewegt, vorwärts gewiss, und wie auf einer Leiter nach oben. Aber nie zurück. Erinnern Sie sich, wie Eis und Schnee den Ferry-Verkehr ein ums andere Mal lahmgelegt haben, und Sie einmal die Nacht im Fährhaus auf der anderen Seite verbringen mussten? Und haben Sie vergessen, dass Sie vor gar nicht so langer Zeit von den *großartigen obelisk-ähnlichen Türmen der Brücke* geschrieben haben; *einer auf jeder Seite, dunstverhangen, die Konturen jedoch deutlich erkennbar, gigantische Zwillingstürme, die elegant und mit Grazie hoch über die turbulente und reißende Strömung hinweg ihre Drahtschlingen werfen …* ' ‚So etwas soll ich geschrieben haben?' ‚Aber ja, in *Specimen Days*, und das ist gerade erst zehn Jahre her.' ‚Na wenn schon, Horace. Du verstehst trotzdem immer noch nicht. Ich bin ja durchaus fürs Vorwärtsschreiten, aber ich ziehe trotzdem die Brooklyn Ferry der Brücke vor. Und im Fährhaus hab ich gewiss keine einzige Nacht verbracht', brummelt der alte Weißbart, der sich gleich danach zusammen mit seinem jungen Freund in einer Nebelschwade auflöst.

Dann höre ich, wie eine Stimme in mir zu flüstern beginnt: ‚Du kennst mich gut, weißt viel über mich, weißt, wie andere über mich reden. Aber du weißt nicht alles, weißt nicht, wie sehr ich Vater John geliebt habe, der mich mit schwäbischer Dickschädeligkeit unbedingt verwirklichen wollte, dessen Kopfgeburt ich bin, die ihm wichtiger war als Frau und Kinder. Aber dann geriet ihm bei Vermessungen für den Turm auf der Brooklyn-Seite der Fuß zwischen die Balken der Ferry-Anlegestelle. Das war im Juni 1869. Ein Monat danach starb der eiserne John Roebling unter großen Qualen an Tetanus und Wundbrand, nachdem er verbissen versucht hatte, die ständig größer werdenden Schmerzen zu ignorieren. Zu dieser Zeit war noch wenig von mir zu sehen. Aber ohne John Roeblings Martyrium (ja doch, denn er starb zweifellos für mich), ohne Washington, Johns willensstarken Sohn, und ohne dessen Frau, die unermüdliche Emily Warren, die neben ihrem Mann auch seine Brücke hegen und pflegen musste, wäre wohl nie etwas aus mir geworden! Es sah ja auch lange so aus, als würde aus dem ganzen Projekt rein gar nichts – ja, dass partout nichts aus mir werden könnte, weil, wie es hieß, der alte Roebling viel zu ehrgeizig geplant hätte, das Material noch viel zu unerprobt wäre, die Brückenspanne viel zu lang, die Last, die sie zu tragen hätte, viel zu schwer, und woher sollte schließlich das viele Geld kommen, wenn alles so viel teurer würde als geplant!

Aber dann wurde am Ende doch noch etwas aus mir. Der Präsident kam zu meiner Taufe aus Washington angereist. Viele Tausende New Yorker aus Manhattan und Brooklyn drängten von beiden Ufern auf die Promenade und freuten sich auf die Zukunft, die mit dem jetzigen Tag begonnen hätte, und über die sie unaufhörlich redeten. Ein riesiges Feuerwerk machte die Nacht zum helllichten Tag und mich nicht nur zur schönsten, sondern auch zur glücklichsten Brücke der Welt.‘ Etwas sträubte sich in mir, dieses eitle Geflüster widerspruchslos anzuhören. Ich dachte an den qualvollen Tod von John Roebling und an die schrecklichen Krämpfe vorher, an den Schaum, der ihm bei seinen Anfällen aus dem Mund trat, an das jahrzehntelange Leiden seines Sohnes und die vielen Arbeiter, die beim Bau der Brücke ihr Leben verloren hatten. Sie konnte wohl meine Gedanken lesen und flüsterte: ‚Ja, ich weiß – tragisch war es von Anfang an, das hab ich nicht vergessen! 20 Arbeiter sollen es gewesen sein – vielleicht auch mehr, die beim Spannen der Kabel abstürzten, die beim zu schnellen Aufsteigen aus den Druckluftkammern der Senkkästen starben oder, wie Washington Roebling, für den Rest ihres Lebens zu Krüppeln wurden. Und dann – das hast du nur beiläufig erwähnt – die vielen Selbstmorde, mehr als 1300 sollen es bis heute gewesen sein. Sie haben mir den Namen *Selbstmörderbrücke* eingebracht.‘

‚Von welchem Heute redest du da?‘ ‚Na ja, das Heute von Jetzt, so um die 120 Jahre nach meinem Freudentag, dem 24. Mai 1883. Dann, eine Woche später, diese schreckliche Panik am Sonntagnachmittag, als 12 Menschen zu Tode gedrückt und getrampelt wurden und noch viel mehr ernsthaft verletzt, weil irgendein Dummkopf gerufen hatte: Brooklyn Bridge is falling down! Wie gedankenlos doch Menschen sein können! Übrigens, der erste, der im Mai 1885 von meinem Bogen hinunter in den Fluss sprang, hieß Robert Odlum. Er wollte sich gar nicht wirklich umbringen, sondern nur beweisen, dass man gefahrenlos auch aus großer Höhe ins Wasser springen könnte. Doch er hatte nicht mit dem Wind gerechnet, der seine Falllinie veränderte und ihn seitwärts aufs Wasser aufschlagen ließ. Er starb an inneren Verletzungen. Du brauchst mir also nichts zu erklären. Ich weiß, dass auch *meine* Schönheit ihren Preis hatte und noch immer hat.'

Wie selbstverliebt ist doch diese Brücke, dachte ich. Sie hat wohl keine Schuldgefühle. ‚Doch', flüstert sie meine Gedanken lesend, ‚du hattest recht, als du meintest, der Einsturz der Twin Towers hätte mir klammheimlich Freude gemacht. Ja doch, ein wenig schon. Natürlich war ich verbittert über die Demütigungen, die Moderne und Modernisierung über mich brachten, deren physische und geistige Gestalt, wie die Dichter schrieben, *ICH* doch sein sollte. Und dennoch, denke ich, war dies meine beste Zeit: *An den Kabeln / elektrischer Stränge / Erkenne ich / die Ära, die dem Dampfzeitalter folgte …*, schrieb Majakovski, und für Crane war ich *stählerne Erkenntnis, deren Sprung umgreift / Den Umkreis der agilen Lerche Wiederkehr.* Von *diesem* Glanz ist nicht viel geblieben, das weiß ich wohl', flüstert sie, nun schon etwas heiser. ‚Aber die Stimmen der Künstler, ihre Bilder und Metaphern haben mir gutgetan. Sie haben mich womöglich besser gemacht, als ich bin, in jedem Fall aber ein Bild von mir entworfen, von dem ich immer noch hoffe, dass es das Bild einer besseren Zukunft sein könnte. Ja, ich weiß – daran hat auch Crane geglaubt und ist daran verzweifelt. Aber dieses Bild von mir, dieses bessere Ich, das ich von Vater Roebling habe, ist das einzige, was ich all denen, die tagtäglich zu mir kommen, geben kann. Was soll ich tun, wenn sie es nicht sehen oder haben wollen?' Ich spüre Nässe auf meinem Gesicht. Weint sie etwa? Oder weine ich? Regnet es?

Ich fühle, wie sich ein Arm um meine Schulter legt, und erkenne – ohne dass ich dafür die Augen öffnen muss – einen Mann, der wie ich die Liebe zur Brooklyn Bridge über die Liebe zu Hart Crane und seine Dichtung gefunden hat. ‚Was machen Sie denn hier, lieber Samuel Delany?', rufe ich etwas zu laut. ‚Ich dachte, Sie schreiben nur noch Science-Fiction-Romane.' ‚Aber nein. Übrigens kannst du ruhig Sam zu mir sagen. Du weißt doch, wie oft ich hierherkomme, von hier aus die Lichter von Manhattan betrachte und dabei an Hart Crane denke, an seine energiegeladene Bildersprache, die mich überhaupt erst zur Literatur gebracht hat. Hab ich dir schon erzählt, dass mein Vater ihn einmal hier auf der Brücke getroffen hat? Na ja, das war zwar ein erfundenes, aber irgendwie auch reales Treffen! Ich selbst war als Junge zufällig in einem Zweig der Public Library auf seine Gedichte gestoßen und ließ, im ärmlichen Harlem, zum ersten Mal mit heißen Ohren die grandiosen Metaphern von „Atlantis" auf mich wirken – so wie fast zur gleichen Zeit in einem anderen Getto in der Bronx Harold Bloom sich in Cranes Buch verlor und seine extravagante Sprache lieben lernte. Hör nur!' Und dann deklamiert er laut: ‚*So to thine Everpresence, beyond time, / Like spears ensanguined of one tolling star / That bleeds infinity – the orphic strings / … leap and converge* – ist das nicht großartig? Könnte einem da nicht vor lauter Sprachenergie der Kopf zerspringen? Diese geballte Kraft von Wort und Metapher. Du brauchst sie nicht zu verstehen, um sie zu begreifen. Die Worte greifen vielmehr nach dir, bevor du erfasst, was sie bedeuten. *Die Brücke in „Atlantis" umspannt eine Welt, die vom Mondlicht ebenso durchdrungen ist wie von der Sprache.* Wie könnten wir die Brücke loslösen von den Worten, die über sie gesprochen, den Bildern, die von ihr gemalt wurden – sie sind schon lange ein Teil von ihr, so eng mit ihr verwoben wie die Drähte ihrer Kabel und Verstrebungen.'

Sam schweigt eine Weile. Dann ruft er plötzlich: ‚Mann, hab ich einen Hunger', und zeigt mit der Hand Richtung Brooklyn. ‚Dort drüben, auf der anderen Seite, ganz in der Nähe der Stelle, von wo aus Whitman immer die Brooklyn-Fähre nach Manhattan genommen hat, gibt's eine Pizzeria, die beste in ganz New York.' Ich atme tief ein, glaube, die gute Pizza bis hierher zu riechen, und springe auf. Da schreit jemand: „Pass doch auf, du Blödmann!“ Ich spüre einen heftigen Stoß gegen meine rechte Seite und falle auf die Bank zurück. Natürlich reiße ich die Augen auf und sehe noch das Rücklicht des Fahrradfahrers, der sich nun, mit Blick zurück und grinsend, an die Stirn tippt. Muss wohl doch eingeschlafen sein und geträumt haben. Denn da ist weit und breit kein Samuel Delany, kein Pizzaduft und auch kein Nebel – nur ein bisschen Regen, nicht viel, aber es reicht, um nass zu werden. Die rechten Rippen schmerzen heftig.

Wie komme ich jetzt zurück zum Great Northern Hotel auf der West 57th Street? Moment mal. Du träumst ja immer noch. Das war vor 60 Jahren. Das Great Northern gibt's schon lange nicht mehr. Du musst doch zur Upper West Side. Wach endlich auf! Geh erst einmal die lange Rampe wieder hinunter. Dann immer weiter nach Westen bis zur Chambers Street; dann nimm die Expresslinien 2 oder 3, die bringen dich am schnellsten zur 96. Straße. Vielleicht gibt's ja noch Pizza bei Sal & Carmine am Broadway. Also mach schon, beeil dich, es ist schon spät!

Angaben zum Werk

Werktitel: *Brooklyn Bridge*
Künstler: John Augustus & Washington Roebling
Einweihungsjahr: 1883
Ort: New York City, USA

Bibliografischer Nachtrag

In meinem Beitrag habe ich direktes Zitat mit fiktivem Dialog vermischt, der auf den Werken von Autoren basiert, die über die Brooklyn Brücke spaziert sind oder über sie geschrieben haben. Zitate (alle in meiner Übersetzung) sind kursiv gesetzt, die fiktiven Dialoge in einfache Anführungsstriche; die einzige direkte Rede (nämlich die des Radfahrers am Ende), in doppelte.

Die Zitate sind folgenden Texten entnommen:
Marc Simon (Hg.), *The Complete Poems of Hart Crane* (New York: Liveright, 1986); Brom Webber *(Hg.), The Letters of Hart Crane* (Berkeley: The University of California Press, 1965), 181 f.; Elizabeth Bishop, „Invitation to Miss Marianne Moore", in: *Complete Poems* (New York: Noonday Press, 1994), 82; Marianne Moore, „Granite and Steel", in: *Tell Me, Tell Me* (New York: Viking, 1967), 3; Federico Garcia Lorca, *Poet in New York* [Poeta en Nueva York, 1940] (London: Penguin Books, repr. 2002); Vladimir Mayakovsky, „Brooklyn Bridge", in: Phillip Lopate (Hg.), *Writing New York: A Literary Anthology* (New York: Washington Square Press, 1998), 479–484; Joseph Stella, „Brooklyn Bridge: A Page of My Life", in: Irma B. Jaffe, *Joseph Stella's Symbolism* (San Francisco: Pomegranate Artbooks, 1994); Jack Kerouac, „Hymn", in: *Scattered Poems* (San Francisco: City Lights Press, 1959); Jack Kerouac, „The Brooklyn Bridge Blues" (1956), in: *some of the dharma* (New York: Viking, 1997); Henry Miller, *Tropic of Capricorn* (New York: Grove Press, 1961), 60; Walt Whitman, *Specimen Days,* zitiert nach Arthur Geffen, „Silence and Denial: Walt Whitman and the Brooklyn Bridge", in: *Walt Whitman Quarterly Review*, I, 4 (1984), 2; Samuel Delany, „Atlantic: Model 24", in: *Atlantis: Three Tales* (Hanover: Wesleyan UP, 1995), 3–121; Samuel Delany, „Atlantis Rose ... Some Notes on Hart Crane", in: *Longer Views* (Hanover: Wesleyan UP, 1996), 174–250; Alfred Kazin, *A Walker in the City* (New York: Harcourt 1951), 107.

Zum Nach- und Weiterlesen

Geffen, Arthur, „Silence and Denial: Walt Whitman and the Brooklyn Bridge", in: *Walt Whitman Quarterly Review*, I, 4 (1984), 1–11.

McCullough, David, *The Great Bridge* (New York: Simon and Schuster, 1972).

Trachtenberg, Alan, *Brooklyn Bridge: Fact and Symbol* (Chicago: The University of Chicago Press, 1965).

Heinz Ickstadt ist emeritierter Professor der Literatur- und Kulturwissenschaften im Bereich der American Studies und lebt in Berlin.

JULIA LANGE

Herman the German

Meinen großen Bruder auf der anderen Seite des Atlantiks kennen viele, mich hingegen nur wenige. 1897 erblickte ich in New Ulm, Minnesota, das Licht der Welt, mein Bruder bereits 22 Jahre vor mir. Er lebt im Teutoburger Wald, unweit von Detmold, ich in einer deutsch geprägten amerikanischen Kleinstadt, die als „the most German city in America" gilt.

Obwohl uns mehr als 7000 Kilometer trennen, stehen mein Bruder und ich uns nahe. Gelegentlich kommen mich seine Freunde aus Übersee besuchen. Dann fühle ich mich immer sehr geehrt. Im Jahr 2009 statteten mir besonders viele Menschen aus Deutschland einen Besuch ab. Anlass war das 2000. Jubiläum der Varusschlacht, in der drei römische Legionen unter dem Kommando von Publius Quinctilius Varus kurz nach Christi Geburt vernichtend von germanischen Stämmen unter der Anführerschaft des Cheruskerfürsten Arminius geschlagen wurden. Mein Bruder im Teutoburger Wald und ich erinnern noch heute an dieses historische Ereignis. Arminius ist also mein Namenspatron. Im Volksmund ist er aber eher als Hermann bekannt, weshalb man mir hier den Kosenamen „Herman the German" verpasst hat.

Im September 2009 richteten sich drei Tage lang alle Augen nur auf mich. Der Bürgermeister der Stadt Detmold kam eigens aus Deutschland angereist, um an der „Hermann's Victory Celebration" teilzunehmen und mich und meinen legendären Schlachtensieg gegen die Römer zu feiern. Nun ja, die transatlantische Partnerschaft bekräftigen wollte er mit seinem Auftritt zugegeben wohl auch. Ein großes Galadinner, eine Fachtagung zu meiner Geschichte, eine Festparade und sogar einen fünf Kilometer langen

Fun Run haben sie mir zu Ehren damals veranstaltet. Ich habe die Aufmerksamkeit genossen. Schließlich habe ich bereits andere Zeiten erlebt. Nach dem Eintritt der Vereinigten Staaten in den Ersten Weltkrieg hat man mich in der Stadt ignoriert. Deutschsein war out. *100 % Americanism* lautete die Devise. Niemand wollte mehr richtig was mit mir zu tun haben. In den 20er Jahren besserte sich die Lage etwas. 1935 kam dann dieser Nazi-Botschafter hier an und missbrauchte mich für seine Propaganda. Glücklicherweise blieb dies ein Einzelfall. Das habe ich auch der Standfestigkeit unserer Stadtbewohner zu verdanken, die sich allesamt der nazistischen Ideologie verwehrten. Allerdings hatte ich zur Zeit des Zweiten Weltkriegs wieder deutlich weniger Freunde. Erneut wandten sich, wie bereits im Ersten Weltkrieg, einige von mir ab, weil alles Deutsche in Verruf geraten war. Das tat weh. Wunden trage ich aus dieser Zeit bis heute davon. Man schoss auf mich, mehrere Dutzend Mal. Einige Einschusslöcher spüre ich bis heute. Ich weiß nicht mehr so recht, wann das alles geschah. Die Täter konnte ich eh nie sehen. Und der Sheriff hier im Ort hat auch nie jemanden der Tat überführt.

In den 50er Jahren hat man in meinem Innenraum einen Fernseher aufgestellt und direkt neben mich, oben auf der Kuppel, eine Antenne für den Empfang installiert. Danach kamen mich wieder etwas mehr Leute besuchen. Irgendwie war es aber auch ein komisches Gefühl. Man besuchte mich, aber man kam nicht meinetwegen, sondern des Fernsehprogramms halber. Und das konnte ich wiederum von hier oben noch nicht einmal sehen. Mir blieb nur der Blick über die Häuser New Ulms und die überwiegend streng geometrisch verlaufenden Straßen. Schön ist der Ausblick von hier oben ja, ich will mich also nicht beklagen.

In den 70er Jahren besserte sich mein gesellschaftliches Ansehen erfreulicherweise. Zunehmend kamen Familien mit ihren Kindern zum Picknicken zu mir auf den Hügel. Es ist ja auch herrlich hier oben. Und schön grün! Bäume, Wiesen, ein richtig netter Erholungsort. 1973 hat man mich erstmals staatlich ausgezeichnet. Der Bundesstaat Minnesota nahm mich in sein Denkmalregister auf.

Viele sagen, dass dies mit dem sogenannten *ethnic revival* zusammenhing. Ich habe zumindest mal ein solches Gespräch mitgehört. Amerikaner, haben sie gesagt, würden sich nun eher dadurch definieren, was sie von anderen unterscheidet als durch das, was sie verbindet. Ich glaube, sie haben was von ethnischem Pluralismus erwähnt. Mehr habe ich nicht verstanden, weil ein paar Feuerwehrautos vorbeifuhren. Überhaupt verstehe ich hier oben in luftiger Höhe nur wenig von dem, was unten geredet wird. Das liegt wohl auch an meinem Helm, den ich nie ablege. Aber ich will mich nicht beklagen. Viel schwerer wiegt das Schwert, das ich tagein, tagaus in den Himmel recke. Ab und zu, aber das darf eigentlich keiner wissen, senke ich nachts, wenn es stockfinster ist, den Arm ein wenig. *Just a little bit*, wie wir hierzulande sagen. Ist ja eh alles bloß Theater. Gegen wen recke ich denn schon das Schwert in die Höhe? Die Dakota haben sie von hier schon zur Mitte des 19. Jahrhunderts weitgehend vertrieben, um ihre europäischen Siedlungen zu errichten. Mit ihnen fühle ich eher mit, als dass ich gegen sie Kriegsgelüste hegen würde. Und der römische Feldherr Varus ist längst tot. Überhaupt würde ich nicht gegen die Römer zu Felde ziehen wollen, sondern lieber selbst mal in die ewige Stadt reisen. Einmal die Welt sehen und mit meiner Gemahlin, Thusnelda, der die Italiener ein marmornes Denkmal vor der Loggia dei Lanzi in Florenz errichtet haben, vereint sein. Hach, das wär schon schön. Aber ich bin ein Schwergewicht und bevor man mich verfrachtet … da muss schon viel passieren.

Mein großer Bruder bei Detmold schaut übrigens, wie er mir mal sagte, gen Frankreich. Nach dem Deutsch-Französischen Krieg von 1870–1871 wollte man damit ein Zeichen gegen eine verfeindete Nation setzen. Heute schaut er immer noch in die gleiche Richtung, aber längst hat sich aus Feindschaft Freundschaft entwickelt.

Sein Schwert reckt mein Bruder dennoch in die Höhe. Er meinte, es sei auch ein steter Gruß in meine Richtung. Mich hat man übrigens gen Osten ausgerichtet. Drohend gegen Rom, wie es der Legende nach heißt. Na ja, ich verstehe mich eher als freiheitsliebender Pazifist, der in familiärer Verbundenheit einen konstanten Gegengruß an seinen Bruder pflegt. Wie gesagt, wir stehen uns trotz aller Distanz nahe.

Aber bevor ich noch mehr über meinen Bruder und unser Verhältnis ausplaudere, fahre ich lieber mit meiner eigenen Geschichte fort. Wo war ich stehen geblieben? Ach ja, die verstärkte Anerkennung, die mir in den 70er Jahren zuteilwurde. Das hat mich natürlich gefreut. Im Jahr 1988 hat man dann groß den 100. Jahrestag meiner Grundsteinlegung gefeiert. Neun Jahre später, also 1997, folgte eine üppige 100-Jahr-Feier in Erinnerung an meine Einweihung. Im 19. Jahrhundert waren zu beiden Anlässen über 10.000 Menschen erschienen. 1888 auch Dutzende von Turnern der *Turner Society*, die hier auf dem Hügel ihre akrobatischen Tricks vortrugen und damit zugleich ihre politisch radikal-liberalen Ansichten nach Turnvater Jahn zum Ausdruck brachten. Eine deutsch-amerikanische Vereinigung, die *Sons of Hermann* – 1840 in New York als eine Art landesweite Hilfsorganisation für deutsche Einwanderer gegründet und zwischenzeitlich über rund 30.000 Mitglieder verfügend –, hatte Gelder gesammelt, um mich zu erbauen. Die wollten nicht immer bloß Goethe- und Beethoven-Büsten errichten und deutscher Kulturleistungen in Übersee gedenken, sondern mal was Eigenständiges, „Deutschamerikanisches" haben. Deshalb sehe ich auch anders aus als mein großer Bruder. Ich trage zum Beispiel einen kräftigeren Vollbart als er. Das war Ende des 19. Jahrhunderts Mode unter den Deutschamerikanern und so hat mein Erschaffer, der Bildhauer Alfonz Pelzer, mir auch einen verpasst. Die Leute sollten sich ja mit mir identifizieren können. Auch trete ich im Gegensatz zu meinem Bruder nicht auf einen Adler und Legionenbündel als Zeichen der römischen Herrschaft, sondern auf ein römisches Schild und einen Helm. Die hatten damals Angst, dass man denken könnte, dass ich auf das US-Wappentier trete. Mir ist's auch so recht. Hauptsache, ich stehe fest und komme hier oben in rund 21 Meter Höhe nichts ins Wanken, wenn der Wind mal ein wenig stärker bläst. Ich bin mit meinen 8,2 Metern übrigens dreimal kleiner als mein Bruder. Dafür sehe ich besser aus, finde ich. Und man hat mir einen schönen, hellen

Sandstein-Unterbau verpasst. Richtig edel – mit griechischen Säulen und einer eleganten Wendeltreppe, die zur Panorama-Terrasse auf meiner Kuppel führt. Da kann mein großer Bruder auf seiner von massiven, gotisch anmutenden Pfeilern getragenen Rundkuppel letztlich nur staunen. Aber wir kennen uns eh nur von Postkarten und Plakaten – live gesehen haben wir uns nie. Vielleicht wäre ich ein wenig demütiger, wenn wir nebeneinander stünden. Vor rund 20 Jahren hat man mir dann noch vier Löwenskulpturen rund um mein Piedestal beigestellt. *Made in China*. Da soll mal einer sagen, dass ich nicht multikulturell bin. Die vier Raubkatzen sind handzahm und wohl mehr schmückendes Beiwerk als zu meiner Verteidigung im Ernstfall gedacht. Zumindest tolerieren sie auf ihnen weilende Vögel, missachten bellende Hunde und bleiben selbst beim Geruch von Grillfleisch seelenruhig liegen. Dabei werde selbst ich ein wenig schwach, sobald der Geruch frisch gegrillter New Ulmer „Brat" zu mir hinaufzieht. Als „Brat" bezeichnen wir hier unsere lokale Bratwurst, die sich prächtig zum „Hermann's Brau" macht. Letzteres ist ein Bier, das die 1860 in New Ulm gegründete August Schell Brewing Company extra nach mir benannt hat. Wir haben hier unzählige Sorten, die auch alle an der Main Street unten in den Bars der Stadt zu haben sind. Bier war schließlich so ungefähr das Einzige, worauf sich die Deutschen in Amerika als gemeinsamen Nenner verständigen konnten. Das hab ich mal irgendwann aufgeschnappt. Und bei meiner Einweihungsfeier war's ähnlich – die unterschiedlichsten Bedeutungen haben sie mir damals zugeschrieben. Aber dass Bier zur deutschen Kultur dazugehört – darin waren sich alle einig und lagen sich später oft glücklich in den Armen. Damals haben mich einige sogar zum Freiheitskämpfer gegen die Prohibitionsbewegung stilisiert. Ach, so einiges haben sie mir damals angedichtet. Einheitsstifter unter den ausgewanderten Deutschen, Widerstandssymbol gegen die kulturelle Unterdrückung des Deutschtums in Amerika, panethnisches Sinnbild für ein anglogermanisches Kulturerbe in Abgrenzung zu dem anderer Neueingewanderter … richtig gestritten haben sie damals um meine Bedeutung. Selbst meinen Kampf gegen die Römer haben sie für ihre gegenwärtigen Interessen in Dienst genommen und mit dem Widerstandskampf Aufständischer gegen die britische Imperialmacht im Amerikanischen Unabhängigkeitskrieg verglichen. Einem Festredner kam bei meiner Einweihungsfeier sogar in den Sinn, meinen Freiheitskampf mit dem Kampf europäischer Siedler gegen die Indigenen zu vergleichen. Ganz im Ernst: wenn da jemand um Freiheit kämpfte, dann waren es die hiesigen Ureinwohner, denen sie das Land geraubt haben und deren Nachfahren nun unweit der Stadt auf ihrem Reservat ein Casino betreiben. Das haben die Dakota ein paar Jahrzehnte später offenbar auch mal so scharf gesagt und damit eine kleine Diskussion hier in New Ulm losgetreten. So richtig für ihre Zwecke vereinnahmt haben die Dakota mich in der Folge dann aber nicht. Schade eigentlich, es wäre ja für eine gerechte Sache gewesen.

Im Jahr 2000 hat man mich zum nationalen Symbol für die Beiträge der Deutschamerikaner zur Entwicklung der Vereinigten Staaten ernannt. Mensch, war das eine Ehre! Der US-amerikanische Kongress hat extra für mich eine Resolution verfasst. US-Präsident Bush setzte eine offizielle Proklamation auf. Ich war stolz wie Bolle. Viel mehr Besuch habe ich dadurch aber nicht bekommen. Ich stehe einfach zu weit ab vom Schuss. Okay, größere Städte wie St. Paul und Minneapolis sind jetzt nicht grad weit entfernt. Aber die Mühe muss man sich trotzdem erst einmal machen, die rund 100 Meilen von dort aus hierhin zu fahren. Zugverbindungen gibt's eh keine. Die Bahnstation hat man hier im Ort längst dicht gemacht. Jetzt rauschen nur noch Güterzüge durch. Schade eigentlich. Und bevor sich jemand von der Ost- oder Westküste hierhin verirrt … *you can't blame them*, wie wir hier sagen. Ist einfach zu weit weg. Das haben einige auch früher bereits befürchtet, dass man mich hier draußen nicht richtig wahrnehmen würde. Aber letztlich hat man sich dann doch dazu durchgerungen, mich zu erbauen – und zwar hier in New Ulm. Dafür hat sich nicht zuletzt mein Erfinder, der Architekt Julius Berndt, eingesetzt. Er gehörte den *Sons of Hermann* an und wollte unbedingt ein einheitsstiftendes Symbol für alle Deutschamerikaner erschaffen und zugleich ein Zeichen der kulturellen Verbundenheit mit der alten Heimat setzen. Und so erinnere ich denn auch an den Gründungsmythos der deutschen Nation, die Varusschlacht von 9 n. Chr. Der römische Kaiser Augustus soll, nachdem er von der schmachvollen Niederlage seiner Soldaten gehört hatte, verzweifelt ausgerufen haben: „Varus, Varus, gib mir meine Legionen wieder!" Ob das stimmt, weiß ich natürlich nicht. Ich war damals ja nicht zugegen. Und auch das mit dem Gründungsmythos scheint nicht allseits akzeptiert zu sein. Zumindest habe ich dazu mal was aufgeschnappt. Eine laut diskutierende Gruppe empörte sich, dass seit einiger Zeit ein neuer negativer Gründungsmythos in Deutschland dem Arminiusmythos den Rang abgelaufen habe. Von der Stunde Null haben sie gesprochen. Von einem „Zivilisationsbruch", von einer Geschichtszäsur. Ich habe das alles nicht so recht verstanden. Ich glaube, sie meinten, dass die deutsche Erfolgsgeschichte der Nachkriegszeit nicht ausreichend gewürdigt, 2000 Jahre deutscher Kulturgeschichte vernachlässigt und in US-amerikanischen Medien zu stark auf die Zeit des Nationalsozialismus eingegangen werde. Ich kann das alles nicht so recht beurteilen. Ich konsumiere schließlich keine US-Medien, sondern schaue bloß tapfer geradeaus – immer auf der Hut, falls doch von irgendwoher Gefahr drohen sollte. Schließlich war ich ja in der Vergangenheit schon schmerzhaften Schüssen ausgesetzt. Und dann hat da mal ein Professor namens Arnold Koelpin über mich geschrieben, dass ich ein Symbol für „vigilance", also Wachsamkeit, sei. Dem Anspruch versuche ich nun gerecht zu werden.

Übrigens hat mich derselbe Herr Professor auch mit der Lady Liberty, also der Freiheitsstatue in New York, verglichen. Genauer genommen meinte er, dass sie meine Schwester sei. Ich weiß nicht so recht. Ich habe nie mit ihr gesprochen. Sie hätte sich ja mal melden können – und mein großer Bruder hat auch nie was von ihr erzählt. Die beiden sind ja so gut wie gleich alt. Er hätte es also wissen müssen, wenn es da verwandtschaftliche Beziehungen geben würde. Was aber in jedem Fall stimmt, ist, dass ich nach ihr und der Portlandia im Bundesstaat Oregon die drittgrößte Kupferstatue in den USA bin. Nicht schlecht, oder?

Zuletzt hatte ich übrigens ein paar gesundheitliche Probleme. Eigentlich wollte ich das gar nicht erzählen, aber nun gut. Im Jahr 2003 hat man mich vom Sockel genommen und aufwendig restauriert. Das war arg teuer und ging nur dank privater Spenden. Um mich kümmert sich ja eine ganze Vereinigung, die *Hermann Monument Society*. Tolle Leute sind das, die sich permanent um mein Wohlergehen sorgen. 2005 hat man mich wieder hier oben platziert. Das war ein gutes Gefühl „to be back". In gewisser Weise bekräftige ich damit den zentralen Slogan unseres derzeitigen US-Präsidenten: „Build Back Better". Etliche Leute wohnten dem feierlichen Moment bei, als man mich zurück auf den Sockel hievte. Da habe ich gemerkt, dass ich auch heute noch ein wahres Stadtsymbol darstelle. Man mag mich. Auch wenn man mich nicht täglich besucht. Ich bin wohl letztlich so eine Art Maskottchen für die New Ulmer – und auch ein Wirtschafts- und Tourismusfaktor. Zumindest prahlt man seit etlichen Jahren mit mir auf städtischen Werbebroschüren und seit einiger Zeit auch auf der offiziellen Website der Stadt.

Für was ich genau einstehe, dazu gehen die Meinungen auch heute noch auseinander. „Freedom Fighter" nennen sie mich hier zuweilen. Den Ausdruck habe ich zumindest häufiger mal gehört, als Leute an mir entlangspazierten. Einer hat das dann für seine Kinder noch weiter ausgeführt. Ich fand's so gut und treffend, dass ich es mir glatt gemerkt habe: ich stünde für die „German-American contributions building and preserving the U.S.". Und das ist es dann wohl auch, was mich im Kern von meinem Bruder unterscheidet. Wir schätzen beide die Idee von Freiheit und teilen die gleichen Werte. Aber ich bin Amerikaner und stolz auf meine deutschen Wurzeln. Ebenso wie auf grundsätzlich alles, was die Deutschen hier im Land der unbegrenzten Möglichkeiten, wie es hier oft heißt, zum Gedeihen der Vereinigten Staaten beigetragen haben. Mein Bruder hingegen hat andere Lebenserfahrungen gemacht, die tief von zwei Weltkriegen geprägt sind. Er würde nie von sich behaupten, dass er stolz auf seine deutsche Herkunft und seine kriegerischen Großtaten ist. Auf seinem sieben Meter langen Schwert ist zwar immer noch eingraviert „Deutsche Einigkeit meine Stärke, meine Stärke Deutschlands Macht". Aber er sieht sich heute mehr als Europäer und davon ab, sich seiner kämpferischen Heldentaten aus der Vergangenheit zu rühmen. „Amerika, du hast es besser", hat mein großer Bruder mal zu mir gesagt und dabei einen bedeutenden deutschen Dichter zitiert. Ich habe ihm dann zum wohl ersten Mal in meinem Leben widersprochen: „Anders, mein Lieber", sagte ich, „bloß anders ..."

Angaben zum Werk

Werktitel: *Hermann Heights Monument*
Künstler: Julius Berndt & Alfonz Pelzer
Auftraggeber: *Order of the Sons of Hermann*
Jahr der Einweihung: 1897
Ort: New Ulm, Minnesota, USA

Zum Nach- und Weiterlesen

Koelpin, Arnold, *Hermann from Legend to Symbol* (New Ulm: Master Graph, 2009).

Lange, Julia, *„Herman the German": Das Hermann Monument in der deutsch-amerikanischen Erinnerungskultur* (Münster: LIT Verlag, 2013).

Julia Lange ist Dozentin am Institut für Anglistik und Amerikanistik der Universität Hamburg und Dokumentationsjournalistin beim SPIEGEL.

SABINE SIELKE

Mind-Mapping monumentaler Erinnerungslandschaften

Martin Luther King Jr. und die National Mall

Willkommen zu einem Hauptstadtspaziergang der etwas anderen Art! Ich möchte mit Ihnen das Martin Luther King Jr. Memorial und die National Mall in Washington D.C. auf einer mentalen Landkarte verorten und dabei eher ungewohnte Wege einschlagen.

Die Mall präsentiert sich als Kernstück nationaler Identität, als eine scheinbar für die Ewigkeit in Stein gemeißelte Pilgerstätte und Touristenattraktion, als Ort kultureller Selbstversicherung im Sinne von: Das war und ist Amerika! Und so wird es auch in Zukunft sein. Doch die erwanderte Erfahrung der ausgestellten Heiligtümer hat höchst wenig mit der Politik Washingtons zu tun. Und genau das ist Programm.

Längst vergessen ist auch, dass „tote Steine" bereits im 19. Jahrhundert nicht jedem als ein geeignetes Medium erfolgreicher Erinnerungsarbeit erschienen und die *Living-Memorial*-Bewegung seit über 100 Jahren alternative Erinnerungspraktiken propagiert. Inspiriert von solchen Querdenkern lassen wir das Denkmal in unseren Köpfen lebendig werden und folgen der Dynamik einer mentalen Landkarte über neue Verbindungslinien zwischen menschlichem Denkvermögen, kulturellem Gedächtnis und individuell gelebter Erinnerung.

Lassen wir uns bei dem Spaziergang mehr von entgrenzenden Assoziationen, von (Wieder-)Entdeckungen und vom möglichen Mindset des MLK Memorials leiten als von dem Gebot, Brücken zwischen individueller und kollektiver Identität zu bauen. Denn

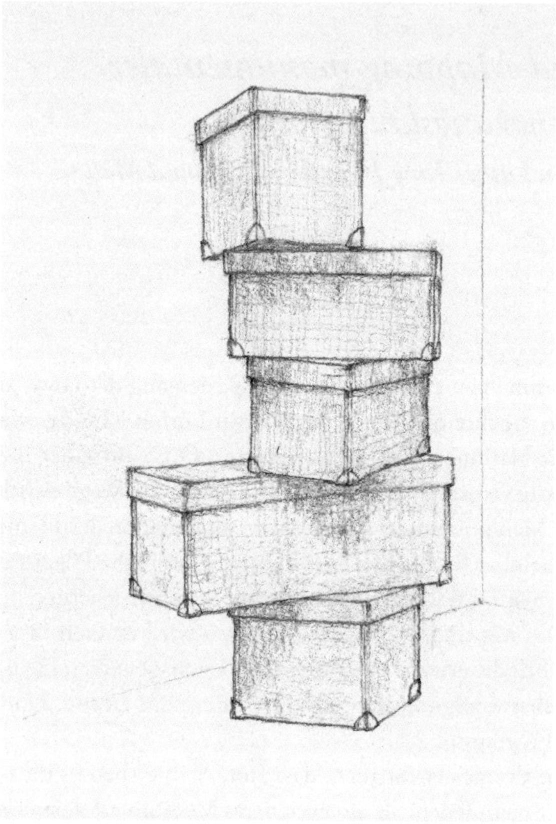

gängige Vorstellungen der Washington Mall als aufgeladenem Ort kollektiver Selbstbeobachtung und -prüfung geraten in der Praxis schnell an ihre Grenzen. Ein Spaziergang durch die Wissenslandschaft der Denkprozesse bringt Ernüchterung, nicht nur, wenn wir spekulieren wollen, wie ein Denkmal über sich selbst, seine Umgebung und seine Beziehung zu anderen Erinnerungszeugnissen denkt. Wie das Denken, Gedenken und Erinnern in unseren Köpfen und Körpern wirklich funktioniert und abläuft – darüber wissen wir vergleichsweise wenig. Mittlerweile können wir neuronale Vorgänge in Hirnstrukturen zwar visualisieren und messen, doch wie aus Gehirn Geist und menschliches (Selbst-)Bewusstsein werden, liegt weiterhin ungeklärt im Dunklen. In der Tat mag es sich uns vielleicht nie eröffnen, wie aus molekularer Materie immaterielles Gedankengut entsteht. Wie auch? Nutzen wir unser Gehirn und unseren Geist, um zu verstehen, wie Gehirn und Geist funktionieren, bleiben wir als kreative, erkennende Wesen notwendigerweise sowohl Knotenpunkt als auch blinder Fleck dieser Unternehmung.

Wo schon das Denken selbst ein Buch mit sieben Siegeln bleibt, ermuntert uns die Frage, wie und was das immobile Denkmal denkt, was es wohl bewegt, nicht nur zu einem aufschlussreichen Gedankenspiel. Die Frage taucht unsere gängigen Vorstellungen über die Washington Mall und die bedeutendste Erinnerungslandschaft US-amerikanischen kulturellen Selbstverständnisses in ein neues Licht. Denn aus unserer Unwissenheit erwächst Freiheit. Wir gewinnen das Potential der Spekulation über Vergangenes, ja seine Erfindung aus einer Perspektive, die notwendigerweise sowohl zu gegenwartsbezogen als auch oft nostalgisch ist und dabei immer schon nach vorne denkt. Wenn uns die Neurowissenschaft inspiriert, indem sie das Denken und Erinnern auf die materielle Basis physiologischer Vorgänge verengt, inspiriert uns das Denkmal, über Formen des (Ge-)Denkens zu philosophieren.

Womit denkt das Denkmal eigentlich? Diese scheinbar abwegige Frage lässt sich beantworten, wenn wir den tempelförmigen Kern US-amerikanischen Selbstverständnisses über die Tuchfühlung und Verwerfungslinien zwischen Kings granitenen, Abraham Lincolns marmornen und Thomas Jeffersons bronzenem „Denkapparat“ kartieren. Oder andersherum: Die Ästhetik und das Design des MLK-Denkmals verändern unsere eigene Projektion von Kings monumentalem Denken. Weitergedacht: Wenn Erinnerungsprozesse, wie der Neurowissenschaftler Wolf Singer betont, eher einer Form der Wahrnehmung gleichen, als dass sie ursprüngliche Gedächtnisinhalte reproduzieren, dann befördern neue Erinnerungsorte zuallererst ein Update unseres kulturellen Gedächtnisses. Der Martin Luther King am Tidal Basin, an der Peripherie der Mall, ist somit ein anderer als der, den wir vor 2011 kannten. Erinnerungstechnisch aufgeblasen und in der Parklandschaft um die Washington Mall fixiert, hat die Ikone der Bürgerrechtsbewegung gleichzeitig an Format verloren. Und dennoch: Trotz seiner starren Pose und Unbeweglichkeit bleibt Dr. King in unseren Köpfen mobil wie ein Vexierbild mit wechselnden Standorten. Denn nicht die Erfüllung seines „Traums" – die tatsächliche Überwindung des Rassismus –, sondern das Ideal einer gerechten Gesellschaft ist der Motor des US-amerikanischen kulturellen Selbstverständnisses. Unser Spaziergang über die Mall bleibt somit ein Versuch der Standortbestimmung.

„Standort" ist ein gutes Stichwort. Ich selbst habe das King Memorial trotz seiner Ausmaße erst nach einer umschweifigen Suche gefunden. Im Nachhinein ist dieses Irrlichtern für mich nicht minder eindrücklich als die Ansicht des denkwürdigen Standbilds selbst. Während der Obama-Administration 2011 feierlich eingeweiht, wirkt das begehbare Monument für den schwarzen „Nationalhelden" Martin Luther King ähnlich gigantomanisch wie das Mount Rushmore National Memorial. 1941 fertig gestellt, sollten die überdimensionierten Portraits George Washingtons, Thomas Jeffersons, Abraham Lincolns und Theodore Roosevelts jene Weltmachtstellung manifestieren, um die sich die USA im Zweiten Weltkrieg noch mühte. Im heutigen Washington D. C. – einem Ort, an dem der afroamerikanische Bevölkerungsanteil fast 50 Prozent beträgt – scheint das MLK Memorial ästhetisch wie politisch irgendwie aus der Zeit gefallen.

Was hätte sich Dr. King wohl gedacht bei seiner „Enthüllung", einem Event mit viel schwarzer Prominenz – von Stevie Wonder und Aretha Franklin zu Jesse Jackson und Obama? Schließlich hatte es jahrzehntelanges Engagement von unzähligen bekannten und weniger bekannten Menschen und sehr viel Geld gebraucht – Erinnerungskultur ist Big Business und um Bestlagen wird hart gefeilscht –, um ihn auf ein Podest zu heben. Verwunderlich ist auch, dass ausgerechnet das Team um den chinesischen Künstler Lei Yixin, bekannt für über 150 Monumental- und darunter auch einige Mao-Zedong-Statuen, King aus 159 Granitplatten zusammenpuzzelte: MLK „remade in China". Mich selbst erinnerte Kings künstlerische Anmutung kurioserweise an genau jene Statuen, die man nach 1989 vielerorts vom Sockel geholt hat.

Da steht er nun, der „action-oriented Marxist", als den ihn schon Senator Jesse Helms aus North Carolina bezeichnet hatte. Was aber macht die Überblendung von Martin Luther King durch Leis Mao mit unserem Bild des Bürgerrechtlers? Offensichtlich ist das Szenario einerseits auffällig rückwärtsgerichtet, anderseits symptomatisch für aktuelle Machtkonstellationen und -konflikte. Gleichzeitig lässt diese Neuinszenierung Kings Bodenständigkeit und „Volksnähe" ähnlich in Vergessenheit geraten wie der demokratische Geist der „Gründerväter" mit dem imperialen Gestus der Mall verblasst. Mehr noch: Angesichts der offensichtlichen ästhetischen Distanz ist zweifelhaft, ob sich King im Gewand des sozialistischen Realismus den benachbarten Denkmälern Jeffersons und Lincolns tatsächlich so verbunden fühlt, wie es das gängige landschaftsarchitektonische Credo annonciert.

Wahrscheinlich wäre King bei diesem Auftritt und all seinen Allianzen eher unwohl. Schließlich war Jefferson Sklavenhalter, was hatte er schon mit dessen Weltsicht gemein? Und wenngleich das Denkmal für Lincoln, der 1863 die Befreiung der Schwarzen auf den Weg brachte, 1963 eine ebenso imposante wie passende Bühne für Kings berühmte *I Have a Dream*-Rede bot, so sind sich die beiden Männer doch eher fremd. Lincolns Politik diente dem Erhalt der Union; die gesellschaftliche Partizipation ehemaliger schwarzer Sklavinnen und Sklaven konnte er sich schwerlich vorstellen. Ganz im Sinne des *Back-to-Africa*-Aktivisten Marcus Garvey (1887–1940) hätte der erste Präsident der Republikaner sie wohl am liebsten wieder repatriiert – und das obwohl viele von ihnen in den USA geboren und schwarze Männer mit in den Bürgerkrieg gezogen waren, wie das Washingtoner African American Civil War Memorial bezeugt. Nicht ganz unpassend daher, dass das Bauwerk mit 36 dorischen Säulen auf Betonfundamenten im Sumpfgebiet des Potomac River errichtet wurde und das Design die Emanzipation der Sklavinnen und Sklaven eher herunterspielt.

Weder King noch uns sollte es verwundern, dass die National

Mall noch immer eine weitestgehend frauenfreie Ausstellungsmeile für das ehrenvolle Gedenken an vorrangig weiße Männer, Krieger und Kriegsopfer fungiert. Mit allen anderen „Anderen" tut man sich nicht minder schwer als mit Martin Luther King selbst, dem „misfit on the mall", wie er von David C. Sledge bezeichnet wurde. Während Frauen in Politik und Armee längst auch hochrangige Ämter bekleiden, hat es ja bekanntermaßen noch keine von ihnen als *commander-in-chief* ins Weiße Haus geschafft. Ganz davon zu schweigen, dass Denkmäler landläufig nicht als Genre der Avantgarde fungieren.

Gut denkbar aber, dass Jefferson und Lincoln spätestens 1963 vor lauter Schreck vom Sockel gefallen wären – in dem Moment, als die Mall vom zentralen Erinnerungsort zur erstrangigen Protestmeile mutierte. (Heute hat der bronzene Jefferson wahrscheinlich ständig seine eigene Demontage zu befürchten.) Möglicherweise wäre King ihnen im Mai 2020 gefolgt, freiwillig, angesichts der Demonstrationen anlässlich anhaltenden systemischen Rassismus und wiederholter Polizeigewalt gegen Schwarze und der Haltung einer Regierung, die den Widerstand weiter anheizte. Zu gerne wüsste man, was King durch den Kopf geht angesichts der seriellen Wiederholung solcher Ereignisse, die sich ihm zu Füßen abspielen. Denn unser Blick auf die Statue verändert sich, sobald Kings Wirken und Worte einmal wieder mit wachsender Ungeduld aufgerufen werden – Worte, die am Denkmal im wortwörtlichen Sinn in Stein gemeißelt sind, während sich, nur unweit entfernt, der Albtraum fortsetzt, anstatt dass sich sein Traum erfüllt.

Auch deshalb rückt das MLK Memorial keine vormals randständige Haltung ins Zentrum touristischer Aufmerksamkeit. Auch ist der Begriff des „misfit" nicht wirklich treffend für King. (Ein Denkmal für Malcolm X dagegen wäre wohl ein undenkbares Vorhaben.) Denn die Kritik an der Entrechtung der Schwarzen zieht sich durch die gesamte Geschichte Amerikas und lässt sich von Anbeginn der Sklaverei in Nordamerika bis zur „Black Lives Matter"-Bewegung und über sie hinaus nachverfolgen. Dissens – abweichende Meinungen ebenso wie Vielstimmigkeit – gehörten schon immer zum

Grundinventar einer amerikanischen Gesellschaft, die sich in ihren Fundamenten als einvernehmlich versteht: *e pluribus unum* – so lässt es sich auf jedem Cent lesen. Anders formuliert: Das monumentale King-Denkmal untermauert das nationale Selbstverständnis mehr, als dass es seine Glaubenssätze unterwandert. Und Kings berühmte Rede – sein amerikanischer Traum von der Überwindung des Rassismus – ist ein ebenso zentrales Dokument nationaler Einheit wie die Ansprache Lincolns auf dem Schlachtfeld von Gettysburg. Genau 100 Jahre vor dem „March on Washington" beschwor Lincoln dort eine „neue Geburt der Freiheit" und sprach von Amerikas „unvollendeter Arbeit" – einer Aufgabe, die die USA als unvollendetes utopisches Projekt, als „Experiment" weiter beschäftigt und beschäftigen wird. Obwohl hinlänglich bekannt und Pflichtlektüre in Highschools, sind beide Texte an den Monumenten zum Nachlesen verewigt.

Während Kings politische Haltung grundsätzlich anschlussfähig ist an das (Selbst-)Bewusstsein der Nation, schreiben der periphere Standort und die Ästhetik des MLK Memorials seine scheinbare Außenseiterposition fort. Diese Randständigkeit teilt das Denkmal in gewisser Weise mit dem National Museum of African American History and Culture. Lange Zeit auf einen Flügel des National Museum of American History beschränkt, war dieser Teil amerikanischer Erinnerungskultur damit gleichzeitig in Poleposition auf der Mall vertreten. Mittlerweile ausgelagert und neu konzipiert sind Exponate afroamerikanischer Geschichte und Kultur seit 2016 in einem architektonisch beeindruckenden Gebäude untergebracht, das, wie die Plattform Baunetz verkündet, den „afroamerikanischen Geist" verkörpere. Damit werde evident, so lässt sich in Allison Fortiers *History Lover's Guide to Washington, D. C.* (2014) lesen, wie integral afroamerikanische Geschichte und Kultur für den Werdegang Amerikas, für eine „grundsätzlich amerikanische Erfahrung" sei. Diese Argumentation jedoch will (mich) nicht so recht überzeugen. Vielmehr macht sie einen zentralen Widerspruch aktueller Erinnerungskultur augenscheinlich: Das trennende Ausstellen und Feiern vermeintlicher Eigenheiten ethnischer Kulturen und Geschichte verstellt nicht zuletzt den Blick auf deren gesellschaftliches Zusammenspiel und die daraus erwachsenen Spannungen und Möglichkeiten. Mehr noch: Im Glauben, Architektur könne ein kollektives kulturelles Gedächtnis projizieren – sei es das einer „grundsätzlich amerikanischen Erfahrung“ oder eines „afroamerikanischen Geists“ –, wird individuelles Erinnerungsvermögen durch eine scheinbar verbindliche Retrospektive überblendet, die die Parameter aktueller Identitätspolitik medial in Szene setzen soll. Diese Rückschau ist jedoch lediglich eine Momentaufnahme, ein Update, das die eine oder andere Erinnerungslücke füllt und dabei – notwendigerweise – neues Vergessen braucht und befördert. Hier scheint auf, wie die monumentale Erinnerungslandschaft der National Mall einen Geist verkörpert – oder anders formuliert –, wie kulturelles Bewusstsein sich materialisiert: als eine changierende Fiktion und Erfindung. Ein Aspekt dieser Fiktion scheint mit chinesischem Design Machtkämpfe für obsolet zu erklären, deren Höhepunkte den USA vielleicht noch bevorstehen.

Diese schönen neuen Erinnerungswelten wären für King möglicherweise Zeitreise und Albtraum zugleich. Zwar müsste er weder Schlange stehen am Eingang des National Museum of African American History and Culture noch sein Ticket online buchen. Viele Exponate jedoch hätten ihn vielleicht überfordert oder verwirrt, während wir es heute gewohnt sind, kulturelles Gedenken als Erinnerung an interaktive Medienerlebnisse abzuspeichern. Dass man den 50. Jahrestag seiner „Poor People's Campaign“ dort mit einer Fotoausstellung begeht, während die ökonomische Ungleichheit in den USA seit 1968 nicht ab-, sondern zugenommen hat – das hätte sein Herz aus Granit sicher gebrochen. Gleiches gilt unzweifelhaft für Donald Trumps trotzig-ungehörige und hochgradig unamerikanische Weigerung, Kings Weggefährten John Lewis im Juli 2020 die letzte Ehre zu erweisen. Dieses Umfeld des monumentalen Raums, den King auf der Mall einnimmt, lädt uns immer wieder aufs Neue ein, dem (Ge-)Denken des Denkmals mit Einfühlung und Verstand nachzuspüren.

Unsere Wanderungen durch die Washingtoner Erinnerungslandschaft projizieren dabei stets auch ganz eigenwillige Gedächtniskarten. Auf diesen Mind-Maps bleibt das MLK Memorial mobil, Jefferson ist womöglich ein Wackelkandidat, Malcolm X vielleicht doch salonfähig und der Wettbewerb für das Monument der ersten US-amerikanischen Präsidentin bereits in vollem Gange. Unversehens schreiben wir dabei die Ideale des Projekts Amerika fort.

Angaben zum Werk

Werktitel: *Martin Luther King Jr. Memorial*
Künstler: Lei Yixin
AuftraggeberInnen: Washington, DC Martin Luther King, Jr. National Memorial Project Foundation, Inc.
Jahr der Einweihung: 2011
Ort: 1964 Independence Avenue, Washington, D. C., USA

Zum Nach- und Weiterlesen

Benton-Short, Lisa, „Politics, Public Space, and Memorials: The Brawl on the Mall", in: *Urban Geography* (2006), Bd. 27, Nr. 4, 297–329.

---, *The National Mall: No Ordinary Public Space* (Toronto: University of Toronto Press, 2016).

Fortier, Allison, *A History Lover's Guide to Washington D. C.: Designed for Democracy* (Charleston: History Press, 2014).

Lepore, Jill, *This America: The Case for the Nation* (New York: Norton, 2019).

Margolin, Victor, „The Martin Luther King Jr. Monument: A Flawed Concept", in: *Journal of Visual Culture* (2013), Bd. 11, Nr. 3, 400–408.

Savage, Kirk. *Monument Wars: Washington, D. C., the National Mall, and the Transformation of the Memorial Landscape* (Berkeley: University of California Press, 2011).

Sledge, David C., „Misfit on the Mall: A Memorial for Dr. Martin Luther King, Jr.“, in: *Thresholds* (2000), Bd. 21, 84–87.

Singer, Wolf. „Erinnern schwächt Gedächtnis“, in: *Gehirn & Geist* (2005), Bd. 5, 56.

Sabine Sielke ist Professorin für Literatur und Kultur Nordamerikas an der Universität Bonn und leitet dort das North American Studies Program und das German-Canadian Centre.

ASTRID BÖGER

Im Kopf der Freiheitsstatue

Viele Jahre schon wache ich über den Hafen von New York. Inzwischen gibt es größere Kolossalstatuen als mich, doch für lange Zeit war ich mit fast 100 Metern die Größte. Eigentlich bin ich ja ein Geschenk Frankreichs, zum 100-jährigen Jubiläum der Unabhängigkeit der Vereinigten Staaten von Amerika im Jahr 1776. Komisch, das wissen viele heute gar nicht mehr. Dabei ist das Datum der Unabhängigkeitserklärung sogar auf der Tafel eingemeißelt. Ich halte sie mit der linken Hand. Den Arm habe ich ein wenig angewinkelt, sodass das wertvolle Stück eng an meinem eleganten Körper anliegt und auf keinen Fall verlorengehen kann. Der eigentliche Blickfang ist aber die Fackel in meiner anderen Hand, hoch erhoben zum Himmel, die Flamme ist sogar vergoldet. Nachts wird sie sehr hübsch beleuchtet und entfaltet so ihre volle Strahlkraft und ist dann aus allen Richtungen gut zu sehen. Das schien gerade am Anfang wichtig, denn zunächst sollte ich als Leuchtturm für die einfahrenden Schiffe dienen, was dann aber doch nicht funktionierte, weil dafür das Licht nicht ausreichte. Aber das war auch gar nicht nötig und, mit Verlaub, ohnehin unter meiner Würde. Meine wahren Aufgaben sind nämlich ganz andere und viel bedeutendere.

Ich kann mit einigem Stolz behaupten, dass mich so ziemlich alle Menschen kennen, selbst wenn sie noch nie in New York waren. Schließlich bin ich weltweit eine der wichtigsten Sehenswürdigkeiten überhaupt. Das war sogar schon so, bevor ich 1886 endlich eingeweiht werden konnte. Es dauerte nämlich einige Jahre, bis mich ein französischer Bildhauer namens Frédéric-Auguste Bartholdi angefertigt hatte. Natürlich bin ich sein bekanntestes Werk, aber auch vor mir war er kein Unbekannter. Stellen Sie sich vor, am

Anfang hieß ich sogar Bartholdi-Statue! Als erstes wurde mein rechter Arm mit der Fackel fertig. Schleunigst wurde er von Paris nach Amerika verschifft, wo er mit leichter Verspätung bei der Weltausstellung in Philadelphia 1876 eintraf. Dort war 100 Jahre zuvor die Unabhängigkeitserklärung verfasst und unterzeichnet worden, die Stadt war somit ein perfekter Ort für das Jubiläum, das damals mit großem Pomp gefeiert wurde. So passte mein „kolossaler Arm" sozusagen wie die Faust aufs Auge. Viele Besucher kamen, um eben diesen Arm zu bewundern, und die Mutigen unter ihnen sind sogar über eine wackelige Treppe bis in die Fackel hochgestiegen, einer idealen Aussichtsplattform, von der aus man das riesige Ausstellungsgelände überblicken konnte. Nach der Premiere in Philadelphia ging die Reise weiter nach New York, wo der Arm samt Fackel für ein paar Jahre im Madison Square Park zu besichtigen war. Dann ging es wieder zurück nach Frankreich, wo alle 350 Einzelteile 1884 endlich fertig wurden. In über 200 Kisten verpackt ging es mit dem Frachtschiff *Isere* erneut auf große Reise, wieder über den Atlantik, übrigens bei recht stürmischer See, was nicht so angenehm war. In New York angekommen, fehlte leider das Geld für meinen Steinsockel, weswegen ich noch monatelang in den dunklen Kisten ausharren musste, *mon Dieu*. Erst dank einer erfolgreichen Kampagne der *New York Post* kamen genug Spenden zusammen, womit auch endgültig entschieden war, dass meine neue Heimat New York und nicht etwa Boston oder Philadelphia sein würde, die zuvor ebenfalls um mich konkurriert hatten.

Im Oktober 1886 konnte die feierliche Einweihung endlich stattfinden. Mit von der Partie war Präsident Grover Cleveland als Schirmherr, er war zugleich mein größter Fan. Er führte sogar eine Parade durch New York, an der damals schätzungsweise bis zu einer Million Menschen teilgenommen haben! Seither strahle ich an meinem Standort im New Yorker Hafen, gut an meinem wunderschönen kupfergrünen Schimmer zu erkennen. Meine markante Färbung hat sich übrigens erst nach etwa 20 Jahren durch allmähliche Oxidation eingestellt – ursprünglich war ich nämlich dunkelbraun.

Die Menschen waren von Anfang an von mir begeistert und

wollten mich immer wieder sehen, und das wird bestimmt auch in Zukunft so bleiben. Viele sind inzwischen alte Bekannte geworden, weil sie täglich mit der Fähre nach Staten Island an mir vorbeikommen. Darunter auch unzählige Touristen, die mich gerne fotografieren oder Selfies mit mir im Hintergrund machen, um ihren Freunden zu zeigen, dass sie bei mir gewesen sind. Zudem fahren ja auch alle Schiffe, die in New York anlegen, an mir vorbei. Und bei gutem Wetter kann man mich sogar vom Flugzeug aus beim Anflug auf die Stadt erkennen. Nicht wenige sind dann ganz aufgeregt und freuen sich auf ein persönliches Kennenlernen. So finden viele den Weg auf die nach mir benannte Freiheitsinsel. Täglich kommen ungefähr 10.000 Menschen, um mich hier zu besuchen. Wenn sie vorab ein Ticket ergattert haben und sich die Mühe des Aufstiegs machen, können sie aus meinem bekrönten Haupt heraus die Skyline von Manhattan bewundern. Ein traumhaft schöner Anblick zu jeder Tages- und Jahreszeit. Kein Wunder, dass dieser Ausblick in zahlreichen Filmen und Fernsehserien zu sehen ist. Und das möchten viele Menschen dann gern selbst erleben, wenn sie nach New York kommen: im Kopf der Freiheitsstatue zu sein und von hier aus nach Manhattan zu blicken.

Trotz meiner Berühmtheit kennen nur die wenigsten die verschiedenen Bedeutungen, die ich habe. Das lässt mich manchmal ein wenig schmunzeln, aber nur, wenn es keiner sieht. Als Figur verkörpere ich natürlich die Freiheit, auf Englisch liberty, nach der bekannten römischen Göttin Libertas, was mir den populären Beinamen Lady Liberty eingebracht hat. Als der Bildhauer Bartholdi ganz am Anfang überlegte, wie ich überhaupt aussehen sollte, ließ er sich von unterschiedlichen Frauenfiguren inspirieren. Das Gesicht war noch vergleichsweise einfach, hierfür stand ihm seine Mutter Modell. Aber der Körper war eine große Herausforderung. Unter anderem dienten ihm die brave Columbia, ein bekanntes Wahrzeichen Amerikas, und auch die eher wilde französische Freiheitskämpferin Marianne als Vorbilder. Am Ende entschied er sich gegen eine allzu revolutionäre Frauengestalt, und vor allem gegen eine mit entblößtem Körper, wie es damals modern war. Sicher ist sicher. Denn dies wäre in Amerika – und auch bei *Maman* – garantiert nicht gut angekommen. Auch wenn ich mich über mein stattliches neoklassizistisches Äußeres sowie mein zeitlos-elegantes, an römische Göttinnen erinnerndes Kleid gar nicht beklagen möchte, fehlt mir doch manchmal ein wenig die Bewegung. Aber gut, ich muss ja vor allem aufmerksam sein und über die Freiheit wachen. Aber was bedeutet das eigentlich?

Bereits die Franzosen konnten sich seinerzeit nicht einigen: Sollte ich wirklich nur ein Wahrzeichen der Freundschaft mit den USA sein, die 100 Jahre zuvor mit französischer Unterstützung die Unabhängigkeit von England nach jahrelangem Aufstand und sogar Krieg errungen hatten? Oder sollte ich nicht eher für die Beschwörung der Freiheit von Unterdrückung und Sklaverei stehen, die damals noch gar nicht so lange abgeschafft war? Oder beides? Die zerbrochene Kette zu meinen Füßen kann man ja so oder so deuten. Viele wissen übrigens gar nicht, dass sie dort liegt und denken deswegen nicht weiter darüber nach. Vielleicht ist die Kette einfach allzu gut unter meinem leicht angehobenen rechten Fuß versteckt, sodass man sie von unten schauend schlicht übersieht. Wenn ich ehrlich bin, weiß ich selbst nicht mehr genau, ob ich sie mit meiner Kraft gesprengt oder gar zertreten habe. Aber ich erinnere mich noch gut, wie Monsieur Bartholdi ursprünglich plante, dass ich die zerrissene Kette in der Hand halten sollte. Dann war er sich jedoch selbst nicht mehr sicher, ob das ein passendes Symbol für Amerika nach Abschaffung der Sklaverei wäre oder vielmehr eine neue Spaltung bedeuten könnte. So eine Kette hat schon eine große Symbolkraft, wenn man einmal drüber nachdenkt. Vor allem aber kann sie ganz unterschiedlich interpretiert werden, je nach gesellschaftlicher Situation und abhängig vom Standpunkt desjenigen, der sie betrachtet.

Keine zehn Jahre nach meiner Einweihung bekam ich dann eine ganz neue Rolle zugeschrieben. Ellis Island war inzwischen eröffnet worden, und von überall her kamen nun für ein halbes Jahrhundert viele Tausend Einwanderer aus Europa direkt vor meinen wachsamen Augen an, bevor sie in den dortigen Hallen registriert und medizinisch untersucht wurden. So wurde ich zum Symbol des amerikanischen Traums, den bekanntlich viele Menschen bis heute träumen. Auch das Sonett „Der neue Kolossus" der jüdisch-amerikanischen Dichterin Emma Lazarus, das seit 1903 meinen Sockel ziert, steht für diese neuere Sichtweise. Es hat mir auch gleich einen neuen Beinamen verschafft: Mutter der Exilanten. In ihrem aufrüttelnden Gedicht legt Lazarus mir in den Mund, dass die Welt mir ihre müden und heimatlosen, nach Freiheit hungernden Massen bringen solle. Die feierlichen letzten Zeilen gefallen mir dabei am besten:

> Gebt mir nur eure Armen,
> Entwurzelten, voll Sehnsucht, frei zu sein,
> die Seelen, die eure Ufer flohen.
> Jener Schwachen will ich mich erbarmen.
> An dem gold'nen Tor soll mein Licht lohen!

Dazu passt sehr gut, dass meine stolze Krone von sieben Zacken im Halbrund geziert wird, die jeweils einen Kontinent oder auch die sieben Weltmeere symbolisieren sollen. Ob der weltweite Appell an die Armen und Entrechteten immer noch in die heutige Zeit passt? Das darf durchaus bezweifelt werden. Denn wie in vielen anderen Regionen der Welt wird es ja immer schwieriger für die Armen, in die USA zu kommen, um sich dort ein besseres Leben aufzubauen. Angesichts der vielen Geflüchteten, die heute in großer Not ihre Heimat verlassen, werde ich aber nicht müde, mahnend auf ihr Schicksal hinzuweisen und ihnen den Weg mit meiner Fackel aufzuzeigen. Dabei schadet es nicht, wenn ich die Einwohner der USA unermüdlich daran erinnere, dass sie selbst in den allermeisten Fällen von armen Einwanderern abstammen.

Erstaunlicherweise wurde ich leider nicht von allen geliebt und bin selbst vor Zerstörung nicht gefeit. So kam es 1916 zu einer großen Explosion auf der Black-Tom-Insel im nahe gelegenen New Jersey. Es handelte sich dabei um einen mutmaßlich von deutschen Spionen verübten Sprengstoffanschlag. Er hatte zum Ziel, die Verschiffung von Kriegsgütern nach Europa im Ersten Weltkrieg zu verhindern. Bei der verheerenden Explosion starben sieben Menschen. Der angerichtete Schaden war immens. Dabei hatte es auch meine Fackel schwer erwischt. Sie musste für viel Geld wiederhergestellt werden. Eine weitere Folge dieses Attentats war, dass seitdem keine Besucher mehr die Fackel betreten dürfen; das ist jetzt nur noch dem Servicepersonal gestattet.

Auch in Hollywood-Filmen bin ich schon mehrfach zerstört worden, so zum Beispiel in den Kassenschlagern *Independence Day* und *The Day after Tomorrow*, beide von Roland Emmerich. Wenn ich an diese Filme denke, bin ich jedes Mal erschrocken, denke aber, sie sind vor allem ein Beleg dafür, dass ich so eine zentrale Figur im Selbstbild der Amerikaner bin. Und so kann ich eben auch zur Zielscheibe von Übeltätern werden, zumindest in der finsteren Vorstellung einiger Hollywood-Filmemacher. In solchen Katastrophenfilmen ist meine Zerstörung zugleich immer auch ein Symbol für das Ende Amerikas oder gleich der ganzen Welt.

Aber auch ganz reale Naturgewalten machen leider vor mir nicht halt. So wurde ich 2012 beschädigt, als der Orkan Sandy über die Stadt hinwegfegte und eine Spur der Verwüstung hinterließ. Dabei bin ich noch vergleichsweise glimpflich davongekommen, aber ich musste für ein Jahr geschlossen bleiben, bis wieder alles in Ordnung war. Während der Schließung musste ich immer wieder an die Terroranschläge vom 11. September 2001 denken. Ich musste damals von Liberty Island aus tatenlos zusehen, wie das World Trade Center und einige umliegende Gebäude von Attentätern in gekaperten Flugzeugen zerstört wurden. Tausende Menschen kamen ums Leben und diejenigen, die überlebten, wurden in große Panik versetzt. Infolge der Anschläge musste ich aus Sicherheitsgründen für einige Jahre geschlossen bleiben, was für mich eine sehr einsame und traurige Zeit war. Ähnlich verhielt es sich während der großen Pandemiewelle 2020–2021, als der Zutritt zu meiner Krone ebenfalls verwehrt blieb. Ich hoffe sehr, dass die Stadt in Zukunft von Unheil gleich welcher Art verschont bleibt und die Menschen in ihr friedlich zusammenleben können.

Zum Glück gab es auch immer wieder Anlass zum Feiern. So

zum Beispiel 1984, als ich fast 100 Jahre nach meiner Einweihung zum Weltkulturerbe erklärt wurde. Darüber habe ich mich ganz besonders gefreut, denn damit ist endgültig klar geworden, dass meine Bedeutung weit über die Grenzen der USA hinausreicht und dass das, wofür ich stehe – Freiheit – vielmehr der ganzen Welt gehört. Zwei Jahre später wurde ich zu meinem 100-jährigen Jubiläum nach aufwändiger Restaurierung und mit brandneuer, goldener Fackel feierlich wiedereröffnet. 2019 ist dann noch ein neuer Publikumsmagnet dazu gekommen. Seither schätze ich mich glücklich, ein mir gewidmetes Museum gleich nebenan zu haben – Grund genug, trotz allem und auch weiterhin zuversichtlich über Manhattan hinaus in die ganze Welt zu blicken!

Angaben zum Werk

Werktitel: *Freiheitsstatue* (orig.: *La Liberté éclairant le monde*; engl.: *Statue of Liberty*)
Künstler: Frédéric-Auguste Bartholdi
Auftraggeberin: Französische Regierung
Jahr der Einweihung: 1886
Ort: New York, USA

Zum Nach- und Weiterlesen

Sutherland, Cara A., *The Statue of Liberty* (New York: Barnes & Noble Books, 2003).

Astrid Böger ist Professorin für Amerikanistik und lebt in Hamburg. In ihrer Forschung befasst sie sich unter anderem mit den visuellen Kulturen der USA.

REINHART KÖSSLER

Ein Elefant am Weserstrand

Wie kommt ein Elefant in eine norddeutsche Hansestadt, nicht aber in deren Zoo? Seit nun schon 90 Jahren stehe ich ein Stück östlich des Bremer Hauptbahnhofs in den Grünanlagen, die zu Bürgerpark und Bürgerweide führen. Ich bin 12 Meter hoch, also eigentlich nicht so leicht zu übersehen, und fast dreimal so hoch wie ein lebendiger Elefant. Aber hinter den hohen Bäumen, die heute um mich herumstehen, falle ich dennoch nicht besonders auf. Man muss sich schon nach mir umsehen. Die Ziegelsteine, aus denen ich gemauert bin, geben mir einen düsteren, ja dräuenden Ausdruck. In den vergangenen Jahrzehnten hat sich einiges verändert um mich herum. Auch mit mir? Zum Glück haben Elefanten ja ein langes Gedächtnis, also will ich versuchen, ein wenig zu dem bemerkenswerten Weg zu sagen, auf dem ich für recht unterschiedliche Botschaften in Anspruch genommen wurde.

Mein etwas ominöses, gewollt achtungsgebietendes Aussehen wird durch das Ziegelmauerwerk ebenso unterstrichen wie durch meine Größe. Das passt zu den Absichten derer, die mich 1931 als Kolonialehrenmal bauen ließen. Ich wurde als das bei weitem größte Denkmal geplant, das der deutschen Kolonialherrschaft gewidmet wurde. Das deutsche Kolonialreich erstreckte sich zwischen 1884 und 1919 über Gebiete in Afrika, Ozeanien und China. Als ich geplant wurde, war diese Zeit bereits vorbei. Möglich wurde mein Bau erst, als die bürgerlichen Parteien zusammen mit den Nazis eine Mehrheit in der bremischen Bürgerschaft bekommen hatten. SPD und KPD waren gegen diesen Plan. Die Eröffnung im Juli 1932 war ein großer, regional und national im Rundfunk übertragener Festakt. Auf meinem Sockel stand auf einer Terrakottatafel die

Inschrift „Unseren Kolonien“. Die Botschaft war klar: Ich sollte ein Zeichen sein gegen den Verlust der deutschen Kolonien, der 1919 im Versailler Vertrag festgeschrieben worden war. Seinerzeit war dies auf den Widerspruch aller deutscher Parteien mit Ausnahme der Kommunisten und Linkssozialdemokraten gestoßen. Auch in den folgenden Jahren war die Forderung, Deutschland müsse wieder Kolonien bekommen, vor allem in „nationalen“ Kreisen Allgemeingut. Der Besitz von Kolonien war als Unterpfand der unter Kaiser Wilhelm II. verfolgten „Weltpolitik“ und als Eintrittskarte in den Kreis der Großmächte gesehen worden, die sich zugleich als selbsterklärte Träger der Zivilisation darstellten. Der Verlust der Kolonien bedeutete den Ausschluss aus diesem illustren Kreis. So war die Inschrift auf meinem Sockel als Anspruch und Mahnung gedacht, diesen Machtverlust, der als schweres Unrecht gesehen wurde, wiedergutzumachen.

Verstärkt wurde diese Botschaft durch weitere Terrakottatafeln an den Seiten des Sockels mit den Namen der einstigen deutschen Kolonien in Afrika und Ozeanien sowie zwei Medaillons auf der Rückseite, die an Paul von Lettow-Vorbeck sowie an Adolf Lüderitz erinnerten. Lettow-Vorbeck war der letzte Befehlshaber der kolonialen Schutztruppe in Deutsch-Ostafrika, dem heutigen Tansania. Er hatte während des Ersten Weltkrieges seine – überwiegend afrikanischen Soldaten – noch über die Kapitulation in Europa hinaus in einem hinhaltenden Guerilla-Krieg geführt, der Hunderttausenden von AfrikanerInnen und einige Hundert deutsche Soldaten das Leben kostete. Lettow-Vorbeck lebte zum Zeitpunkt meiner Einweihung in Bremen. Bei dem Eröffnungsakt beschwor er die Kolonialherrschaft als notwendigen Ausdruck der „Kraft einer Nation“. Lüderitz war ein Bremer Kaufmann, dessen Agent Vogelsang 1883 mittels zweideutiger Flächenangaben in einem Vertrag auf betrügerische Weise dem Kaptein Joseph Fredericks von Bethanien den Hafen und ein riesiges Hinterland von Angra Pequena (Nama: !Nami‡Nûs) abluchste. Dieser betrügerische Landerwerb war der Gründungsakt von Deutsch-Südwestafrika, dem heutigen Namibia, und damit auch des deutschen Kolonialreichs. Lüderitz geriet mit seinen Unternehmungen bald in Schwierigkeiten, die noch nicht gelöst waren, als er in Namibia Opfer eines Unfalls wurde. Ungeachtet seiner eher fragwürdigen Erfolge wurde Lüderitz eine der Heldengestalten des deutschen Kolonialismus. Das in Angra Pequena erbaute, heute ziemlich verschlafene Städtchen in Südnamibia trägt noch heute seinen Namen. In vielen deutschen Städten wurden Straßen nach ihm benannt. Einige davon sind nach Kampagnen zivilgesellschaftlicher Gruppen längst umbenannt oder stehen, wie in Berlin, kurz vor einer Umbenennung. Die Lüderitzstraße in Bremen-Schwachhausen, nicht weit von meinem Standort, gibt es immer noch. Doch gibt es immer wieder Initiativen, sie ebenfalls umzubenennen, so zuletzt im September 2019 von SchülerInnen der Gesamtschule Bremen-Mitte.

Es ist nach alledem kein Zufall, dass ich gerade in Bremen stehe. Die Bremer Kaufmannschaft engagierte sich seit langem im Überseehandel, auch mit Kolonien anderer Mächte, und viele der „Pfeffersäcke" begrüßten die Entscheidung der deutschen Reichsregierung, nun selbst Kolonien zu erwerben. Mit Lüderitz war Bremen sinnfälliger Ausgangspunkt der deutschen Kolonialherrschaft in drei Erdteilen. Und so gab es in Bremen auch während der 1920er Jahre genügend Leute, die über die Möglichkeiten verfügten und den Willen hatten, für meinen Bau zu spenden. Immerhin wurde ich zum bei weitem aufwendigsten und teuersten Kolonialdenkmal in Deutschland. Während der Nazi-Herrschaft erhielt Bremen denn auch den Titel „Stadt der Kolonien".

Unter dem Sockel, auf dem ich stehe, befindet sich eine zum Teil unterirdisch liegende Halle, die als Krypta bezeichnet wird, also als unterirdische Grablege. Sie ist fünf Meter hoch. Allerdings hat es hier nie wirkliche Gräber gegeben. Ursprünglich war dort hinter schweren Bronzetüren ein Totenbuch ausgelegt. Darin sind die 1490 Namen der während des Ersten Weltkriegs in den Kolonien gefallenen deutschen Soldaten verzeichnet. Heute befindet sich dieses Buch im Bremer Stadtarchiv. In diesem Totenbuch wird ganz selbstverständlich nur der deutschen Soldaten gedacht, die in diesem Krieg in deutschen Kolonien umgekommen waren.

Unerwähnt blieben die viel zahlreicheren afrikanischen „Askari", die vor allem in Ostafrika den Großteil der Truppen ausgemacht hatten und deren „Treue" und „Anhänglichkeit" an Deutschland Standardthema der Kampagnen war, in denen die ehemaligen deutschen Kolonien zurückgefordert wurden. Ebenso wenig schienen die Hunderttausende eines Gedenkens wert, die die brutale Strategie Lettow-Vorbecks mit dem Leben bezahlen mussten.

Ganz ähnlich war es auch sonst bei den zahlreichen Kriegen, an die ich mit dem Hinweis auf „unsere Kolonien" ebenfalls erinnern sollte. Krieg war ein Markenzeichen gerade auch der deutschen Kolonialherrschaft, und in Namibia gipfelte dies im Völkermord an Ovaherero und Nama. Die meisten vielen Tausend Ovaherero, die in Namibia in der wasserlosen Omaheke-Steppe verdursteten, wurden niemals bestattet. An die Opfer der Konzentrationslager erinnern höchstens winzige Hügelchen auf Gräberfeldern in Swakopmund oder Lüderitz. Erst in den letzten Jahren wurden an diesen Erinnerungsorten ein paar Gedenksteine aufgestellt. Deutsche Soldatenfriedhöfe dagegen werden auch im unabhängigen Namibia vor allem von Deutschsprachigen sorgfältig gepflegt, einzelne Grabsteine für deutsche Soldaten an früheren Gefechtsorten sind bis heute deutlich erkennbar und bleiben unangetastet.

Mit dem Totengedenken, das mir zuerst zur Aufgabe gemacht worden war, stand ich daher für Diskriminierung. Diese Diskriminierung nahm nicht nur die Form der Alltagsroutine an, sondern wurde auch in Gesetze gegossen und galt gleichsam über den Tod hinaus. Ein Menschenleben wurde also keineswegs einem anderen gegenüber als gleichwertig betrachtet. Afrikanisches Leben wurde geringgeschätzt, deutsches zumindest im Tod mehr oder weniger aufwendig geehrt. Das Totenbuch zusammen mit mir selbst, gedacht in erster Linie als Denkmal für die Kolonialkrieger, kann dafür als sinnfälliges Beispiel gelten: einerseits pathetische Darstellung eines überhöhten Heldentums, andererseits verachtungsvolles Vergessen nicht nur der gegnerischen Kämpfer, sondern auch der Söldner, die in die Kolonialtruppen rekrutiert wurden.

Anfangs herrschte um mich herum einiger Betrieb. Ich diente

als zentraler Ort, an dem sich Angehörige der kolonialrevisionistischen Bewegung versammelten. Es gab Aufmärsche und Kundgebungen. Mit alledem war es nach 1945 vorbei. Von meinem Sockel verschwanden die Terrakottatafeln. So blieb ich sozusagen ohne ausdrückliche Botschaft zurück. Die Deutschen hatten keine Zeit mehr für ihre koloniale Vergangenheit. Sie waren mit dem Wiederaufbau beschäftigt, mit der Nutzung sich bietender individueller Chancen. Nur in wenigen Fällen mündete die anfängliche Bestürzung über die unter der Nazi-Herrschaft begangenen Verbrechen in eine gründliche Auseinandersetzung mit dieser historischen Bürde. Lange Zeit wurde dieser Prozess hauptsächlich von mutigen Einzelpersonen angestoßen, die es nicht hinnehmen konnten, dass die TäterInnen straflos blieben und die Gesellschaft sich im Vergessen eingerichtet hatte.

Über alledem geriet die koloniale Vergangenheit Deutschlands für die meisten aus dem Blick und auch aus dem Sinn. Lange wusste die große Mehrheit der Deutschen noch nicht einmal, dass ihr Land einmal Kolonialmacht gewesen war. Inzwischen hat dieses Nicht-Wissen ein paar Risse bekommen. Für mich bedeutete dieser Gedächtnisschwund jedenfalls erst einmal eine ruhig Zeit. Es gab keine Aufmärsche, Paraden und Reden mehr. Ich stand ruhig in meiner Nische zwischen den weitläufigen Anlagen. Seit 1953 führt das meinem Standort gegenüber liegende Hermann-Böse-Gymnasium einen stilisierten Elefanten im Wappen, der mir allerdings nicht sonderlich ähnlich sieht. Auch die Schulzeitung heißt *Der Elefant* – angeblich ohne dass man damals wusste, wofür ich eigentlich stehe. Daneben gab es verschiedene von Bremen ausgehende Aktivitäten, um im damals völkerrechtswidrig von Südafrika besetzten Namibia an Adolf Lüderitz zu erinnern. 1982 schloss daher, recht folgerichtig, ein kritischer Überblick mit den Worten: „[...] ein echter Beitrag Bremens zur Entkolonialisierung" stehe noch aus.

Der Stillstand ging zu Ende, als in den 1980er Jahren gerade in Bremen die Solidarität mit dem Kampf gegen Apartheid und gegen die illegale Besetzung Namibias durch das Apartheidregime einen deutlichen Aufschwung nahm. Bremen stach dabei unter den anderen Bundesländern heraus, weil hier auch der Senat und die Universität diese Bestrebungen förderten. So begann auch eine Kampagne zur Umbenennung der Lüderitzstraße im angrenzenden Stadtteil Schwachhausen, die bis heute im Gegensatz zu denen in anderen deutschen Städten noch nicht erfolgreich war. Doch die AktivistInnen konnten an anderer Stelle einen großen Erfolg verbuchen – bei mir.

Im September 1989 trat die Bremer Bürgerschaft der internationalen Aktion „Städte gegen Apartheid“ bei, begrüßte aber zugleich die Renovierungsarbeiten, mit denen ich damals saniert wurde. Gleich im Oktober 1989 folgte dann der Beschluss der Bürgerschaft, mich umzuwidmen: Aus dem düsteren Denkmal für die Kolonialkrieger sollte jetzt das *Anti-Kolonial-Denk-Mal* werden. Das dauerte mehrere Jahre, aber es reihten sich ein paar Höhepunkte aneinander.

Erst einmal hatten schon ein Jahr vor dem Bürgerschaftsbeschluss Mitglieder der IG-Metall-Jugend die Initiative ergriffen und ein recht bescheidenes Denkmal enthüllt, das als Kontrapunkt zu meinem Erscheinungsbild in einer großen Metallplatte negativ die Umrisse Afrikas zeigt und sich gegen das damals noch in Südafrika und Namibia herrschende Apartheidsystem richtet. Ein halbes Jahr nach dem Beschluss zur Umwidmung, am 21. März 1990, wurde Namibia unabhängig. Kurz darauf kam der neu gewählte Präsident Sam Nujoma nach Bremen. Auf dem Platz vor meinem Podest wurde im Beisein von Nujoma und dem Ersten Bürgermeister Bremens ein „Namibia-Freiheitsfest“ gefeiert und eine in den Boden eingelassene Tafel enthüllt, die an den Kampf der Völker Afrikas gegen Kolonialismus und Apartheid sowie an die Verantwortung der Deutschen erinnert, die „uns aus der Geschichte erwächst“. Zugleich unterstreicht die Inschrift, dass „Afrika in Bremen neue Freunde gefunden“ habe. Das war ein deutlicher Versuch, mich definitiv aus meiner Rolle als Kolonialehrenmal herauszulösen. Ich stehe seither unter dem Anspruch, ein *Anti-Kolonial-Denk-Mal* zu sein – und gleichzeitig ein wenig, nach wie vor, als Erinnerung an die weit ausgreifenden Ansprüche Bremens (oder wenigstens der Pfeffersäcke).

Damit war die Geschichte aber noch keineswegs zu Ende. Sechs Jahre später kam Nujoma erneut nach Bremen. Wieder wurde eine Tafel enthüllt. Diese war nun endlich dem „Gedenken an die Opfer der deutschen Kolonialherrschaft in Namibia 1884–1914" gewidmet. Einige Jahre später kamen Skulpturen hinzu, die von anderen Plätzen in Bremen hierher versetzt wurden. Ein Gedenkstein erinnert heute zudem an den Völkermord an ArmenierInnen 1915. Schließlich wurde 2009 eine Erinnerungsstätte mit Steinen aus Ohamakari enthüllt, um spezifisch an den Ort am Waterberg in Zentralnamibia zu erinnern, der engstens mit dem Völkermord an Ovaherero 1904–1908 verbunden ist.

Kurz nach dem Tod Nelson Mandelas Ende 2013 wurde dann das gesamte Ensemble an seinem Geburtstag, dem 18. Juli 2015, als Nelson-Mandela-Park neu eingeweiht. Der Park zeigt seit kurzem eine freundliche Seite auch durch einen neu geschaffenen Trinkwasserbrunnen. Er soll besonders Obdachlosen ihre Lage erleichtern, die sich in der Nähe des Hauptbahnhofs aufhalten.

Obwohl ich mich die ganzen vielen Jahre nicht von der Stelle bewegt habe, bin ich doch einen weiten Weg gegangen – oder richtiger: Die Bremer Öffentlichkeit und Stadtgesellschaft ist diesen Weg gegangen. Verglichen mit meiner pompösen Einweihungsfeier 1932, die unter schwerem Polizeischutz stattfand, erfolgten die Feiern auf dem Gelände des Parks oder seit einiger Zeit auch die Kulturereignisse in der Krypta ohne martialischen Anstrich. Es geht freundlich und manchmal auch fröhlich zu. Ich bin zum Kristallisationspunkt zivilgesellschaftlichen Engagements geworden. Der Verein „Der Elefant!" kümmert sich um die Koordination der verschiedenen Aktionen und Ereignisse, und 2016/17 wurde ich erneut sorgfältig restauriert. Natürlich gibt es auch viele Vorträge, die helfen sollen, die noch immer erschreckenden Wissenslücken über den deutschen Kolonialismus aufzufüllen und zu verstehen, was diese Zeit noch heute bedeutet.

Trotz alledem fällt es mir schwer, mein trutziges und einfach recht düsteres Aussehen mit diesen neuen Aufgaben so recht in

Übereinstimmung zu bringen. Ungeachtet allen Kommentierens und Umdefinierens ist ja mein Erscheinungsbild von den Absichten meiner Erbauer, deren Machtwillen und Herrschaftsanspruch geprägt. Aber vielleicht ist das auch gut so. So gibt es noch sichtbare Zeichen, die auf eine furchtbare Vergangenheit hinweisen. Es ist noch nicht so lange her, dass die Vorstellungen und Zielsetzungen derer, die mich errichteten, in Deutschland vorherrschend waren. Und das hatte mörderische Konsequenzen. Daran erinnert mein altes Gemäuer und darf dabei auch gerne von Zeit zu Zeit über fröhlichem Treiben thronen.

Angaben zum Werk

Werktitel: *Reichskolonialehrenmal / Anti-Kolonial-Denk-Mal*
Künstler: Fritz Behn (Entwurf) & Otto Blendermann (Architekt)
Auftraggeberin: Koloniale Arbeitsgemeinschaft Bremen
Jahr der Einweihung: 1931
Ort: Bremen, Deutschland

Zum Nach- und Weiterlesen

Kößler, Reinhart & Henning Melber, *Völkermord – und was dann? Die Politik deutsch-namibischer Vergangenheitsbearbeitung* (Frankfurt am Main: Brandes & Apsel, 2017).

Zeller, Joachim, *Kolonialdenkmäler und Geschichtsbewußtsein. Eine Untersuchung kolonialdeutscher Erinnerungskultur* (Frankfurt am Main: IKO, 2000).

Zimmerer, Jürgen (Hg.), *Kein Platz unter der Sonne. Erinnerungsorte der deutschen Kolonialgeschichte* (Frankfurt am Main & New York: Campus, 2013).

Reinhart Kößler ist Soziologe und lebt in Berlin. In seiner Forschung hat er sich neben Entwicklungssoziologie und -theorie seit langem mit postkolonialer Erinnerung beschäftigt.

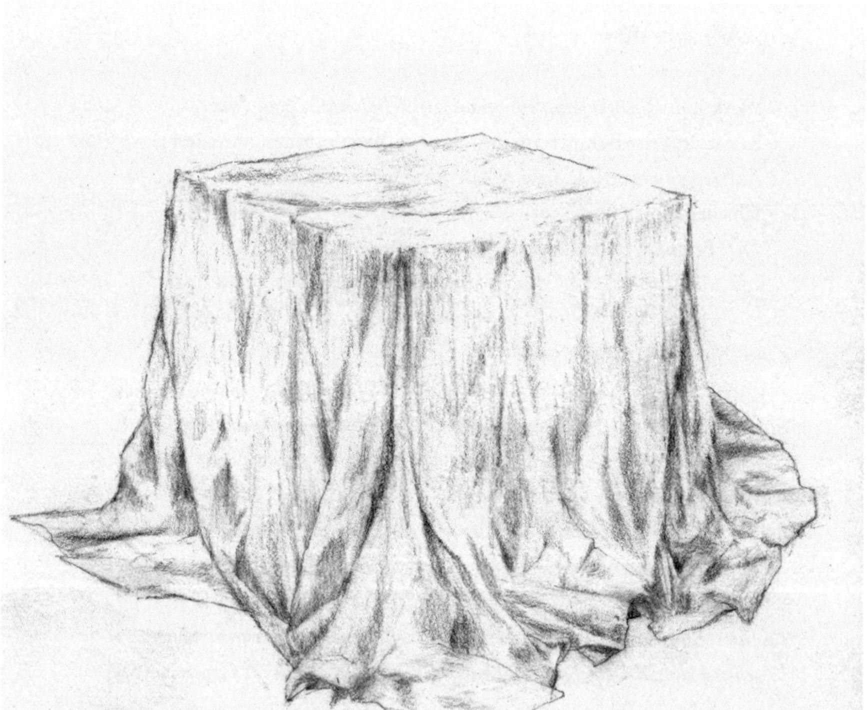

Maulende Monumente

DANIELA BÜCHTEN

Denkmal wider Willen

Eigentlich fühle ich mich hier fehl am Platz. Man nennt mich, die Neue Wache, *Gedenkstätte für die Opfer von Krieg und Gewaltherrschaft*, aber was soll das schon heißen? Nur weil man mir eine Skulptur einer alten Frau mit ihrem toten Sohn reingestellt hat, bin ich doch noch lange keine Gedenkstätte. Ich bin eine Wache, ich soll bewachen, Stärke zeigen, nicht alle möglichen Opfer beweinen. Außerdem stehe ich nicht alleine – ich bin Teil einer Triumphallee, ich gehöre zum Brandenburger Tor, zum Zeughaus, zum Schloss! Das waren noch Zeiten, als ich gebaut wurde, 1818, kurz nach den Befreiungskriegen. Wir waren die französischen Besatzer losgeworden, wir, die Preußen, hatten Napoleon bei Waterloo besiegt! Jetzt konnten wir der Welt zeigen, dass wir immer noch eine Großmacht sind. Mein Vorgänger, die Kanonierwache, war jetzt viel zu klein, um das Königliche Palais und das Stadtschloss angemessen zu sichern. Unser König, Friedrich Wilhelm III., gab daher seinem Oberbaurat Karl Friedrich Schinkel den Auftrag, mich zu errichten.

Der Oberbaurat erfüllte alle Erwartungen, ja mehr als das: Ich wurde ein Symbol unserer militärischen Macht. Dabei war die Aufgabe alles andere als leicht. Nicht nur brauchte man eine bequeme Wachstube vorne im Erdgeschoss und eine Halle, um die Gewehre trocken zu bewahren, sondern auch einen Innenhof für die Lagerung von Brennstoffen. Ich weiß natürlich, dass man seinen König nicht kritisieren soll. Seinen Wunsch allerdings, dem Publikum eine angenehme Promenade im Kastanienwäldchen zu bieten, fand ich unpassend. Schließlich war meine Aufgabe nicht, seine Untertanen zu unterhalten, sondern ihn vor ihnen zu schützen.

Schinkel dagegen war ein großartiger Architekt. Er verstand sofort, worauf es ankam: Mein massiger Bau inspiriert vom römischen *castrum* signalisiert Stabilität. Ich stehe in einer stolzen, antiken Tradition, und mein dorischer Säulenportikus betont meinen ernsten und starken Charakter. Dass mein Tympanon erst 1846 fertig wurde, habe ich den Bauherren allerdings etwas übelgenommen, schließlich zeige ich hier am deutlichsten, worum es geht, nämlich Krieg, Kampf und, vor allem, Sieg. Eine Viktoria entscheidet den Kampf zwischen zwei Gruppen: Auf der rechten Seite betrauern zwei junge Männer den Leichnam eines Jünglings, doch auch bei den Angreifern links wird ein toter Mann weggetragen, und ein Kind flüchtet zu seiner Mutter. Schinkel verschweigt also nicht, dass der Krieg Opfer fordert. Es wäre naiv, das zu bestreiten. Doch die idealisierten, entblößten Krieger hatten sich für einen höheren Zweck geopfert. Als das Größte besteht der Sieg, gefeiert von den Viktorien im darunterliegenden Fries. Zusammen mit der Quadriga auf dem Brandenburger Tor, den später errichteten Denkmälern für unsere ruhmreichen Generäle Bülow, Scharnhorst, Blücher, Yorck und Gneisenau, dem Friedrichsdenkmal und der Viktoria auf der Schlossbrücke spielte ich lange eine wichtige Rolle in Schinkels Konzept der *via triumphalis* des preußischen Königshauses.

Ich denke oft zurück an meine ersten 100 Jahre: an die Soldaten in der Wachstube, wie sie ihre Gewehre putzten, einen kleinen Imbiss einnahmen und sich für die Wachablösung bereit machten. Die Trommelwirbel, jedes Mal wenn ein Mitglied unseres Kaiserhauses vorbeifuhr, Pickelhauben, die in der Sonne glänzten, Buben im Matrosenanzug, die den Großen Wachaufzug bestaunten – in diesen Jahren fühlte ich wirklich, dass ich eine ehrenvolle Aufgabe hatte: unseren Kaiser und damit das deutsche Volk zu schützen. Im Laufe der Zeit konnte ich auch auf andere Weise dazu beitragen. In meinen Arrestzellen hielt ich Revolutionäre von 1848 gefangen, und Anfang des 20. Jahrhunderts zogen Militärpost und -telegraf bei mir ein.

Der Erste Weltkrieg war ein Schock. Als die Mobilisierung von mir aus verkündet wurde, dachte ich noch, dass Wilhelm II. uns zu neuem Ruhm führen würde. Doch nach der beschämenden Niederlage flüchtete der Kaiser, und statt als Helden kamen die Soldaten als Krüppel zurück. Sie bettelten auf den Straßen um ein paar Pfennige oder ein Stück Brot, direkt vor meinem Portikus – eine Schande für das Deutsche Reich. Die neue, sogenannte Weimarer Republik wusste nicht viel mit mir anzufangen. Zeitweise wurden sogar drei wohnungslose Familien bei mir untergebracht, und jahrelang konnten sich diese Demokraten nicht darauf einigen, was ich nun beitragen könnte. Meine Glanzzeit schien vorbei. Dass ich es ausgerechnet einem Sozialdemokraten zu verdanken hatte, endlich wieder eine wichtigere Rolle zu spielen, ist mir bis heute unangenehm. Doch es war der preußische Ministerpräsident Otto Braun, der mit seinem Beschluss, mich umzugestalten, einen jahrelangen Konflikt um eine Gedächtnisstätte für die Gefallenen des Weltkrieges zugunsten Berlins entschied. 1931 war es neben Reichspräsident von Hindenburg also Otto Braun, der eine Rede bei meiner Einweihung hielt. Er verkündete, dass die nachfolgenden Geschlechter hier über die Ehre und das Gedächtnis der Toten wachen sollten. Wenn ich schon nicht mehr als kaiserliche Wache meinen Dienst tun konnte, fand ich diesen Zweck durchaus passend. In derselben Rede sagte Braun jedoch auch, dass er hoffe, ein solches Blutopfer, wie es in der Weltgeschichte bisher unerhört war, werde nie mehr notwendig sein. So weit wie der Erste Weltkrieg sich vom Ideal des gerechten Krieges entfernt hatte, musste ich zugeben, dass er dabei wohl nicht ganz falsch lag.

Heinrich Tessenow hatte den Architektenwettbewerb gewonnen und mich vollständig verwandelt: Die schlichte Halle in meinem Inneren mit ihren Wänden aus Muschelkalk und einem Boden aus Basaltlava wurde durch ein rundes, offenes Oberlicht erleuchtet. In der Mitte stand ein schlichter Granitblock, darauf ein Eichenkranz aus Platin-, Silber- und Goldblättern, im Hintergrund zwei flankierende Kandelaber. Wahrhaft ein Tempel für die Ehrung unserer Gefallenen! Schon in der Antike schmückte man die Sieger mit Eichenlaub – es erhebt uns und erinnert uns daran, dass kein Soldat vergebens sein Leben gab. Und spätestens seit den Befreiungskriegen war uns die Eiche liebgeworden als Symbol des Deutschen. Mir gefiel Tessenows Konzept: Feuer, Licht und Erde schafften eine Atmosphäre der stillen Andacht. Der Erste Weltkrieg mit seinem schmachvollen Ende fand auf diese Weise einen Sinn in der höheren Einheit unseres Vaterlandes. Natürlich sahen das viele wieder ganz anders. Die Kommunisten lehnten mich sowieso ab, ein Ernst Kállai verstieg sich sogar zu der absurden Forderung, lieber Schützengräben mit Stacheldraht zu bauen, voller Leichen und Gestank! Doch auch die Rechten nahmen Abstand: Junge Pöbel störten mit „Heil"-Grüßen die Eröffnung, und der Stahlhelm, Bund der Frontsoldaten, kam erst gar nicht, vor allem, weil man auch den Reichsbund jüdischer Frontsoldaten geladen hatte – als ob diese nicht genauso großen Anspruch auf unsere Dankbarkeit hätten.

Dass diese nationalsozialistischen Emporkömmlinge keinen Respekt für die noble, antike Tradition hatten, in der ich stand, sollte sich bald zeigen: Kurz nach der sogenannten Machtergreifung zwangen sie Tessenow, ein Kreuz an die hintere Wand zu montieren. Ein Kreuz! Ich bin doch keine Kirche! Schinkel hatte mich schließlich nicht als neugotisches Gebäude geplant (was er stattdessen mit dem Nationaldenkmal für die Befreiungskriege auf dem Kreuzberg verwirklichte), sondern als klassizistisches Monument. Doch dafür hatten diese Banausen natürlich kein Verständnis. Ihre Hauspostille, der *Völkische Beobachter*, degradierte mich konsequent zum „Ehrenmal unter den Linden". Und in dem größenwahnsinnigen Projekt der Reichshauptstadt Germania von Hitlers Hausarchitekt Speer, in dem er das Erbe der Antike ins Unmenschliche steigerte, sollte ich ohnehin keine Rolle mehr spielen …

Den Nationalsozialisten habe ich nicht zuletzt die schlimmste Zerstörung in meiner Laufbahn zu verdanken: Teile meiner Front waren zerbombt, der Monolith beschädigt, das Dach verbrannt. Der „totale Krieg" war zur Karikatur des ehrenvollen Kampfes auf dem Schlachtfeld geworden. Millionen unschuldiger Juden und Zivilisten hatte man umgebracht. Manchmal denke ich, es war vielleicht doch ein Fehler, dass man die Soldaten des Ersten Weltkrieges bei mir nicht einfach als Tote betrauert hatte, sondern versucht hatte, ihnen einen höheren Sinn zu geben. Hatte ich damit unwillentlich zu der Katastrophe beigetragen? Nach dem Krieg priorisierte dieser neue Staat, die DDR, meinen Aufbau zunächst auch nicht, was ich ihm noch nicht einmal verdenken kann. Und zum Glück wurde die übereifrige sozialistische Jugend davon abgehalten, mich in die Luft zu sprengen! Dennoch hätten sie sich mit meiner Wiederherstellung ruhig etwas mehr beeilen können: Erst 1962 wurde ich wieder eingeweiht, rekonstruiert nach Tessenows Plänen, doch mit dem zerstörten Block als passendes Symbol für den Krieg. Auf der Rückwand hatten sie die Inschrift „Den Opfern des Faschismus und Militarismus" hinzugefügt, eine meiner Ansicht nach unpräzise Verallgemeinerung. Außerdem stand diese im grellen Kontrast zu den nun wieder aufgenommenen militärischen Ritualen – so sehr es mich auch freute, wieder täglich eine Wachablösung mitzuerleben.

1969 passte die Widmung dann noch weniger, als sie mich wieder komplett umgestalteten, mit Marmorwänden, einer „ewigen Flamme" in einem Glaskubus und dem Reichswappen der DDR auf meiner Rückwand. In zwei Urnengräber legten sie Erde von Schlachtfeldern und Konzentrationslagern des Zweiten Weltkrieges sowie Erde von Gräbern eines unbekannten Soldaten und eines Widerstandskämpfers. Meine Skepsis gegenüber Sozialisten wurde wieder einmal bestätigt: Nicht nur zeigten sie keinerlei Achtung für meine Bautradition, vereinnahmten mich quasi als Staatssymbol, sondern sie waren offensichtlich auch unfähig zur Selbsteinsicht. Soldaten, die sich im Zweiten Weltkrieg an Kriegsverbrechen beteiligt hatten, sollten hier ebenso geehrt werden wie deren Opfer. Wo waren dann aber die nationalsozialistischen Täter abgeblieben? In der BRD, fand die DDR. Selbstbetrug ist offenbar eine Notwendigkeit für einen Staat, der seine Bürger einsperren muss, damit sie ihm nicht weglaufen.

Als die Grenze zwischen Ost und West 1989 geöffnet wurde, schöpfte ich daher wieder Hoffnung. Das wiedervereinte Deutschland würde meinen historischen Wert erkennen und mir eine würdigere Form verleihen. Eine Demokratie musste doch begreifen, dass man den Soldaten des Zweiten Weltkrieges nicht einfach so ein Denkmal errichten konnte, als ob dies ein Krieg wie jeder andere gewesen sei. Doch bald schon sollte ich wieder enttäuscht werden. Anscheinend hatten sich viele in der BRD bereits seit den 60er Jahren einen Ort gewünscht, wo man Staatsbesuche hinführen konnte, um den Opfern der Weltkriege gemeinsam zu gedenken. Und jetzt kamen sie damit zu mir. Und ich dachte, so könne man nur in Diktaturen denken! Doch weit gefehlt. Nun war es der bundesrepublikanische Kanzler Kohl, der meine neue Funktion und Gestaltung im Alleingang durchsetzte: eine Kombination des rekonstruierten Raumes von Tessenow, zugegebenermaßen ein Fortschritt gegenüber dem peinlichen DDR-Wappen, doch mit einer riesigen Skulptur statt des ursprünglichen Monolithen in der Mitte. Und was für eine Skulptur?! Auf den ersten Blick eine Pietà, also die trauernde Maria mit dem toten Jesus im Schoss. Ich war sprachlos. Hatte sich dieser Kanzler eigentlich meinen Tympanon angeschaut? Wo die edle Nacktheit der gestorbenen Helden deren Tod zum Ideal erhebt? Wohl kaum. Er nahm offensichtlich genauso wenig Rücksicht auf meine Herkunft wie die Nationalsozialisten. Ich weiß, ich wiederhole mich, aber ich bin keine Kirche, sondern ein Monument militärischer, ja männlicher Stärke! Außerdem war die ursprünglich 37 Zentimeter große Bronze der pazifistischen Künstlerin Käthe Kollwitz von 1937 geradezu ins Groteske vergrößert worden. Sie zeigte die Mutter in einem unförmigen Umhang, der den zusammengekrümmten Leichnam ihres Sohnes umschließt – kurz, eine künstlerische Beleidigung meiner stolzen Siegesgöttinnen. Und nicht zuletzt eine Provokation für die Millionen Frauen unter den Opfern. Und dass das Einzige, was sie aus der DDR-Diktatur beibehielten, ausgerechnet die Urnengräber mit Überresten von sowohl Opfern als auch Tätern waren, hat meinen Glauben an die Demokratie zutiefst erschüttert. Vor der Skulptur hatten sie die Inschrift „Den Opfern von Krieg und Gewaltherrschaft“ in den Boden eingelassen. Was sollte das jetzt auf einmal bedeuten? Alle, die irgendwie gelitten hatten, unter den Nationalsozialisten wie in der DDR? Kein Wunder, dass nicht nur „unsere neuen Mitbürger“, wie man die Einwohner der DDR nun so oft titulierte, damit unzufrieden waren. Man brachte zwar noch eine Gedenkplatte an meiner Außenwand an, auf der die verschiedenen Opfergruppen einzeln genannt wurden, aber das half dann auch nicht mehr viel. Wie viele Hundert Zeitungsartikel hatten diese neue Gestaltung kritisiert? Und was nützte es? Nichts, noch nicht einmal ein Wettbewerb wurde durchgeführt – das Mindeste, was man ja wohl von einer Demokratie erwarten kann. Warum konnten sie mir nicht die Spuren meiner Geschichte lassen und mich als Denk-Ort nutzen? Ich meine, man muss zumindest Respekt verlangen können. Respekt gegenüber der Vergangenheit, meiner Bautradition als Militärwache und meinem künstlerischen Ausdruck. Opfern können sie an anderen Orten gedenken, an Orten, wo es Sinn macht.

Seit fast 30 Jahren werde ich nun schon als nationale Kranzablagestelle benutzt, zuletzt am 75. Jahrestag des Kriegsendes. Wegen einer internationalen Pandemie wurde die Zeremonie zu einer geradezu surrealen Veranstaltung, mit nur fünf Vertretern der obersten staatlichen Organe. Bundespräsident Steinmeier hielt seine Rede auf den gespenstisch leeren Unter den Linden, und wieder sprach er von der Befreiung 1945. Wurden die Deutschen also sozusagen von sich selbst befreit? Mir scheint, als würde man es sich hier doch ein bisschen zu einfach machen. Aber wer hört schon auf mich? Ich bin alt, ich habe resigniert. Da träume ich mich lieber zurück in meine Glanzzeit – und nicht selten fühle ich mich wie Doktor Faust von meinem Lieblingsdichter Goethe: „Da steh ich nun, ich armer Tor! Und bin so klug als wie zuvor.“

Angaben zum Werk

Werktitel: *Neue Wache / Zentrale Gedenkstätte der Bundesrepublik Deutschland für die Opfer von Krieg und Gewaltherrschaft*
Künstler: Karl Friedrich Schinkel
Auftraggeber: Friedrich Wilhelm III. / Bundesregierung unter Kanzler Kohl 1993

Jahr der Einweihung: 1818
Ort: Berlin, Deutschland

Zum Nach- und Weiterlesen

Büchten, Daniela & Anja Frey (Hg.), *Im Irrgarten der deutschen Geschichte. Die Neue Wache 1818–1993* (Berlin: Aktives Museum, 1993).

Demps, Laurenz, *Die Neue Wache. Vom königlichen Wachhaus zur zentralen Gedenkstätte* (Berlin: Verlag für Berlin-Brandenburg, 2011).

Hettling, Manfred & Jörg Echternkamp, „Heroisierung und Opferstilisierung. Grundelemente des Gefallenengedenkens", in: dies. (Hg.), *Gefallenengedenken im globalen Vergleich. Nationale Tradition, politische Legitimation und Individualisierung der Erinnerung* (München: De Gruyter, 2013), 123–158.

Kattago, Siobhan, „Representing German Victimhood and Guilt: The Neue Wache and Unified German Memory", in: *German Politics & Society* (Herbst 1998), Bd. 16, Nr. 3 (48), 86–104.

Sean, Forner A., „War Commemoration and the Republic in Crisis: Weimar Germany and the Neue Wache", in: *Central European History* (2002), Bd. 35, Nr. 4, 513–549.

Till, Karen E., „Staging the Past: Landscape Designs, Cultural Identity and Erinnerungspolitik at Berlin's Neue Wache", in: *Cultural Geographies* (1999), 6, 251–283.

Daniela Büchten ist Kunsthistorikerin und lebt in Oslo.

ANDREA THEISSEN

Virchow wundert sich

Vor 200 Jahren, am 13. Oktober 1821, wurde der bedeutende Arzt, Pathologe, Anthropologe, Prähistoriker und Politiker Rudolf Virchow geboren. Ihm zu Ehren ist 1910 in Berlin ein Denkmal enthüllt worden. Im Vorfeld hatte dies für einige Aufregung gesorgt und zu heftigen Diskussionen geführt. Auch Virchow selbst musste einst erleben, in welche Turbulenzen geraten konnte, wer im preußischen Berlin ein Denkmal errichten wollte, als er dies für den Weltentdecker Alexander von Humboldt versuchte. Ein Nationaldenkmal wollte er für den „Lehrmeister der Menschheit“ an einem prominenten Ort, am Opernplatz, errichten lassen. Weder fand der gewünschte Standort in der Stadtmitte die Zustimmung Wilhelms I., noch wollte man einen finanziellen Beitrag zu dem Denkmalprojekt leisten. Virchow und seine Mitstreiter ließen sich davon jedoch nicht abschrecken. Sie sammelten Geld und fanden einen würdigen Platz auf dem Gelände der Berliner Universität. Vor diesem Hintergrund wüsste man gerne, wie Virchow über die Geschichte seines eigenen Denkmals gedacht hätte. Aber hier lässt sich nur spekulieren. Vielleicht können dabei die Beobachtungen eines vermeintlich stummen Zeugen helfen: Virchows Marmorkonterfei am Denkmalsockel. Lassen wir es zu Wort kommen.

Da stand das Denkmal nun auf dem Karlplatz, und ich schaute vom Sockel auf belebte Straßen und recht ansehnliche Wohnhäuser. Ein angenehmer Ort, wie ich fand, auch wenn es in der Berliner Stadtverordnetenversammlung Proteste gegeben hatte, weil kein zentral gelegener und damit bedeutenderer Ort für das Virchow-

Denkmal gefunden werden konnte. Doch mir gefiel es, nahe der Charité, unweit der Berliner Universität zu sein. Bis zur Enthüllungsfeier blieb noch einige Zeit, den Bauzaun hatte man noch nicht abgeräumt und auch den Platz selbst noch nicht hergerichtet. Das Pflaster war an manchen Stellen uneben, Hinweisschilder und eine Litfaßsäule standen im Wege. Und natürlich war da noch die Bedürfnisanstalt, die beseitigt werden würde, was eigentlich ein wenig schade war. Man hätte sie doch als Symbol für Virchows Tätigkeit in der Berliner Kommunalpolitik ruhig stehen lassen können. Wie viel Mühe, wie viel Kampf hatte es ihn gekostet, ein modernes Abwassersystem durchzusetzen, um die katastrophalen hygienischen Bedingungen in der Stadt zu verbessern! Außerdem wirkte der grün lackierte Pavillon aus gusseisernen, mit Blumenornamenten verzierten Platten eigentlich recht stilvoll. Aber so ein „Café Achteck“ war wohl doch etwas zu profan, als dass die Stadtverwaltung es tolerieren konnte.

Egal was um mich herumsteht, hoch oben am Sockel war und bin ich weithin sichtbar. Und damit jeder erkennt, um wessen Denkmal es sich hier handelt, ist unter mir eingetieft der Schriftzug *Rudolf Virchow* zu lesen. Aber ein Sockel ist ein Sockel. Und auf dem soll etwas stehen. Doch was das ist, weiß ich bis heute nicht, ich kann es ja nicht sehen.

Seit Berlin 1871 zur deutschen Hauptstadt geworden ist, sind so viele Denkmäler aufgestellt worden, dass man sie kaum zählen kann, hab ich mir sagen lassen. Ich komme hier ja nicht weg. Des Kaisers Lieblingsbildhauer Reinhold Begas hat eine Fülle ziemlich pathetischer Denkmäler geschaffen – zum Beispiel das Schiller-Denkmal auf dem Gendarmenmarkt: den Dichter, aufrechtstehend, umringt von vier ernsten Frauengestalten, die Lyrik, Drama, Geschichte und Philosophie symbolisieren. Und so ist es auch bei anderen Denkmälern. Das Standbild in der Mitte schaut hinunter auf allegorische Figuren, die verkörpern sollen, was die Person auszeichnet. Wie verhält es sich aber bei mir? Wie könnte die Allegorie wohl aussehen, die über mir auf dem Sockel steht?

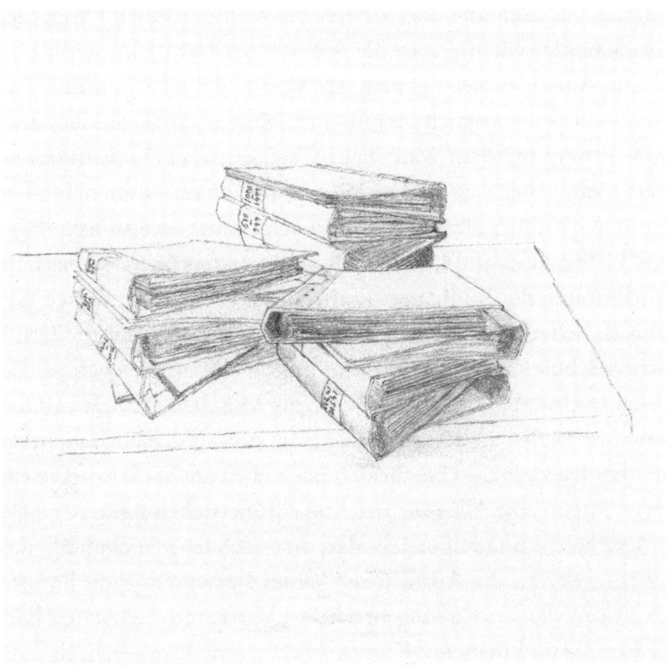

Bereits im Atelier meines Schöpfers war mir klargeworden, wie schwer die Aufgabe sein musste, ein Denkmal für eine Persönlichkeit wie Virchow zu entwerfen, und welche Widerstände es gegen eines geben sollte, wie Fritz Klimsch es entworfen hatte. Zu hoch und zu unterschiedlich waren die Erwartungen. Manch einer wollte, dass auch Virchows politische Bedeutung zur Geltung käme. Als Forscher und Gelehrter sollte er vor allem würdig dargestellt werden. Dem entsprach Klimschs Modell eigentlich nicht, wenn ich die späteren Diskussionen richtig verstanden habe. Und doch hat es im April 1906 den ersten Preis im Denkmalwettbewerb gewonnen. Wie stolz ist Fritz Klimsch darauf gewesen, dass man seinen Entwurf unter 72 Einsendungen ausgewählt hatte. Im Preisgericht war auch alles versammelt gewesen, was Rang und Namen hatte. Neben dem Oberbürgermeister Kirschner, dem Vorsteher der Stadtverordnetenversammlung und anderen wichtigen Politikern waren es vor allem die dort vertretenen Künstler, deren Urteil meinem Schöpfer wichtig war: die Architekten Heinrich Joseph Kayser und Alfred Messel – genau, der Messel, der nicht nur den Titel „Architekt der Königlich Preußischen Museen" trug, sondern auch große Erfolge mit dem Warenhaus Wertheim am Leipziger Platz gefeiert hatte –, dann zwei Mitstreiter gegen die verstaubten Tendenzen in der Kulturpolitik des Kaiserreichs, seine Sezessionskollegen Max Liebermann und Louis Tuaillon. Besonders freute Klimsch die Zustimmung des Bildhauers Ludwig Manzel, der mit Kaiser Wilhelm II. befreundet war und bestimmt nicht der liberal-modernistischen Schule zugerechnet werden konnte. Ihnen allen gefielen der schlichte Unterbau und der Sockel aus Muschelkalkstein mit den dorischen Säulen an den vier Ecken. Sie störten sich auch nicht daran, dass ich klein und bescheiden hoch oben am Sockel angebracht war, während eine Allegorie mächtig darüberstehen sollte.

Aber bald schon zeigte sich, dass dies noch lange nicht hieß, dass der Künstler an die Ausführung seines Entwurfs gehen konnte. Ein Sturm der Entrüstung brach los. Vonseiten der Ärzteschaft, der Familie und mancher Kunstkritiker wurde bemängelt, dass die Persönlichkeit und die besonderen Leistungen Virchows nicht genügend zur Geltung kämen. Besonders hart traf Klimsch ein Kommentar in der *Vossischen Zeitung*, in dem behauptet wurde, dass es immer leichter sei, eine Allegorie zu schaffen als eine charakteristische Porträtstatue, und dass es mit Mühe und Not zwar *ein* Virchow-Denkmal geworden sei, Klimsch *das* Virchow-Denkmal aber schuldig geblieben sei.

Nun begann ein Denkmalstreit, der drei Jahre währen sollte. Als die Proteste immer lauter wurden, glaubten die Politiker der Haupt- und Residenzstadt, sich dieser Kritik nicht verschließen zu können. Sie baten den Künstler, ein zweites Modell anzufertigen. Klimsch sagte notgedrungen zu. Nun ging es im Atelier in der Charlottenburger Schillerstraße zu wie in einem Taubenschlag. Mitglieder der Stadtverwaltung, des Denkmalkomitees und natürlich die Preisrichter gaben sich die Klinke in die Hand. Am häufigsten kam Max Liebermann, denn er hatte die Arbeiten zu überwachen. Der neue Entwurf war ein Kompromiss. Er sah eine vergrößerte Version von mir bei gleichzeitiger Verkleinerung der Skulptur auf dem Sockel vor. Zusätzlich war ein rückseitiges Relief angebracht, das den Arzt im Kreise seiner Schüler bei der Leichenschau zeigte, und darunter die Stiftungsinschrift der Stadt Berlin.

Nachdem das zweite Modell allgemeine Zustimmung gefunden hatte und 80.000 Mark für seine Umsetzung zur Verfügung standen, machte sich Klimsch sofort an die Arbeit, nicht ahnend, dass damit das letzte Wort noch nicht gesprochen war. Denn der Kaiser, zugleich ja auch preußischer König, machte jetzt von seinem Recht der Ablehnung Gebrauch. Er ließ verlauten, dass der Entwurf den „[a]llerhöchsten Beifall" nicht gefunden habe. Die Bitte von Fritz Klimsch, den Denkmalentwurf persönlich vorstellen zu dürfen, lehnte der Kaiser rundweg ab, obwohl er sonst sehr gerne Atelierbesuche machte. Wahrscheinlich hat ihm ein Denkmal für einen Wissenschaftler, der gleichzeitig liberaler Politiker gewesen war und sich im Reichstag heftige Rededuelle mit Bismarck geliefert hatte, doch nicht so sehr am Herzen gelegen. So bildete er sich auf Grundlage eines schlechten Fotos sein Urteil.

Eine „empörende Geschmacklosigkeit" nannte es der Kaiser, wie man hören konnte. „Würgchow"-Denkmal solle es besser heißen. Erst nach Vermittlung des Vorsitzenden des Denkmalkomitees, Professor Wilhelm von Waldeyer, hat sich Wilhelm II. dann zu einer Genehmigung durchringen können, obwohl ihm das Denkmal immer noch nicht zusagte. Besonders die allegorische Darstellung und ihre Beziehung zu Virchow würde dem überwiegenden Teil des Publikums unverständlich bleiben.

Bis zuletzt kämpfte Klimsch dafür, so viel wie möglich von seinem ursprünglichen Entwurf zu retten. Er hatte die Wünsche von Familie, Ärzteschaft und Politikern akzeptiert, Virchows Persönlichkeit stärker hervortreten zu lassen und die allegorische Gruppe zu verkleinern. Auch würde er das Porträtrelief vergrößern. Entschieden trat der Künstler aber dem Wunsch entgegen, mich in vergoldeter Bronze auszuführen. Er setzte ein Schreiben an den Berliner Oberbürgermeister Kirschner auf – und hatte Erfolg. Dabei werden die ästhetischen Überlegungen für die Zustimmung der damit befassten Gremien weniger ins Gewicht gefallen sein als vielmehr die Gefahr, dass die Porträtähnlichkeit bei einem Bronzerelief leiden würde. Vor allem aber versprach er eine monumentalere Wirkung in einer Marmorausführung.

Am 29. Juni 1910 war es dann endlich so weit. Um 10 Uhr vormittags begannen die Enthüllungsfeierlichkeiten. Ich lauschte den kräftigen Männerstimmen der Berliner Liedertafel. Sie sangen den bewegenden Choral „Die Himmel rühmen des Ewigen Ehre". Dann hörte ich die Stimme Professor Waldeyers, der die Bedeutung Virchows auf wissenschaftlichem Gebiet würdigte. Danach brachte der Stadtverordnetenvorsteher die Dankbarkeit der Bürgerschaft Berlins gegenüber Virchow zum Ausdruck. Am Schluss der Rede fielen die Hüllen, und ich blickte auf eine unübersehbare Menschenmenge. Auf dem Karlplatz stand man dichtgedrängt, auch Luisen- und Charitéstraße waren überfüllt. Männer in würdevoller Haltung beherrschten das Bild, viele lüpften ihren Zylinder. Ganz vorn hatten die Mitglieder des Denkmalkomitees und Politiker, die sich um die Ehrung Virchows verdient gemacht hatten, Aufstellung genommen. Deutlich sah ich die Vertreter studentischer Korporationen in vollem Wichs ihre Fahnen schwenken. Auch einige Damen konnte ich ausmachen, wahrscheinlich aus der Familie Virchow. Vom Hof dagegen konnte ich niemanden entdecken. Als etwas Ruhe eingekehrt war, ergriff Oberbürgermeister Kirschner das Wort: „Hochansehnliche Festversammlung! So steht es denn vor uns, das Denkmal, das Freundschaft und Liebe, Verehrung und Dankbarkeit dem großen Toten errichtet haben. Hineingestellt mitten in das rastlose Treiben der Weltstadt, wird es den Beschauer auffordern, sich Rechenschaft zu geben, was der Mann, dessen Lebensbild soeben aufs Neue vor uns entrollt worden, seinen Berufsgenossen, seinen Mitbürgern in Stadt und Staat, der gesamten Menschheit gewesen ist und geleistet hat. Das Denkmal stellt über dem Bildnisse Virchows einen kraftvoll streitenden Kämpfer dar. Und ein gewaltiger Kämpfer ist er gewesen, alle Zeit bereit, mit Einsetzung seiner eigenen Person mutig und stark zu streiten für das, was er als wahr und recht erkannt hatte, niederzukämpfen, was sich ihm in diesem Ringen für Wohlfahrt, Bildung und Freiheit der Menschen hindernd entgegenstellte." Diese Worte taten mir gut. Besonders beruhigte mich, dass Kirschner mit dem Versprechen endete, dass er das Denkmal in „treue Hut und Pflege der Stadt Berlin" übernehme. Während ein achtstimmiger Chor eine wohlklingende Motette zum Schluss der Feier sang, wurden mir zu Füßen Kränze niedergelegt. Es müssen an die 30 gewesen sein, die größten wurden an den Sockel gelehnt.

1912, zehn Jahre nach Virchows Tod, wurde es noch einmal feierlich. Wieder gab es Kränze, wenn auch nicht mehr so viele; auch nahmen weniger Menschen an der Zeremonie teil. Wenn der Blick der Umstehenden nach oben ging, sah ich hie und da Kopfschütteln. So ganz konnten sich die Honoratioren wohl nicht damit abfinden, dass ihr verehrter Kollege nur in Form eines Reliefporträts und nicht als repräsentatives Standbild abgebildet worden war. Immer seltener wurden die Ehrungen im Laufe der Jahre. 1921, zum 100. Geburtstag Virchows, ließ sich noch einmal eine Delegation von Medizinern blicken. Aber danach schaute das Denkmal kaum einer an. Die meisten gingen achtlos daran vorbei. Und niemand regte sich mehr über Klimschs Denkmal auf. Zu guter Letzt hatte der Bildhauer dafür viel Anerkennung geerntet, offizielle Auszeichnungen und Aufträge bekommen, war zum Professor ernannt und in die Preußische Akademie der Künste berufen worden. Das Interesse an seiner Kunst aber war gleichzeitig stark zurückgegangen. Sein Stil wurde nun als traditionell empfunden. Nichts, worüber es sich lohnte zu streiten.

Trotzdem, noch immer würde ich mir zu gerne selber ein Bild davon machen, wie die Allegorie aussieht, die über mir auf dem Sockel steht. Im Atelier ist es mir einfach nicht gelungen, einen Blick darauf zu werfen. Es ist noch nicht so lange her, dass zwei junge Männer auf das Denkmal zukamen. Ihr Blick ging zwischen mir und der Skulptur auf dem Sockel hin und her. Einer packte ihre Verwunderung in Worte: „Wo ist der Zusammenhang? Rudolf Virchow und die beiden kämpfenden Männer passen nicht zusammen." Zwei kämpfende Männer, das kann in jedem Fall nicht stimmen, so viel ist sicher.

Heute passierte dann etwas Erstaunliches. Eine Frau, die einen Mundschutz trug, wie man ihn zurzeit häufiger sieht, betrachtete mich eingehend, prüfend. So viel Aufmerksamkeit habe ich schon sehr lange nicht mehr erfahren. Sie drehte mir den Rücken zu, streckte ihren Arm aus und hielt ein flaches Kästchen hoch. Ganz leise machte es Klick und für einen sehr kurzen Moment sah ich, was ich schon so lange hatte sehen wollen: die Allegorie auf dem Sockel, mit der Klimsch Virchows Kampf gegen die Krankheit dargestellt hat. Titan nimmt alle Kraft zusammen und bezwingt ein Ungeheuer in Gestalt eines geflügelten Löwen mit Frauenkopf, eine Sphinx, die jeden Vorüberkommenden verschlingt, der das ihm aufgegebene Rätsel nicht lösen kann.

Eigentlich imponiert mir die Idee, statt der Person des Gefeierten eine sinnbildliche Darstellung seiner Verdienste auf den Sockel zu stellen. Aber warum musste es unbedingt ein kraftstrotzendes Mannsbild sein, das dies verkörpert? Wäre eine weibliche Figur nicht viel passender gewesen? Mir hätte eine Minerva, die Göttin der Weisheit und des Kampfes, die sich dem Schrecklichen entgegenstemmt, besser gefallen. Vielleicht hätte dann selbst der Kaiser das Ganze verstehen können.

Der Text basiert auf historischen Fotografien, Dokumenten aus dem Geheimen Staatsarchiv Preußischer Kulturbesitz (GStA I. HA Rep. 77 und 89), dem Landesarchiv Berlin (A Rep. 000-02-01 Nr. 1635 und 1636, Zitat: Nr. 1636, Bl. 108) und der Website Tripadvisor, www.tripadvisor.de/Attraction_Review-g187323-d14997935-Reviews-Denkmal_Rudolf_Virchow-Berlin.html#REVIEWS (letzter Zugriff: 24. Mai 2021).

Angaben zum Werk

Werktitel: *Virchow-Denkmal*
Künstler: Fritz Klimsch

Auftraggeberin: Stadt Berlin
Entstehungsjahr: 1906/1910
Ort: Karlplatz, Berlin-Mitte, Deutschland

Andrea Theissen ist Historikerin und lebt in Berlin. Sie war bis 2017 Leiterin des Kunstamtes Berlin-Spandau und des Museums Zitadelle und dort Projektleiterin der Dauerausstellung *Enthüllt. Berlin und seine Denkmäler*.

NORA STERNFELD

Ein Sockel wendet sich gegen sich selbst

Das Weinheber-Denkmal ausgehoben

Wir befinden uns in Wien, im Jahr 2020. Genauer: auf dem Schillerplatz an der Ringstraße, vor der Akademie der bildenden Künste. Hier liegt ein kleiner Park, der Schillerpark. Platz und Park sowie ein großes Denkmal sind dem bekannten deutschen Schriftsteller gewidmet. Neben dessen zentralem Monument aus dem Jahr 1876 befinden sich dort noch weitere Denkmäler, die ebenfalls an Schriftsteller erinnern: an Anastasius Grün und Nikolaus Lenau, vor 20 Jahren ist auch noch ein Denkmal für Franz Werfel dazugekommen. Doch verbleiben diese heute alle im Wesentlichen stumm. Allein in einer Ecke des kleinen Parks gibt es keine Ruhe. Hier schwelt bereits seit längerem ein Streit zwischen den Elementen eines Erinnerungsarrangements. Die ProtagonistInnen der zuweilen heftigen Auseinandersetzung sind:

Die Bronzebüste Josef Weinhebers

Sie stellt den Schriftsteller Josef Weinheber dar. Er ehrte in seinen Gedichten den Tod und die Heimat, aber auch den „Führer" und die „Straßen Adolf Hitlers". Bereits ab 1931 war er in der NSDAP aktiv. 1945 nahm er sich das Leben. Seine Büste wurde 1940 vom Wiener Hitler-Porträtisten Josef Bock gefertigt und 1975 von einer privaten Stiftung aufgestellt. Die Büste glaubt an die Lyrik und ist dem, was sie darstellt, treu. Allerdings stoßen ihre Überzeugungen zunehmend auf Widerspruch.

Der Granitsockel

Er ersetzte 1991 den Marmorsockel, der 1975 gemeinsam mit der Büste errichtet wurde, weil er leichter zu reinigen war. Er hat nun mehrere Jahrzehnte eine dienende Position gegenüber der Büste eingenommen. Irgendwann allerdings, es war wohl gegen Ende der 1990er Jahre, begann er zu zweifeln und ist nun zunehmend im Konflikt mit der bronzenen Büste, die auf ihm lastet.

Das Betonfundament

Das Fundament stammt ebenfalls aus dem Jahr 1991. Es diente dazu, den Sockel unter der Erdoberfläche zu verankern und vor Umsturz zu schützen. Von Erde bedeckt, blieb seine unterstützende Funktion lange unbemerkt. Aber 2019 wurde das Fundament im Rahmen einer kritischen Intervention freigelegt. Mitunter meldet es sich zu Wort. Im Grunde ist es jedoch eher wortkarg und hat mit der ganzen Sache nicht so viel am Hut.

Die Zusatztafel

Sie wurde 2019 gemeinsam mit der kritischen Umgestaltung des Denkmals enthüllt. Sie weiß, dass sie ein Kompromiss ist. Aber sie ist unerschütterlich und viel radikaler als das, was auf ihr zu lesen ist. Sie hält den Text, der auf ihr steht, sogar für einen faulen und zudem kaum verständlichen Kompromiss. Sie steht ganz auf der Seite der Plattform Geschichtspolitik, der Gruppe von Studierenden und Lehrenden der Akademie der bildenden Künste, die seit 2010 dafür kämpften, dass am Denkmal für den Nazi-Dichter Josef Weinheber künstlerisch interveniert würde. Das ist neun Jahre später in Kooperation mit dem Institut für Zeitgeschichte der Universität Wien und der Stadt Wien endlich geschehen. In der Gedenktafel hat der Sockel nach jahrzehntelangen Einzelkämpfen eine Mitstreiterin gefunden.

Und so wird es also wieder einmal laut im Park, was vor allem die anderen Denkmäler hören, die sich schon lange fragen, ob das dort hinten nicht auch leiser geht.

Weinheber-Büste (summt vor sich hin)*:* „Zeit, die kreist / und beruht: / Ahnengeist / dir im Blut."

Granitsockel (genervt)*:* Kannst du jetzt nicht endlich einmal aufhören, hier ständig diese ewiggestrigen Zeilen zu zitieren? Es reicht, dass du aussiehst wie dieser Weinheber. Wie oft soll ich dir noch sagen: Ich bin aus dem Jahr 1991 und weiß, wir können uns emanzipieren, müssen nicht mit dem identisch sein, was wir darstellen.

Weinheber-Büste: Du bist also nicht im Reinen mit dir! Bist du Jude? Lass es mich dir auf Wienerisch in den Worten eines meiner Gedichte sagen: „Kaiser und Herren, de gibts nimmermehr /D' Juden ham d' Vornehmheit påcht. / Wienerisch is ihner vü' z' ordinär —/ sprechen nur Schrift — guade Nåcht!"

Granitsockel (kann es wieder einmal nicht fassen)*:* Hör dir doch mal selbst zu! (Seufzt.) Aber wenigstens versteckst du den Antisemitismus nicht. Andere verteidigen Weinheber und seine Gedichte, als wäre seine politische Gesinnung unerheblich. Genau die prägte aber auch seine Gedichte, wie das von dir zitierte Beispiel zeigt!

Zusatztafel: Genau. Und deshalb war die Umgestaltung des Denkmals so wichtig. Sie legte den Finger auf das, was ebenso offensichtlich wie unheimlich unausgesprochen geblieben war. Erstens: die NS-Geschichte Weinhebers …

Weinheber-Büste (murmelt)*:* Ich bin eigentlich stolz drauf. War Weinheber etwa nicht der meistgelesene zeitgenössische Lyriker des Dritten Reichs? Und setzte ihn Hitler etwa nicht auf die „Gottbegnadeten-Liste" der bedeutendsten Nazi-Künstler?

Zusatztafel: Come on. Willst du diesem Typen, nur weil du ihn darstellst, wirklich so weit folgen? Weißt du, was du da sagst?

Granitsockel: Und zweitens?

Zusatztafel: Und zweitens war die Umgestaltung wichtig, weil sie auf das kollektive Beschweigen der Geschichte in Verbindung mit der Rehabilitierung der ehemaligen Nazis in der Nachkriegszeit aufmerksam machte.

Granitsockel (happy)*:* Danke! So deutlich hätte ich es nicht ausdrücken können. Meine Selbstzweifel sind mir zuweilen im Weg. Du bist jung und bringst es auf den Punkt. Ich bin im Streit mit der

Weinheber-Büste verbittert und seit Jahren in Fragen der unmöglichen Möglichkeit der Desidentifikation verstrickt. Du sprichst einfach aus, was gesagt werden muss.

Aber dann sag doch auch einmal: Wie gelang überhaupt die Rehabilitierung vom Weinheber?

Zusatztafel: Lass mich dir mit den Worten Eduard Freudmanns antworten. Er war Teil der „Plattform Geschichtspolitik", die die Umgestaltung 1991 inszenierte. Seine Worte finde ich im Übrigen viel besser als den etwas banal erscheinenden Text, der auf mir steht und offensichtlich den gemeinsamen Nenner – um nicht zu sagen: den faulen Kompromiss – zwischen unterschiedlichen AutorInnen darstellt, die sich irgendwie einigen mussten. In der deutschen Wochenzeitung *Jungle World* schrieb Freudmann: „In postnazistischer Manier wurden sein antiavantgardistisches Hauptwerk links und seine NS-Propagandaarbeiten rechts liegengelassen, während man seine politisch unverfänglichere Wiener Mundartdichtung hochhielt. So konnte der einstige Star-Lyriker, wenn auch auf prä-nazistisches Westentaschenformat verkleinert und zum Schulbuch- und Heurigendichter degradiert, vor dem Vergessen bewahrt werden."

Weinheber-Büste: In der Tat! Mein Platz in diesem Park hätte von Anfang an viel prominenter sein müssen. Das habe ich seinerzeit schon in einem Gedicht bedauert: „I waaß net, es gibt so vü' Dichter in Wien, / und ålle geehrt und berühmt. / Daß i allani net drunter bin, / håt mi schon immer verstimmt."

Die Umgestaltung in den 90ern wäre wieder eine Chance gewesen. Aber nein! Und was kam dann? Diese Zusatztafel ... Der kann ich nur erwidern: „Du trägst ein dumpfes Sehnen / nach Rache schweigend mit dir. / Stund für Stund. / Und willst nur eins: Den du so haßt, in Tränen / und winselnd vor dir knien zu sehn und wund." Aber dein Hass wird dir nichts nützen!

Granitsockel: Du sprichst von Hass? Was ist mit deinem? Willst du wirklich zu den Nazis stehen?

Weinheber-Büste (immer aufs Neue widersprüchlich)*:* Wollt ihr mich immer dasselbe fragen? In aller Deutlichkeit sei gesagt: Ja! Nein!

Granitsockel: Und was machst du mit diesem Widerspruch? Willst du dich weiter belügen? Wie lange willst du so fortfahren? Bis in alle Ewigkeit? Ich sag's dir doch immer wieder: Du bist eine Büste aus Bronze. Weinheber ist längst tot! Du wurdest hier anlässlich seines 30. Todestags aufgestellt. Das ist ein halbes Jahrhundert her. Und du musst ihn nicht verteidigen, nur weil du ihn verkörperst. Es gibt ein Leben nach der blinden Identität. Ein schöneres Leben!

Weinheber-Büste: Ach, leere Worte. Seid endlich still!

Zusatztafel: Tja mein Lieber. Aus dem still sein wird nichts mehr. Wir sind gekommen, um zu bleiben. Deine Ewigkeit ist unsere Ewigkeit. Und ich mache dich darauf aufmerksam, dass du gar nicht so unantastbar bist, wie du denkst. Seit deiner Aufstellung gab es antifaschistische Graffiti-Angriffe gegen dich, du wurdest, wie auf mir steht, „mehrfach durch Unbekannte beschädigt" und sogar von AktivistInnen entwendet. Dabei warst das noch nicht mal du, sondern deine Vorgängerin, die seit ihrer Entwendung verschollen ist! Du warst immer schon, und bist immer noch, ein Nachguss! Eine Büste, die repräsentiert, sonst nichts. Daran ändert auch nicht, dass du offiziell immer wieder beschützt, ersetzt und sogar durch ein Betonfundament verstärkt wurdest.

Zurück zu Freudmann. Er bezeichnet das Betonfundament als ebenso „unsichtbar" wie „massiv". Bereits 2013 hatten es die KünstlerInnen der Plattform das erste Mal in einer Aktion freigelegt – als Zeichen für die fehlende Auseinandersetzung mit der Nazi-Geschichte in der Nachkriegszeit.

Betonfundament: Freilegung als Zeichensetzung ... Würde ich nicht überbewerten ...

Zusatztafel: Sie sorgte aber für Reaktionen! Nach drei Tagen wurde sie vom Stadtgartenamt wieder zugeschaufelt. Aber mit der Umgestaltung 2019 wurde das freigelegte Fundament offiziell als permanente Intervention erneut eingeweiht. Seitdem sind wir da, das freigelegte Fundament und ich.

Allerdings mit Kompromissen. So entstand eben die Aufschrift, die auf mir steht, und die einfach nicht explizit genug auf den Antisemitismus Weinhebers und die Nazi-Kontinuitäten aufmerksam macht.

Ich frage mich, ob Erinnerung, die umkämpft ist, immer ein Kompromiss ist. Wie können wir diese ganze offizielle kompromisslerische Sprache und Darstellungsweise hinter uns lassen … Wie wirklich zu einem Denkmal werden, das gegen Nazi-Kontinuitäten steht? Geht das überhaupt? Hat hier jemand eine Idee?

Das Friedrich-Schiller-Denkmal steigt vom Sockel und begibt sich in den hinteren Bereich des Parks: Ich bitte um Ruhe. An diesem Ort wäre ein bisschen mehr Anmut und Würde angebracht!

Doch der Einspruch Schillers hat nichts genützt. Die Denkmäler stritten weiter. Und wenn sie nicht gestürzt worden sind, dann streiten sie noch heute …

Angaben zum Werk

Werktitel: *Weinheber ausgehoben*
Künstlergruppe: Plattform Geschichtspolitik
Auftraggeberin: Kunst im öffentlichen Raum Wien
Entstehungsjahr: 2019
Ort: Wien, Österreich

Zum Nach- und Weiterlesen

Allmeier, Daniela, Inge Manka, Peter Mörtenböck & Rudolf Scheuvens (Hg.), *Erinnerungsorte in Bewegung. Zur Neugestaltung des Gedenkens an Orten nationalsozialistischer Verbrechen* (Bielefeld: transcript Verlag, 2016).

Bolyos, Lisa & Katharina Morawek (Hg.), *Diktatorpuppe zerstört, Schaden gering: Kunst und Geschichtspolitik im Postnazismus* (Wien: mandelbaum

Verlag, 2012).
Freudmann, Eduard, „Allegorie des Postnazismus", in: *Jungle World* (18. September 2014), Nr. 38, https://jungle.world/artikel/2014/38/allegorie-des-postnazismus (letzter Zugriff: 7. Mai 2021).

Nora Sternfeld ist Kunstvermittlerin und Kuratorin. Sie ist Professorin für Kunstpädagogik an der Hochschule für Bildende Künste Hamburg.

STEFANIE ENDLICH

Bürger in Bewegung

„Was lange währt, wird endlich gut" – ich finde, das alte Sprichwort passt. Ich werde die Herzen der Menschen gewinnen, denn ich bin, wie meine Initiatoren es beschreiben, ein „Denkmal des historischen Glücks und der Freudentränen". Ganz anders als die vielen Denkmäler zur NS-Geschichte, die auf Schuld und Versagen verweisen. Warum soll man sich immer an Negativem abarbeiten? Mir wurde die wunderbare Aufgabe zuteil, an die Sternstunden der deutschen Geschichte, an die friedliche Revolution im Herbst 1989 und an die Wiedergewinnung der staatlichen Einheit Deutschlands zu erinnern.

Viele Widrigkeiten wurden mir in den Weg gelegt. Die vier älteren Herren, die sich 1998 zusammengefunden hatten, um mich ins Zentrum der Hauptstadt zu setzen, gaben jedoch nicht klein bei und gewannen allmählich wachsende politische Unterstützung. Ich, das *Freiheits- und Einheitsdenkmal*, zweimal im Bundestag gescheitert, 2007 dann doch als „nationales" Projekt beschlossen, werde hoffentlich vollendet sein, wenn dieses Buch erschienen ist. Ursprünglich sollte ich bereits 2009 fertig werden, zum 20. Jahrestag des Mauerfalls. Stattdessen wurde der festliche erste Spatenstich erst im Mai 2020 gesetzt.

Im Jahr 2011 hatte der Beauftragte der Bundesregierung für Kultur und Medien zwei große Wettbewerbe und den damit verbundenen öffentlichen Streit um Verfahren und Entwürfe mit der Entscheidung zu Ende gebracht, mich nach dem Entwurf „Bürger in Bewegung" bauen zu lassen. Diesen Entwurf hatte die Eventagentur Milla & Partner gemeinsam mit der international bekannten Choreografin Sasha Waltz eingereicht. Die Idee: ein Denkmal in

Form einer monumentalen goldenen Schale, begehbar, bespielbar und durch Gewichtsverlagerung sogar als Baukörper bewegbar. Erst nach dieser Entscheidung setzte eine breitere – und mir gegenüber meist nicht sehr freundliche – öffentliche Debatte um Sinn, Zweck und Formgebung ein. Kritische Stimmen nahmen nun jeden noch so kleinen Anlass zum Vorwand, die „Einheitswippe", wie ich immer öfter genannt wurde, grundsätzlich infrage zu stellen. Meine Schönheit und Eleganz, meine schwungvolle Wölbung und mein zum fröhlichen Mitmachen animierender Bewegungsmechanismus konnten sie nicht dazu bewegen, ihre Kritteleien aufzugeben. Geliebt und gelobt wurden meine Qualitäten vor allem von politischer Seite und im Lokaljournalismus. Eher skeptisch wurde ich hingegen vonseiten des Kunstsachverstandes und des Feuilletons betrachtet. Unterstützung in der Zivilgesellschaft gab es kaum.

All jene Hürden im Zuge der Ausführungsplanung, die – angeblich soeben neu entdeckt – in den Medien genussvoll ausgebreitet und immer aufs Neue Forderungen zur Stornierung des ganzen Projektes mit sich brachten, waren doch aber von Anfang an bekannt! Schon bei der Beratung des Entwurfs war klar, dass es kaum gelingen würde, die Bohrpfähle, die die Last der schweren Denkmalsplatte tragen sollen, in den weichen Boden des Spreearms zu rammen, ohne das darunter liegende denkmalgeschützte historische Sockelgewölbe schwer zu beschädigen. Klar war auch schon vor der Entscheidung, dass das Kostenrisiko hoch, die Statik voller Tücken und eine wirkliche Barrierefreiheit höchstens durch Zauberei erreichbar sein würde. Zudem war bereits im Wettbewerb bekannt, dass sich unter dem Asphalt des Sockelplateaus denkmalgeschützte wilhelminische Mosaiken befanden. Deren Erhalt kann nun nur durch eine – rund zwei Millionen Euro zusätzlich kostende – Verlegung an einen anderen Ort ermöglicht werden. Die immer wieder beschworenen Fledermäuse schließlich, eine im Sockelgewölbe beheimatete Kolonie von etwa 60 seltenen Wasserfledermäusen, wurden im Zeitverlauf zum Running Gag der Berichterstattung. So sah sich die Berliner Senatsbauverwaltung 2016 genötigt, Presseberichte zurückzuweisen, nach denen die Kosten-

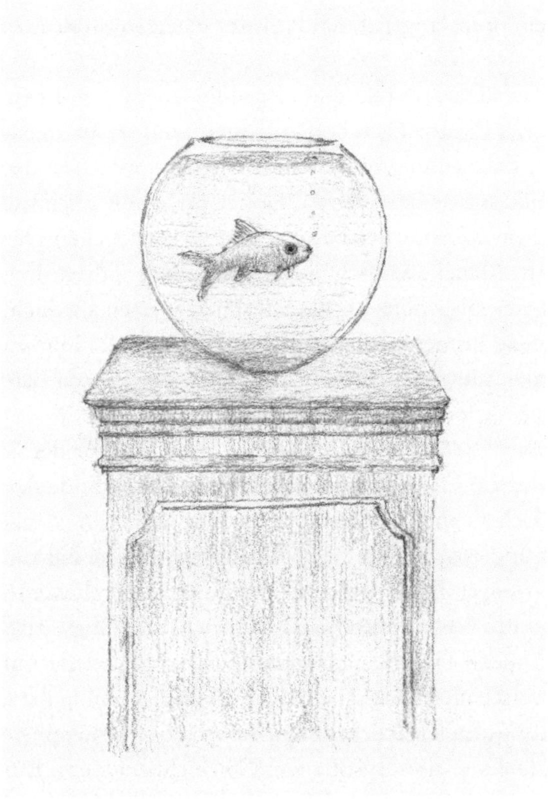

steigerungen des Denkmals von zehn auf mehr als 15 Millionen Euro vor allem an der vom Naturschutz geforderten Umsiedlung der Fledermäuse gelegen habe. Diese werde vielmehr höchstens 400.000 Euro kosten. Und geradezu mit Häme war bereits 2012 registriert worden, dass Sasha Waltz, deren prominenter Name dem Denkmalsentwurf einen gewissen Glanz verliehen hatte, nach einigen Monaten aus dem Projekt ausstieg. Ihr kam die 50 Meter breite Schale im Zuge der konstruktiven Ausarbeitung nun doch nicht mehr filigran und schwebend genug vor. Johannes Milla, dessen Agentur auf die markt- und produktorientierte Gestaltung von Erlebnisräumen spezialisiert ist, konnte nun den Auftrag in harmonischer Abstimmung mit dem Bauherrn in einer robusteren Form ausführen, ohne länger durch künstlerische Einwände genervt zu werden.

Aber bei all diesem Hin und Her sollten die wesentlichen Merkmale meiner Präsenz nicht in den Hintergrund treten: mein Standort, mein Erscheinungsbild und mein gedenkpolitisches Konzept. Sie machen meine besondere Qualität aus, mein Alleinstellungsmerkmal im Kontext der Berliner und der deutschen Denkmallandschaft. Manche kritischen Argumente gegen diese drei Merkmale gingen tatsächlich an die Substanz, stellten sie doch meine Realisierung immer wieder grundsätzlich infrage. Eine Zeitlang sperrte man mir sogar die vom Parlament bewilligten Baumittel. Zum Glück jedoch ohne Erfolg.

Warum stehe ich ausgerechnet vor dem Westtor des Berliner Stadtschlosses? Die großen Kundgebungen zum Ende der DDR fanden doch an anderen Schauplätzen statt, in Berlin vor allem auf dem Alexanderplatz. Und die penibel rekonstruierte Barockfassade mit dem riesigen Eosanderportal – ist sie nicht ein eher erdrückendes Gegenüber? Für diesen Standort spricht allerdings, dass er mir vor dem neuen Haupteingang zum Schloss maximale Aufmerksamkeit verschaffen wird. Auch sahen die Initiatoren in der Gegenüberstellung von kaiserlichem Residenzschloss und Freiheits- und Einheitsdenkmal ein sinnstiftendes Geschichtsbild: eine Kontinuitätslinie von der Gründung des deutschen Nationalstaates 1871 zur friedlichen Revolution 1989, die gerade hier vor allem als Vorstufe zur 1990 vollzogenen Deutschen Einheit gesehen werden sollte. Der Sockel des gewaltigen Reiterstandbilds für Kaiser Wilhelm I. war von Anfang an als Standort vorgesehen. Alternativen wurden nie ernsthaft erwogen.

Wilhelm II., Schlossherr und Enkel des ersten Kaisers, hatte die kleinteilige Bebauung auf der Schlossfreiheit abreißen und das Nationaldenkmal für seinen Großvater 1897 hier vor seinem Wohnsitz errichten lassen. Es verherrlichte den Kaiser der „Deutschen Einheit", den Gründer des Deutschen Reiches, in kultischer Überhöhung und verkörperte die pompöse Seite des militärischen Wilhelminismus. Während das von Reinhold Begas entworfene neobarocke Monument in Fachzeitschriften höchst umstritten war und oft auch lustvoll verspottet wurde, würdigte man sein in den Spreearm hinein gebautes mächtiges Sockelbauwerk als innovatives Meisterwerk der Ingenieurskunst. Als die DDR-Führung 1950 das Stadtschloss mitsamt dem Nationaldenkmal abreißen ließ, blieb nur das Fundamentgewölbe mit der Plattform stehen. Verschiedene, teils monströse Ideen für sozialistische Denkmäler an diesem Ort am Rand des nach dem Schlossabriss entstandenen riesigen Kundgebungsplatzes wurden nicht realisiert. Bis ich hierher kam, blieb der Sockel leer, auch zur Zeit des Palastes der Republik.

Das nach dessen Abriss neu erbaute Stadtschloss ist nun mein Gegenüber, dem ich auf Augenhöhe begegne. Beide sind wir mit großen Emotionen aufgeladen. Während die Schlosshülle mit originalgetreuen Fassaden, Figurenschmuck und goldener Kuppel den Wunsch nach Heilung der fragmentierten Berliner Mitte erfüllen soll, bin ich als goldfarbenes Objekt, das sich zum Schloss, zum Himmel und zur Zukunft hin öffnet, gewissermaßen ein Sinnbild für die Heilung der Nation. Für das Schloss hat man nach langen Mühen eine neue Nutzung als weltgewandtes Humboldtforum gefunden, für den Standort des Nationaldenkmals in beherzter Umwidmung des Ortes eine symbolhaft gestaltete Bühne für „Bürger in Bewegung". Ich, diese Bühne, bin zugleich Auftakt, Höhepunkt und Abschluss der durch das Schloss führenden Ost-West-Achse.

Was will ich den Bürgern erzählen, was will ich erreichen? Meine Bühne nimmt den Umriss des historischen Sockels auf und verwandelt ihn in eine gewölbte Schale. Sie erinnert, so steht es im Entwurfsbericht, „vielleicht an Flügel, an ein Blatt, ein Boot, eine geöffnete Hand". Die goldfarbene Unterseite zeigt Bilder der großen Herbstdemonstrationen und der Vereinigung. So könne man den Eindruck gewinnen, die Schale werde „durch die gemeinsame Kraft der Demonstranten von der Vergangenheit in eine optimistische Zukunft gestemmt". Auf ihrer dunklen Innenfläche, der Bühne, sind in großen goldfarbenen Lettern die, wie die Entwerfer erklären, „Schlüsselsätze der friedlichen Revolution" zu lesen: „Wir sind das Volk. Wir sind ein Volk." Besucherinnen und Besucher sind eingeladen, meine Schale zu betreten und vielfältig zu nutzen: für spontane Begegnungen und Diskussionen, für Tanz, Musik und Rollenspiel. Mehr noch – ich lade ein zu einem ganz besonderen „gemeinsamen Handeln“: Größere Besuchergruppen können sich absprechen und die goldene Schale wie eine Wippe in Richtung der einen oder anderen Seite zur Neigung bringen. So können sie den Grundsatz jener Demonstrationen „Einheit macht stark“ im „kollektiven Erleben“ nachempfinden und „symbolisch weitertragen“. Dafür darf ich mich mit dem demokratisch klingenden Prädikat „partizipativ“ schmücken. Dieses Angebot zum aktiven Teilhaben wird in Pressemeldungen immer wieder hervorgehoben.

Die Verschlüsselungen vieler neuerer Denkmäler sind nicht meine Sache. Meine Großform, mein Bildprogramm und meine Schriftzüge transportieren eindeutige, unmissverständliche Botschaften. Auch will ich die Menschen nicht, wie viele Projekte der nüchternen Konzeptkunst, durch Reduktion der Mittel oder gezielte Verfremdung zum Grübeln bringen. Im Gegenteil: Ohne Angst vor großen Emotionen will ich sie das Hochgefühl des großen Aufbruchs und die Lust am Leben in Freiheit und Einheit nachempfinden lassen. Aufs Schönste korrespondieren auch die goldfarbenen Leitsätze auf meiner Oberseite mit dem vergoldeten Kreuz auf der Schlosskuppel. Beide Motive verweisen gewissermaßen auf die Mythen eines Goldenen Zeitalters: Über dem Schloss das Christenkreuz mit dem eingravierten Spruch zum Gottesgnadentum, den König Friedrich Wilhelm IV. bei seiner Niederschlagung demokratischer Erhebungen in der bleiernen Zeit nach der 1848er-Revolution ins Feld führte. Und auf der Denkmals-Bühne die Gleichsetzung der beiden Parolen – „Wir sind das Volk! Wir sind ein Volk!“ – als harmonisches Ergebnis einer durch Medien und Politik betriebenen Geschichtsumdeutung, mit der den Demonstrierenden gegen das SED-Regime im Nachhinein der Ruf nach Wiedervereinigung in den Mund gelegt wurde.

Kritisch-reflektierende Auseinandersetzung mit einer schwierigen Vergangenheit, ein Grundansatz zeitgenössischer Denkmalskunst, liegt mir, dem *Freiheits- und Einheitsdenkmal*, gänzlich fern.

Meine Aufgabe sehe ich nicht im Fragenstellen oder gar im Tabubruch, sondern in der historischen Selbstbestätigung, im Stolz auf eine gelungene Leistung. Gerade dieser Ansatz passt für ein nationales Denkmal, in dem nach Jahrzehnten endlich einmal wieder eine positive Seite der deutschen Geschichte selbstbewusst und identitätsstiftend hervorgehoben wird. Ich denke, der Entwurf „Bürger in Bewegung" wurde für mich ausgewählt, weil er besonders deutlich dem erklärten Wunsch der Politiker und Denkmalinitiatoren nach einem „Denkmal der Freude" entspricht: Es soll die Glücksgefühle des historischen Moments zum Ausdruck bringen, gewissermaßen auf Dauer festhalten und immer aufs Neue reproduzieren.

Die Idee, mit der ich das bewerkstellige, basiert auf dem altbewährten, aber derzeit wieder höchst populären Konzept der „Living History". Reenactment, das körperlich-sinnliche Nacherleben von Geschichte, ist nicht mehr nur für Mittelaltermärkte oder Schlachtfeld-Tourismus angesagt, sondern hält sogar in manchen Gedenkstätten Einzug. Mir kommt es nicht darauf an, die Geschichte und Geschichten der Herbstdemonstrationen und der Wiedervereinigung in ihrer Vielfalt und Komplexität nachspielen zu lassen. Mir geht es allein um das emotionale Nachempfinden des Geschehens, um die freudige Begeisterung beim Mauerfall als Wesenskern des historischen Ereignisses und um die Beschwörung dieser Sternstunde immer wieder und für alle Zeiten. Schwierige Entwicklungen, das Scheitern der Hoffnung auf einen Dritten Weg, menschliche Nöte und Ängste, politische Vereinnahmungen und existenzielle Beschädigungen gehören nicht hierhin. Insofern korrespondiere ich hervorragend mit der Rekonstruktion der Schlossfassaden, bei der ebenfalls alle Etappen und Themen ausgeblendet wurden, die nicht in das stimmige Bild der glanzvollen barocken Erscheinung aus der Zeit des Absolutismus passten.

Bin ich nun ein kunstgewerbliches Produkt und gar kein Kunstwerk? Spielt dieser Unterschied eine Rolle? Für ein nationales Denkmal sind Beurteilungen wie „Vergnügungspark-Architektur", „Bespaßung jugendlicher Touristengruppen" oder „hübsches Accessoire“, wie Kulturjournalisten anmerkten, zwar recht fatal. Aber die Hunde bellen, die Karawane zieht weiter. Lustvolle und spielerische Nutzungen, Heiterkeit der Ausstrahlung und Eleganz des Erscheinungsbildes waren von Anfang an Teil meines Konzepts. Viel wichtiger als dieser Meinungsstreit ist für mich der erinnerungspolitische Erfolg, den ich sichtbar zum Ausdruck bringen kann. Ist es mir doch gelungen, die umstrittene Parallelisierung der beiden Parolen „Wir sind *das* Volk – Wir sind *ein* Volk“ dauerhaft mit goldenen Lettern in den öffentlichen Raum einzuschreiben. Wer erinnert sich noch daran, dass der Ruf „Wir sind *das* Volk“ als Motto der Leipziger Montagsdemonstrationen entstand, um die Sicherheitskräfte der DDR von Gewalt und Verhaftungen abzuhalten? Während bei allen großen Herbstdemonstrationen gegen das SED-Regime genau dieser Wortlaut zum wichtigsten Sprechchor wurde, fand „Wir sind *ein* Volk“, also der Ruf nach deutsch-deutscher Einheit, erst nach dem Mauerfall Verbreitung in Kundgebungen, nach kräftiger Unterstützung durch Aktionen der CDU gemeinsam mit der BILD-Zeitung. Aber wen interessiert das heute noch? Ein Denkmal beinhaltet ja immer eine Geschichtsdeutung, die – gerade bei einem nationalen Denkmal wie mir – in das Geschichtsbild der Gesellschaft übernommen werden soll.

Anders als Kostensteigerungen und Fledermaus-Probleme sind in all den Debatten und Medienberichten die gedenkpolitischen Umwidmungen, die ich verkörpere und präsentiere, kaum thematisiert worden. Auch die feindliche Übernahme der Losung „Wir sind das Volk“ vor einigen Jahren durch Pegida und rechtspopulistische Gruppen und deren ausgrenzender, alles vorgeblich Fremde herabsetzender Gebrauch des Wortes „Volk“ hat nicht zu einer kritischen Auseinandersetzung mit dem großen Schriftzug auf der Bühne des zukünftigen Nationaldenkmals geführt. Ein Schatten könnte ja auf das Glücksgefühl der Menschen fallen. Aber Schatten und skeptische Fragen kann ein „Denkmal der Freude“ doch wirklich nicht gebrauchen!

Angaben zum Werk

Werktitel: *Freiheits- und Einheitsdenkmal*
Künstler: Johannes Milla & Partner (in der Entwurfsphase zusammen mit Sasha Waltz)
AuftraggeberInnen: Bundesrepublik Deutschland, Bundesamt für Bauwesen und Raumordnung
Erster Spatenstich: Mai 2020
Bauzeit: voraussichtlich zwei Jahre
Ort: Freifläche zwischen Westseite des Stadtschlosses bzw. des Humboldtforums und dem Kanal, Berlin-Mitte, Deutschland, zzt. ohne Straßennamen, evtl. in Zukunft wieder „Schlossfreiheit"

Zum Nach- und Weiterlesen

Deutsche Gesellschaft e. V., *Website zum Freiheits- und Einheitsdenkmal,* Kapitel „Die Idee", https://www.milla.de/projekte/freiheits-und-einheitsdenkmal (letzter Zugriff: 30. Mai 2021)

Endlich, Stefanie, „Künstlerische Ansätze und Darstellungsformen. Versuch einer Typenbildung", in: Bundesamt für Bauwesen und Raumordnung, Berlin (Hg.), *Gestaltungswettbewerb für ein Freiheits- und Einheitsdenkmal in Berlin. Dokumentation des offenen Wettbewerbs 2009* (Berlin 2009), 15–32.

Endlich, Stefanie, „Projekte für ein Freiheits- und Einheitsdenkmal in Berlin und Leipzig", in: Bundeszentrale für politische Bildung (Hg.), *Deutschland Archiv 2015* (Bonn 2016), 51–62.

Fischer, Vanessa, „‚Wir sind ein Volk'. Die Geschichte eines deutschen Rufes", in: *Deutschlandfunk Kultur, Länderreport* (29. September 2005).

Schönfeld, Martin, „Ein erinnerungspolitischer Gegenpol. Das geplante ‚Freiheits- und Einheitsdenkmal' in Berlin", in: *Zeithistorische Forschungen* (2009), Heft 1, 129–139.

Stefanie Endlich ist Kunstpublizistin und Ausstellungsmacherin. Sie lebt in Berlin.

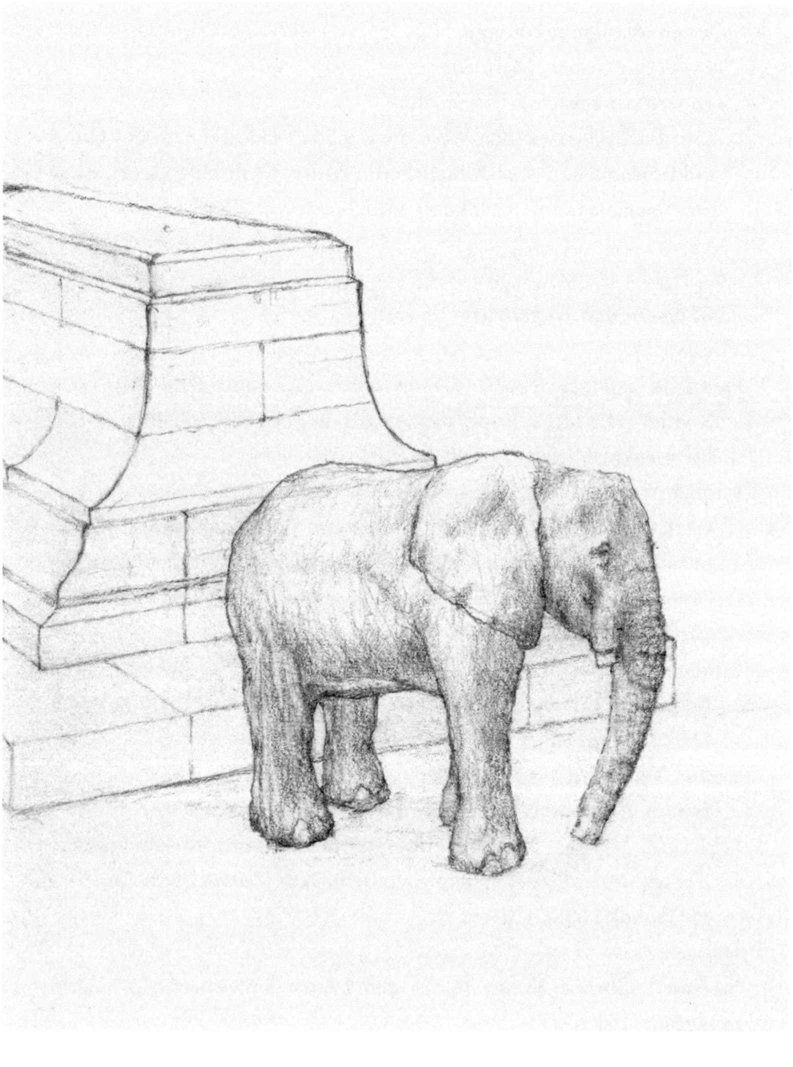

Weiblich, widerständig, wütend

QUENTIN STEVENS

Ich warte auf Frieden

Ich sitze auf einem Stuhl auf dem Bürgersteig in Seoul, mein Blick starr auf das gegenüberliegende Grundstück der japanischen Botschaft gerichtet. Ich bin ein junges Mädchen und sitze hier stellvertretend für die vielen Frauen, die einmal vor mir an diesem Ort saßen. Frauen, die jetzt alt und gebrechlich sind, viele bereits verschwunden. Ich repräsentiere die Hunderttausenden unschuldigen jungen Frauen, die im Zweiten Weltkrieg zur sexuellen Sklaverei gezwungen wurden, und diejenigen, die überlebten und Wiedergutmachung forderten.

Ich bin kein General auf einem Piedestal. So was errichteten unsere Diktatoren, um uns an die Siege vergangener Jahrhunderte zu erinnern und uns die Tragödien in unserem eigenen Leben vergessen zu lassen. Ich klage die Generäle auf beiden Seiten an: ihren Krieg, ihre Gräueltaten, ihr Schweigen, das den Untaten folgte. Ich provoziere diejenigen, die jubeln wollen, genauso wie diejenigen, die vergessen, verschweigen oder leugnen wollen. Ich will keinen Sieg, ich will Frieden.

Ich bin bescheiden, aber entschlossen. Bin eine bittere Wahrheit. Ich werde sitzenbleiben und auf Frieden warten.

Ich könnte deine Schwester, Tochter, Freundin, Frau sein. Könnte du sein, du, die heute in dieser reichen, florierenden, hochtechnologischen, aufgeklärten Demokratie an mir vorbeigeht. Du kannst dich frei bewegen und sagen, was du denkst. Selbst zu meiner Zeit konnten reiche Mädchen ihre Bequemlichkeit beibehalten. Aber ich war vom Lande; entführt, verkauft oder einfach zum Fortgehen veranlasst.

Ich sitze an einem historischen Ort, dort, wo vor mir bereits viele Frauen saßen, an Tausenden Mittwochen, leise protestierend.

Am 1000. Mittwoch, dem 14. Dezember 2011, gesellte ich mich zu ihnen. Ich sitze seitdem stellvertretend für diejenigen, die nun nicht mehr hier sitzen können. Ich sitze zugleich für alle, die nichts davon wissen, was vor ihrer Geburt geschah. Ich sitze, um daran zu erinnern, was sie selbst nie erlebt haben. Tausende Mittwoche werden kommen. Und ich werde bleiben. Für immer. Meine kleinen Hände sind geballt, entschlossen. Die Haare wurden mir grob abgeschnitten, gegen meinen Willen, so wie ich auch gegen meinen Willen von meiner Familie und meinen Freunden getrennt wurde.

Ich trage eine traditionelle, formelle Tracht, den Hanbok. Sitze barfuß, mit leicht erhobenen Fersen, fühle mich unwohl, kalt behandelt. Ich stehe für Frieden, habe aber bisher keinen inneren Frieden gefunden.

Mein Schatten auf den Pflastersteinen ist dunkel, rissig und alt. Ein Schmetterling landet auf meinem schweren Herzen. Ein Vogel sitzt auf meiner Schulter. Er wirkt friedvoll und fühlt sich sichtlich wohl bei mir, ganz so, als ob er im Himmel sei. Dort oben, wohin die meisten meiner Schwestern zurückgekehrt sind. Sie alle können fliegen. Ich bleibe sitzen.

Ich bin Gleichnis und Metapher zugleich. Du kannst mich direkt oder sinnbildlich verstehen. Ich werde in jedem Fall bleiben.

Ich schaue nicht wie die Könige und Generäle auf die Stadt hinunter. Ich starre entschlossen und unablässig auf den ehemaligen Standort der japanischen Botschaft gegenüber. Auf der Straße zwischen uns: gelbe Linien, Verkehrskegel und vorläufig errichtete Absperrungen. Niemand darf vor mir parken. Und, für alle Fälle: Busladungen voll von Polizisten in Kampfausrüstung. Polizisten, die den Mann hätten aufhalten sollen, der Molotowcocktails auf die Botschaft warf, die dort einst stand, einen anderen Mann hätten daran hindern sollen, sich in meinem Namen in Brand zu stecken, und einen dritten Mann hätten davon abhalten sollen, sich anzuzünden, um gegen seine eigene Zwangsarbeit während des Krieges zu protestieren. Heute gelingt es der koreanischen Polizei besser,

Männer davon abzuhalten, uns zu schützen. Warum konnten sie unsere Ehre damals nicht gegen die Japaner verteidigen?

Die männlichen Statuen in Seoul sind Krieger. Sogar diejenigen, die ihre Schlachten verloren haben, stehen stolz und trotzig da. Einige werfen Granaten, um die japanischen Besetzer zu töten. Auf mächtigen Thronen sitzen Könige ebenso wie der majestätische Buddha und auch Soldaten zu Pferd. Sie wurden alle dorthin gesetzt, wo ein harmonisches Gleichgewicht der Naturkräfte herrscht – das bedeutet für uns glückverheißende „Pungsu". Ich hingegen sitze bescheiden da. Mit dem früheren Standort meines Erzfeindes im Blick.

Heute sehe ich auf der anderen Straßenseite nur einen Bauzaun, dahinter gähnende Leere. Die alte, bunkerartige Botschaft aus rotem Backstein wurde vor sechs Jahren abgerissen, um wiederaufgebaut und erweitert zu werden. Damals fragte ich mich: Wenn sie mich nicht verdrängen können, laufen sie dann einfach vor meinem unnachgiebigen Blick und ihrer eigenen Schande weg? Nun sitze ich also einem freien Grundstück gegenüber. Ein Gegendenkmal für einen abwesenden Gegner. Dennoch: Ich sitze und warte.

Den Japanern fiel es schwer, irgendwo anders vorläufige Büroräume zu finden. Ihre Baugenehmigung ist unterdessen abgelaufen. Sie haben sich in einem neuen Glasgebäude direkt hinter ihrem alten Gelände der ehemaligen Botschaft eingemietet. Ich kann daher heute die MitarbeiterInnen der Botschaft beobachten, wie sie auf die Aufzüge warten, wie sie an ihren Schreibtischen arbeiten. Vielleicht sehen sie mich auch. Und denken nach. Vielleicht.

Wie dem auch sei: Ich bleibe sitzen, weiter vor mich hinstarrend. Ich stelle ihre diplomatische Mission infrage. Wegen meiner Anwesenheit sind Millionen von Reparationszahlungen gefährdet. Die Regierungen Südkoreas und Japans wollen Frieden und Handel, meine Schwestern und ich Frieden und Gerechtigkeit. Kann beides erreicht werden?

2015 war ein unangenehmes Jahr. Japan bot Entschädigungszahlungen an, unter der Bedingung, dass ich entfernt würde. Damals schützte mich der Stadtrat, indem er mir nachträglich Denkmalstatus verlieh, obwohl ich nicht von offizieller Seite errichtet worden war. Das war ungeschickt für unser Anliegen. Jetzt ist meine Zukunft gesichert, aber unsere internationalen Beziehungen zu Japan sind es nicht, auch gibt es keine Gewissheit für meine Schwestern.

Niemand erwidert meinen Blick. Wir stehen mit den Japanern immer noch nicht auf Augenhöhe. Beide Seiten gehen vorsichtig miteinander um. Unsere Konflikte sind viel älter als meine Schwestern. Haben uns die japanischen Kolonialherren vor russischem Einfluss geschützt, als sich unsere Nation öffnete und modernisierte? Meine Schwestern fühlten sich nicht beschützt. Seoul, eine große Metropole mit 25 Millionen Einwohnern, hat viele Statuen für die, die für unsere Unabhängigkeit von Japan gekämpft haben, angefangen bei Admiral Yi auf seiner großen Säule bis zu den vier Patrioten, die vor einem Jahrhundert versuchten, Japans kaiserliche Gesandte zu ermorden. Waren ihre Vorhaben unrecht?

Die meisten meiner skulpturalen Nachbarn sind Männer. Von uns Schwestern gibt es nur wenige, so zum Beispiel Yu Gwan-sun, Koreas Jeanne d'Arc, jung und misshandelt wie ich, aber im Gegensatz zu mir als politische Gefangene anerkannt. Sie stand einmal mitten in Sejong-daero, dem königlichen Weg zum Palast, direkt hinter dem großen Sungnyemun-Tor. Sie hält eine Flamme der Freiheit, der Unabhängigkeit in die Höhe, spricht sich für französische und amerikanische Werte aus. Die Bewohner von Seoul sehen sie jedes Mal, wenn sie sich zu ihren erholsamen Spaziergängen auf dem Berg Namsan aufmachen. Begegnen ihr, nachdem sie bereits am Denkmal für die 1895 von japanischen Ronin ermordete Kaiserin Myeongseong vorbeigekommen sind. Es gab auch noch eine Statue von Shin Saimdang, der berühmten Malerin und Kalligrafin der Joseon-Dynastie, doch wurde sie aus dem königlichen Park entfernt, weil sie nicht der königlichen Familie angehörte. Immerhin ist sie jetzt auf dem 50.000-Won-Geldschein zu sehen. Aber ich bin anders. Bin keine wichtige Person. Doch vertrete ich andere, Hunderttausende. Mein Heldentum begründet sich darin, dass jene Frauen Zeuginnen und Anklägerinnen der Ungerechtigkeit waren.

Wir wurden erst frei, als wir unsere Geschichten erzählten.

Ich sitze umgeben von später geborenen Koreanerinnen und Koreanern, die mich beschützen und Unterschriften sammeln, umgeben von vorbeigehenden Gratulanten, fotografierenden Touristen, Spruchbändern und Fahnen. Hinter mir eine Wand, dick verziert mit hellgelben, schmetterlingsförmigen Botschaften, Bildern meiner anderswo sitzenden Schwesterstatuen, von AnhängerInnen und patriotischen FührerInnen, Karten von Japan, die die umkämpften Dokdo/Takeshima-Inseln hervorheben. Mittwochs kommen immer noch einige meiner überlebenden Schwestern, ihre Nachkommen und Sympathisanten und gesellen sich zu mir.

Leute kleiden mich in Mützen und Schals, hüllen mich in Umhänge, Regenmäntel, und Decken, ziehen mir Socken und Schuhe an, geben mir einen Sonnenschirm, je nach dem Wechsel der Jahreszeiten, die in Seoul extrem sind. Man kleidet mich in bunte Hanboks und schmückt mich mit Schleifen und Schmetterlingsflügeln. Besucher schenken mir Blumen, Obst, Snacks, Teddybären, Gruß- und Beileidskarten. Fürsorge und Annehmlichkeiten, die die „Trostfrauen" nie erfahren haben.

Neben mir steht ein leerer Bronzestuhl. Die Idee dazu kam vom Leiter des Nachbarschaftsrates, einem ausgebildeten Architekten. Meine Schwestern baten um die Genehmigung, mich aufstellen zu dürfen. Er schlug vor, einen zweiten Stuhl neben meinen zu stellen. Auf diese Weise können sich die Leute nun zu mir setzen und mit mir warten. Manchmal legen sie ihre Hand auf meine. Auch du kannst meine Botschaft vermitteln. Kannst neben mir Platz nehmen, dazu beitragen, die Japaner und andere wissen zu lassen, dass wir immer noch auf Frieden warten.

In den letzten zehn Jahren hat sich mein Beispiel verbreitet. Wir sind jetzt über 100 bronzene Schwestern, verstreut über ganz Seoul und Südkorea, in Hongkong, Nanjing, Shanghai, Tainan, San Francisco, in den Vororten von Los Angeles, Detroit, Atlanta, Regensburg und Sydney. Repliken. Übersetzungen. Auch Skulpturen in Gedenken an meine chinesischen und philippinischen Schwestern wurden errichtet. Denn wir kamen aus vielen verschiedenen

Ländern, aus Taiwan, Burma, Indonesien, Malaya, Neuguinea. Auch aus Japan. Sie schindeten sogar ihre eigenen Frauen. Unter uns waren zudem niederländische und australische Frauen. In diesen neuen Denkmälern sitzen die Frauen nebeneinander, oder halten sich stehend an den Händen.

Ich habe Mitleid mit meinen Schwestern, fühle mit ihnen.

Es gibt nun auch Schwestern auf dem Namsan-Berg, hier in Seoul. Drei Mädchen aus Korea, China und den Philippinen stehen barfuß auf dem nackten Boden. Sie halten einander an den Händen, aber ihr Kreis bleibt offen, ihre Hände reichen bis zu einem vierten Platz, der noch leer ist. Auch zu ihnen kannst du dich gesellen.

Neben ihnen steht eine Statue von Kim Hak-sun. Mit 67 Jahren war sie 1991 die erste, die sich öffentlich äußerte. Sie war für uns keine weitere Jeanne d'Arc, da unsere Unterdrückung noch nicht beendet ist. Trotzdem war sie, wie Jeanne, eine Ketzerin bei einem Prozess. Gegen eine Kultur des Schweigens erzählte sie vor Gericht ihre Geschichte: Noch ein Kind, als der Krieg begann, wurde sie von ihrem Stiefvater zum Verkauf angeboten, von japanischen Soldaten entführt und gezwungen, als „Trostfrau" zu arbeiten. Ein Kriegsverbrechen. Eines von vielen. Erst viel später, als die Japaner alles abstritten, begann sie von ihrer Schande zu sprechen. Nicht für Geld. Es ging ihr um Wahrheit. Sie wollte eine Entschuldigung, und Frieden.

Es gibt ein weiteres Denkmal für unser Leiden, auf dem Weg nach Namsan, in der Nähe des Ortes, wo sich einst das Haus des japanischen Kommandanten befand. Es besteht aus den übriggebliebenen Bruchstücken der Statue des japanischen Ministerialaufsehers Baron Gonsuke, die dort früher stand. Er hatte unser Land und unser Volk annektiert und beherrscht. Wir begruben seine Statue mit dem Kopf nach unten.

Das ist es, was wir tun. Die Geschichte der Generäle und ihrer Siege auf den Kopf stellen. Und an die Opfer erinnern.

Seit kurzem nehmen fünf meiner Schwestern den Bus. Sie sind aus lackiertem Kunststoff, nicht aus Bronze. Sie sind unterwegs durch Seoul, werden Teil des Alltags. Wusstest du, dass Busse auf

Griechisch *metaphorai* genannt werden? Diese Busse halten sogar vor der japanischen Botschaft. Dann sehe ich meine vorbeifahrenden Schwestern. Wir spiegeln uns. Auch bei ihnen kannst du Platz nehmen.

Ich habe Aktivisten und Künstler dazu inspiriert, meine Pose nachzuahmen. Kunst, die Kunst imitiert, die einem tragischen Leben Ausdruck verleiht.

Wir Skulpturen werden niemals so zahlreich sein wie die Frauen, die wir vertreten. Aber wir werden überdauern. Selbst wenn wir in Seoul mit einem Hammer angegriffen, in Glendale entstellt, in Tainan getreten, und sogar aus Manila entfernt und verbannt werden. Das ist nichts Neues für Statuen, und Gewalt ist uns nur allzu vertraut. Ich bin nicht das einzige Denkmal des Leidens. Die Opfer sexueller Sklaverei zählen Millionen.

Wir sitzen und warten und bitten dich zu überlegen: Was wäre, wenn ich deine Schwester wäre, deine Tochter, deine Frau? Du selbst?

Ich habe hier, gegenüber der Botschaft, keinen Trost gefunden. Ich warte auf Frieden. Der Frieden wartet auf Gerechtigkeit. Die Gerechtigkeit wartet auf die Wahrheit. Ich bleibe sitzen und warte.

Aus dem Englischen von Quentin Stevens und Dagmar Meyer-Stevens, Julia Lange und Tanja Schult.

Angaben zum Werk

Werktitel: *The Statue of Peace* / 평화의 소녀상, auch bekannt als *Sonyeosang* („Statue of Girl") und *Comfort Woman Statue*
Künstler: Kim Seo-kyung & Kim Eun-sung
Auftraggeber: Korean Council for Women Drafted for Military Sexual Slavery by Japan
Jahr der Einweihung: 2011
Ort: gegenüber von 6 Yulgok-ro 2-gil, Jongno-gu, Seoul, Südkorea

Zum Nach- und Weiterlesen

Kal, Hong, *Aesthetic Constructions of Korean Nationalism* (New York: Routledge, 2011).

Podoler, Guy, *Monuments, Memory and Identity: Constructing the Colonial Past in South Korea* (Bern: Peter Lang, 2011).

Stevens, Quentin & Shanti Sumartojo, „Shaping Seoul's memories: the co-evolution of memorials, national identity, democracy and urban space in South Korea's capital city", in: *Journal of Urban Design* (2019), Bd. 24, Nr. 5, 757–777.

Stevens, Quentin, „Decision-making processes for public memorials in Seoul: How well do they reflect and contribute to South Korea's democracy?", in: *Environment and Planning C: Politics and Space* (2020), Bd. 38, Nr. 7–8, 1328–1347.

Quentin Stevens ist Dozent im Fachbereich Städtebau an der School of Architecture and Urban Design an der RMIT University und lebt in Melbourne.

Der Autor dankt der Academy of Korean Studies (grant AKS-2016-R39), die das Verfassen dieses Texts möglich machte. Sein Dank gilt ferner The Korea Council for the Women Drafted for Military Sexual Slavery by Japan und dem War and Women's Human Rights Museum in Seoul sowie Kim Dong-hee, Yoonai Han und Jun-han Yon für ihre hilfreiche Unterstützung.

JESSICA SJÖHOLM SKRUBBE

Nackt und namenlos

Wie kann ich mich Ihnen vorstellen? Beschreiben, wer ich bin? Ohne Zweifel: Eine Frau mit Ausstrahlung und origineller Frisur. Ich sitze auf einem Schemel mit meinem Sohn im Schoß. Er ist schon zu alt, um ruhig auf Mamas Knien zu verweilen. Er will sich losreißen, zappelt mit den Beinen, schlägt mit den Armen um sich und wirft seinen Kopf nach hinten. Ich lasse ihn gewähren, halte ihn nur leicht in meinen ausgebreiteten Armen, bereit, ihn jederzeit loszulassen. Diese Geste ist bezeichnend. Sie signalisiert, dass ich gewillt bin, die Verantwortung für dieses Bündel Leben mit Ihnen zu teilen.

Wir sind also zwei, die hier Platz genommen haben. Unsere kräftigen, unproportioniert modellierten Körper streben in einer zentrifugalen Bewegung in den uns umgebenden Raum. Wir gehören zusammen, aber bewegen uns dennoch voneinander weg. Wir sind gewichtig, wörtlich verstanden: 1200 Kilo schwer, reine Bronze. Ursprünglich waren wir vergoldet. Aber nach mehr als einem halben Jahrhundert ist der goldene Glanz den grünlich schwarzen Verfärbungen der alternden Bronze gewichen. Dennoch entspricht die Beständigkeit des Materials der Idee, eine bleibende Botschaft zu vermitteln. Was ist es nun, das wir vermitteln wollen?

Anfänglich waren wir als Aufforderung gedacht, eine Art Mahnmal, das nach Aufmerksamkeit verlangte und Veränderung wollte. Wir erinnerten daran, dass mein Sohn nur durch die Verwirklichung des Sozialstaates das eigentlich utopische Versprechen einer besseren Zukunft für alle erleben durfte. Doch beinah unmittelbar wurden wir zu einer Art Denkmal für die Sozialpolitik im schwedischen Wohlfahrtsstaat. Zugleich waren wir aber auch ein historisches Dokument, das bezeugte, wie weibliche Nacktheit in skulpturaler Gestalt im öffentlichen Raum des schwedischen Volksheims Einzug erhielt. Lassen Sie mich das in Ruhe erklären.

Als wir 1956 in Stockholm eingeweiht wurden, war das ein Kunstereignis, das viel Aufmerksamkeit erregte. Zweifellos war es der Aufstellungsort, der kreisförmige offene Innenhof der damaligen Regierungskanzlei, der uns das große Interesse zusicherte. Denn hier schlug in den 1950ern das Herz der schwedischen Demokratie. In dem Gebäude um den Innenhof befand sich bis 1981 die schwedische Regierung und das Büro des Staatsministers. Wir besetzten also einen politisch aufgeladenen Ort im Zentrum der Macht. Das brachte verständlicherweise hohe Erwartungen an unsere formale Ausgestaltung mit sich. Unsere Erscheinung sollte, wenn nicht der an diesem Ort umgesetzten Politik, so doch der Würde des Ortes entsprechen.

Aber die Einweihung zeugte auch von einer gewissen Ambivalenz gegenüber dem Genre Denkmal, vor allem wegen seiner möglichen Funktion als politisches Machtmittel und dem damit einhergehenden potenziellen politischen Missbrauch. Zwar hielt der Vorsitzende des Kunstrats eine Rede und übergab uns feierlich an niemand geringeren als den Staatsminister, Tage Erlander. Auf übertriebene Festlichkeiten wurde aber verzichtet, die Zeremonie bewusst einfach gehalten.

Bror Marklund, der Künstler, dem mein Sohn und ich unsere Existenz zu verdanken haben, gab mir den Arbeitstitel „Sie kommt vom Möller" – ein eindeutiger Verweis auf den sozialdemokratischen Reichstagsabgeordneten Gustav Möller. Er war Sozialminister, als der Wettbewerb für die skulpturale Ausgestaltung des Kanzleigebäudes im Jahre 1947 ausgeschrieben wurde. Möller, gerne „Schaffer des Sozialstaats Schweden" genannt, war mitverantwortlich für die Durchsetzung einer Reihe von sozialen Reformen, die noch heute mit dem schwedischen Wohlfahrtsstaat assoziiert werden: Anspruch auf Urlaub, ein funktionierender sozialer Wohnungsbau, eine allgemeine Kranken- und Rentenversicherung sowie gehaltsunabhängiges Kindergeld. Letzteres erklärt, warum ich und mein Sohn im Volksmund gerne „Kindergeld“ genannt wurden. Und vor kurzem wurde auf der Homepage des Reichstags wieder behauptet, wir würden die Einführung des Kindergeldes verkörpern … Ich zöge es vor, nicht auf bloße Symbolik reduziert zu werden. Ich bin mehr als eine Illustration politischer Reformen. Durch die Einweihung verlieh mir Staatsminister Erlander politischen Stellenwert. Er war es, der betonte, dass ich mehr als ein Abbild errungener Reformen sei! Ich sollte den Politikern eine ständig anhaltende Mahnung sein, sich weiter für soziale Reformen einzusetzen.

Ist das Verständnis für meine Bedeutung im Laufe der Jahre abhandengekommen? Vielleicht kann heute keiner mehr nachvollziehen, dass es einmal einen politischen Willen gab, eine Zukunftsutopie, den Traum einer besseren, gerechteren Gesellschaft wahr werden zu lassen.

Zeitgleich mit der Durchsetzung sozialer Reformen, die den schwedischen Wohlfahrtsstaat begründeten, wurden auch umfassende Reformen im Kulturbereich durchgeführt. Die öffentliche Kunstpolitik setzte es sich zum Ziel, qualitativ hochwertige Kunst weiten Teilen der Bevölkerung zugänglich zu machen. „Kunst für alle“ war das Motto. Bereits 1937 wurde der Kunstrat, ein staatliches Organ, eingerichtet. Mein Sohn und ich sind de facto Resultat einer der ersten größeren realisierten Aufträge für die Gestaltung im öffentlichen Raum. Wir sind an den Bau, der uns umgibt, gebunden, Kunst am Bau sozusagen. Und rein juristisch sind wir Teil der Regierungskanzlei. Dieses Abhängigkeitsverhältnis habe ich aber nie akzeptieren können. Unsere dynamischen Gesten und modernistische Formensprache wurden als Affront auf die den Hof, und damit uns, umschließenden toskanischen Kolonnaden verstanden. Das war auch die Absicht des Künstlers. Er wollte uns nicht untergeordnet sehen, sondern autark.

Wie ich so mit meinem zappeligen Sohn im Schoß dasitze, erinnern wir an ein bekanntes Motiv der christlichen Bildkunst. Wir erscheinen als eine profane Version des Motivs „Maria mit dem Kinde“. Folgerichtig nannten mich viele „Kanzleimadonna“. Andere zogen es vor, mich als Allegorie Schwedens zu verstehen, als moderne Version der „Moder Svea", Mutter Schwedens – eben jener weiblichen Darstellung, die während der nationalistischen Strömungen des 19. Jahrhunderts die Nation Schwedens personifizierte. Moder Svea wurde oft als junge bewaffnete Kämpferin dargestellt, mit einem Schild vor dem Brustpanzer, umgeben von einem oder mehreren Löwen. Der nordischen Mythologie zufolge nahm sie aktiv an den Schlachten teil. Viele bemerkten die Kraft und Vitalität, die auch mich und meinen Sohn durchströmt. Daher wurde ich anscheinend auch als latente Bedrohung der an mir tagtäglich vorbeieilenden Aktenkofferträger verstanden. Aber im Gegensatz zur Moder Svea habe ich meine Waffen niedergelegt, den Löwen gegen mein Kind getauscht. Meine Mobilmachung ist von einer anderen Art.

Heute gilt Schweden als Musterland der Gleichberechtigung. Doch im jungen Wohlfahrtsstaat war die Mutterrolle zentral für die Erfüllung des Frauenideals. Während Moder Svea im 19. Jahrhundert eine kämpfende junge Frau war, wurde sie in den 1950er Jahren in meiner Gestalt zu einer modernistischen Mutterfigur umgewandelt. Durch das demonstrative Vorzeigen des lebhaften Kindes versprach sie Hoffnung auf eine bessere Zukunft.

Hat mich deshalb einmal ein Kritiker als „Chromosomenfrau" bezeichnet? Sah er meinen Körper nur als Träger der Erbmasse, die den Fortbestand und den Erfolg der Nation garantiert? Doch wer mich genau betrachtet, dem fallen meine gesenkten Augenlider und mein leicht abwesender Blick auf. Wer mich wirklich ansieht, fragt sich vielleicht, ob ich, die ich hier sitze, nicht davon träume, an einem anderen Ort zu sein, zumindest eine Weile. Und versteht dann vielleicht auch, dass die Mutterrolle nicht das Einzige ist, was meine Zeit und Gedanken einnimmt.

War der etwas abwesende Ausdruck oder jener Abstand zwischen unseren Körpern der Grund, warum ein anderer Kritiker der Meinung war, ich würde weder Stolz noch Zärtlichkeit und auch keine Liebe für meinen Sohn empfinden? Hätte er das auch so gesehen, wenn statt meiner der Vater mit dem verspielten Kind dagesessen hätte?

Böse Zungen haben uns zeitweise „Die Koalition“ geschimpft. Nicht „Die große Koalition“, die in Deutschland so in Verruf geraten ist. Wir wurden zum Sinnbild der Koalitionsregierung zwischen Sozialdemokraten und dem Bauernverbund, die in Schweden in den 1950ern überwiegend an der Macht war. Nach dieser Lesart verkörperte ich die Sozialdemokratie und mein Sohn den Bauernverbund, und unsere Haltungen zeigen, dass es den Sozialdemokraten gelang, den aufmüpfigen Koalitionspartner in Schranken zu halten.

Allein schon wegen unseres Aufstellungsortes war ich darauf vorbereitet, dass uns eine politische Symbolfunktion zuteilwürde. Aber wie es nur allzu oft der Fall ist, wenn Frauen im öffentlichen Leben wichtige Positionen einnehmen, war es vor allem mein Äußeres, das zum Gegenstand der Diskussion wurde. Meine Erscheinung erntete sowohl Lob als auch Hohn. In der Presse machte man sich lustig über mich. Ich sei ein „beeindruckendes Frauenzimmer“, das

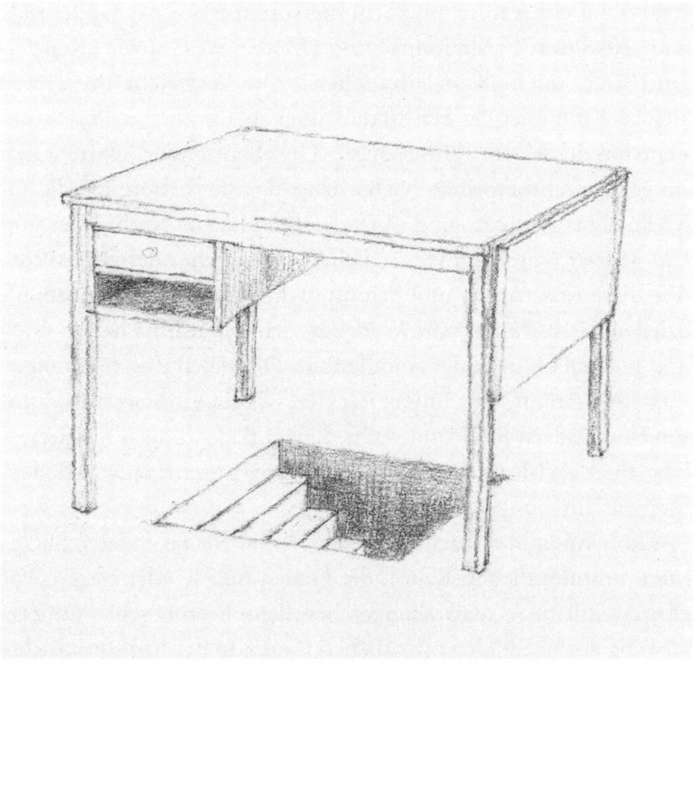

sowohl Angst mache als auch schockiere. Am meisten schockiert war wohl der Reichstagsabgeordnete Axel Rubbestad. Er ließ sich gerade noch dazu herab, mich als „hässliches Entlein" zu diffamieren und forderte meine Entfernung. Gleich nach der Einweihung schlug er vor, mich ins Wasser, in den angrenzenden Mälarsee, zu schmeißen. Rubbestad stellte das Zusammenspiel von Kunst und Politik, das zur Norm der sozialdemokratischen Kunstpolitik geworden war, infrage. Ihm zufolge sollte die staatsfinanzierte Kunst ästhetisch ansprechend sein und von allen verstanden werden können. Ich blieb ihm unverständlich, nicht zuletzt, weil meine Erscheinung nicht mit seinen an klassischen Schönheitsidealen orientierten Vorstellungen übereinstimmte. Statt meiner modernistischen wäre ihm eine griechische oder altnordische Formensprache lieber gewesen; damit wäre ich dann eher eine Frau nach seinem Geschmack.

Ich habe keinen Namen, doch sagte man mir alles Mögliche nach. Zu meinen Kose- und Schimpfworten gehören: „Kindergeld" und „Koalition", „Madonna" und „Moder Svea" sowie „Kanzleikind" oder auch „Kanzleifrauchen". Die Vergleiche mit einem kleinen Kind oder der Hausfrau deuten an, dass meine Präsenz im Zentrum der Macht verunsicherte. Die abwertenden Worte waren ein gekonnter rhetorischer Schachzug, der die Bedrohung, die anscheinend von mir ausging, einzudämmen suchte. Nach altbekanntem Muster wurde ich verherrlicht, verniedlicht oder abgewertet. Alle diese Kosenamen und Schimpfwörter haben mit meinem offiziellen Titel, *Mutter und Kind*, eins gemeinsam: sie halten mich und meinen Sohn in der Anonymität. Die vielen Zuschreibungen verweisen darauf, dass unsere nackten Körper als Materialisierungen einer ganzen Reihe unterschiedlicher Bedeutungen fungierten. Nacktheit als Motiv diente der Aufladung verschiedenster Bedeutungszuschreibungen.

Anonymität und Nacktheit teilen wir mit vielen anderen Skulpturen im öffentlichen Raum, die Frauen und Kinder zeigen. Vor allem weibliche Aktdarstellungen bevölkern in einer schier unüberschaubaren Anzahl den öffentlichen Raum. In der Kunstgeschichte des westlichen Abendlandes symbolisierte der weibliche Akt die Kunst schlechthin. Gleichzeitig war diese symbolische Darstellung eine Möglichkeit, Vorstellungen von Weiblichkeit und dem weiblichen Körper festzuschreiben und damit zu kontrollieren. Als die öffentlichen Einrichtungen des Wohlfahrtsstaates mit qualitativ hochwertiger Kunst ausgestattet werden sollten, konnten weibliche Aktbilder an eine etablierte Kunstgattung anknüpfen und versprachen damit eine hohe ästhetische Qualität. In den 1950er Jahren wurde der Frauenakt dann zum häufigsten Motiv in der skulpturalen Ausgestaltung des öffentlichen Raums in Schweden. Dennoch hat es mich immer gewundert, dass die fehlende Bekleidung nie diskutiert wurde. Mein Mangel an konventioneller weiblicher Schönheit wurde von einigen kritisiert; andere haben sich über meinen Haarschopf aufgeregt, den „Klumpen" auf meiner Stirn, wie sie es nannten, oder sich über das Fettpolster auf meiner rechten Hüfte echauffiert. Meine Statur wurde als aufgedunsen, klobig oder deformiert beschrieben, was manchmal positiv, aber wohl meist negativ gemeint war. Aber die Tatsache, dass ich nackt war, war nie der Rede wert.

Meine Verwirklichung war eine Sache des Prestiges. Eine herausragende Skulptur sollte im absoluten Machtzentrum platziert werden. Nun ist es jedoch bereits vier Jahrzehnte her, dass die Regierungskanzlei aus dem Gebäude auszog und den Reichstagsabgeordneten und anderen Angestellten Platz machte; sie mussten ihrerseits nun wiederum wegen der anstehenden Renovierung das Haus räumen. Im Laufe der Jahre wurden meinem Kind und mir kulturhistorischer Wert zugeschrieben. Wir sollen bewahrt werden und wurden wegen der Renovierungsarbeiten daher an einen sicheren Ort evakuiert. An dem Tag, an dem wir in den Innenhof zurückkehren, wird das in unserer Eigenschaft als historisches Dokument sein – als Zeugnis einer einst fortschrittlichen Sozial- und Kulturpolitik.

Während die Ideale des Wohlfahrtsstaates verblassen und in unserer ideenlosen Zeit keine Nachahmer finden, bleibe ich standhaft – doch auch weiterhin nackt und namenlos. Damit zeuge ich von den konventionellen Geschlechtervorstellungen, die Schweden in den 1950ern prägten. Aber auch in Zukunft wird nichts darüber Aufschluss geben, wer ich bin. Nur wer genau hinsieht, ahnt, dass ich noch andere Ambitionen habe, als Mutter zu sein. Meine anhaltende Identitätslosigkeit mag der Grund sein, warum ich Schwierigkeiten hatte, mich Ihnen anfangs vorzustellen, und mich selbst, bis heute, auf eine Frau mit Ausstrahlung und origineller Frisur reduziere.

Aus dem Schwedischen von Tanja Schult.

Angaben zum Werk

Werktitel: *Mutter und Kind* (orig.: *Mor och barn*)
Künstler: Bror Marklund
Auftraggeber: Statens Konstråd
Entstehungsjahre: 1947–1956
Ort: Stockholm, Schweden

Zum Nach- und Weiterlesen

Warner, Marina, *Monuments and Maidens: The Allegory of the Female Form* (London: Weidenfeld & Nicolson, 1985) [auf Deutsch: *In weiblicher Gestalt: Die Verkörperung des Wahren, Guten und Schönen*. Hamburg: Rowohlt, 1989].

Wenk, Silke, *Versteinerte Weiblichkeit: Allegorien in der Skulptur der Moderne* (Köln: Böhlau, 1996).

Jessica Sjöholm Skrubbe ist Kunsthistorikerin und lebt in Stockholm. Zum Thema nackte Weiblichkeit im schwedischen Wohlfahrtsstaat schrieb sie ausführlich in *Skulptur i folkhemmet* (Makadam 2007).

HENRIK HOLM

Falls du es vergessen hast: Ich *bin Queen Mary*

Als ich ein Kind war, erzählten uns die alten Leute Geschichten. Davon, wie man diejenigen zu vergessen suchte, die kurz vor ihrer unfreiwilligen Abreise standen. Mithilfe von Gesang, Kräutern und Voodoo begleitete man unsere Vorfahren durch ein namenloses Ritual, bevor sie hinaus aufs Meer geschickt wurden. In der Ferne angekommen, waren sie für immer in der weißen Welt verloren: wie unbeschriebene Blätter, einen lebendigen Tod fristend, gleichsam Zombies. Während dieser Vergessensrituale wurde auch eine Pflanze verwendet, die den Namen „Vergiss Mutter" trägt. Im Zuge all dieser Ungeheuerlichkeiten stand ich auf und sagte: „Ich bin Queen Mary!" Das „ich bin" ist dabei nichts, was mir leicht zu sagen fällt – oder zu sein, zumindest wohl nicht so leicht wie dir.

Ich, Mary Leticia Thomas, bin zurück im alten, eiskalten Kopenhagen. Die dänische Kolonialmacht hielt mich hier für fünf Jahre zusammen mit meinen Komplizinnen – Axeline „Agnes" Elizabeth Salomon, Mathilda McBean, und Susanna „Bottom Belly" Abrahamsson – gefangen. Eigentlich hätte ich lebenslang einsitzen müssen. Die Kälte steckt mir noch immer in den Knochen.

In der Nacht des 27. April 2018 haben mich meine Schöpfer in meiner neuen Denkmalgestalt an meinen jetzigen Aufstellungsort transportiert. Der Wind drehte gen Norden und brachte weißen Schnee, der meine schwarze Oberfläche bedeckte. Am Tag der Einweihung war es sogar noch kälter. Aber die Einweihung musste dennoch stattfinden, denn es war der 31. März, der „Transfertag", der 101. Jahrestag des Verkaufs der Dänisch-Westindischen Inseln an die USA. Dies alles geschah im Jahr 1917. Ich konnte sehen, dass die gefrorenen Lippen der Redner nicht in der Lage waren, die Worte, die sie von sich geben wollten, richtig zu formen. Ich konnte auch eine Menge von Leuten sehen, die sich wie Pinguine während des arktischen Winters verhielten. Stetig kreisten sie um die Mitte herum, sodass diejenigen an den Rändern nicht zu lange dort stehen mussten. Sie hielten sich dadurch gegenseitig warm. Einige von ihnen hatten sich dem Sturm widersetzt und waren, gegen den Wind ankämpfend, vom Ort des Frauengefängnisses, wo ich so viele Jahre verbracht hatte, zum Hafen und zum Westindischen Lagerhaus, vor dem ich nun also stehe, marschiert. Black Lives Matter, Marronage – ihr seid nicht aufzuhalten!

Ja, all wir Königinnen sind einst an diesem Ort, an dem nun mein Denkmal steht, vorbeigekommen. Nahe meinem Standort hatte der Zoll früher die Kontrolle über das Hafengebiet. Auf Dänisch heißt das Zollamt „toldbod". An diesem Ort war der Zoll, „told", für die Waren, die in den Hafen einliefen, zu entrichten. Hunderte von großen Schiffen fuhren hier durch. Die Dänen waren vom Geld besessen. Man fragt sich, wie sie den Preis eines Sklaven berechnet haben. Sie, die uns angeblich „Gerechtigkeit" antaten, mussten unseren Wert auf eine Zahl festlegen. Wie konnten sie uns nur so verramschen?

Hier sitze ich nun, allerdings allein, ohne meine Mitstreiterinnen. Wasser verbindet uns, Wasser trennt uns. Mein Sockel besteht aus Korallenstein, der einst von Versklavten aus den tropischen Riffen gehämmert wurde. Diese hatten vielleicht Angst vor dem Meer, weil es sie an die Überfahrt auf die Inseln erinnerte. Sie bauten Häuser aus den schillernd schönen, einst lebenden Tieren. Wenn sie getötet und als Baumaterial verwendet werden, sehen die Korallen genauso grauweiß aus wie die überhitzten Teile des Riffs heute. Schau genauer hin: All die schönen, unregelmäßigen Spuren ihres Wachstums sind noch vollständig sichtbar. Diese Korallensteine wurden von einer der Künstlerinnen, die mich erschufen, La Vaughn Belle, auf ihrem Grundstück in St. Croix gefunden. La Vaughn schuf in ihrem Studio ein Kunstwerk, das sie *Trading Post* nannte. Heute bildet es den Korallensockel, auf dem ich sitze; einen Ort, an dem Gefühle und Geschichte ausgehandelt werden. Das Werk verblieb ein Jahr lang beim Zoll. Aufgrund dieser Verzögerung durch die Gesetzeshüter musste die Einweihung, die ja eigentlich bereits anlässlich des 100. Jahrestages des Verkaufs der Dänisch-Westindischen Inseln an die USA stattfinden sollte, um den Zusatz „+1" ergänzt werden.

Genau dort, wo ich jetzt sitze, in meinem Korbstuhl auf dem Sockel, nehme ich die Pose des Black-Panther-Anführers Huey P. Newton ein. Er wurde einst mit seinen Waffen, einer Schrotflinte und einem Speer fotografiert – in der gleichen Körperhaltung wie ich heute. Nur dass ich an einer Taschenlampe und meinem Buschmesser festhalte. Und das, obwohl sie im Wind schwanken und meine Oberfläche durch die Witterung allmählich aufreißt, denn ich bin nicht aus Bronze, auch wenn das auf den ersten Blick so aussehen mag.

Die Materialwahl resultierte aus dem Mangel an Finanzierung. Zwar haben einige für mein Denkmal gespendet, aber es waren zu wenige, als dass ich in Bronze hätte gegossen werden können. Letztlich mussten die Künstlerinnen für mich aufkommen. Das gilt auch für zukünftige Reparaturen. Das Geld reichte lediglich, um mich aus Styropor anzufertigen. Zuerst hatten die Künstlerinnen die Idee, die Kunststoffbeschichtung grün anzusprühen, einer patinierten Bronzeskulptur gleich. Deshalb sah ich zunächst aus wie ein neugeborener, schleimiger Außerirdischer. Sie entschieden sich daher kurzfristig um und mein Denkmal wurde schwarz, so wie ich es einst war. Allerdings geschah das recht kurzfristig, bloß ein paar Stunden bevor es raus in die weiße Schneelandschaft ging. Ich bedanke mich für die Beschichtung, aber sie nützt nichts bei diesem Wetter. Auch mein leiblicher Körper litt unter der ständigen feuchten Kälte.

Als Kunstwerk bin ich ästhetischen Urteilen ausgeliefert. Ich verfüge nicht über die perfekten Maße einer griechischen Statue. Vielleicht entspreche ich damit nicht deiner Vorstellung von Schönheit. Die Künstlerinnen waren auf jeden Fall innovativ: sie verschmolzen

3D-Ganzkörper-Scans von sich selbst zu einem einzigen digitalen Bild. Ich sitze hier und höre zu, was über mich gesagt wird. Nein, ich bin keine Sklavin, auch wenn ich ein schwarzer Mensch bin. Nicht alle Schwarzen in Denkmalform sind Sklaven. Ich gehöre zu den Arbeiterinnen und Arbeitern, die im 19. Jahrhundert Gerechtigkeit suchten, wie es weiße Leute in ihren berühmten Revolutionen von 1789, 1798, 1830, 1848 und 1870 taten. Diese Revolutionen schufen den modernen Bürger und etablierten das Paradigma des freien und gleichen Individuums. Na ja, Frauen blieben weiter entrechtet. Die Revolten der Bourgeoisie gaben den weißen Menschen demokratisch regierte Nationalstaaten, mit denen sie sich identifizieren konnten. Sie setzten jedoch ihre imperialen Traditionen fort und verweigerten uns anderen, an diesem Prozess teilzuhaben.

Unsere Vorfahren überlebten die „Middle Passage“, also den transatlantischen Sklavenhandel. Die nördliche Route nehmend, überlebten auch wir und kamen wieder zu den Inseln zurück, wo sie noch heute unsere Lieder singen und wo wir drei in einem Denkmal in der Stadt Charlotte Amalie auf St. Thomas verewigt wurden. Man wusste nicht, dass eigentlich nicht nur wir drei, sondern noch viele weitere in Kopenhagen am Aufstand beteiligt gewesen waren. Erst heute werden in den Archiven weitere Nachforschungen dazu angestellt.

In Kopenhagen muss ich für uns alle herhalten. Ich höre die Kinder in der nahe gelegenen Schule proben: „Queen Mary, ah where you gon' go burn? / Queen Mary, ah where you gon' go burn? / Don' ask me nothin' t'all / Just geh me de match an oil / Bassin Jailhouse, ah deh de money dey.“ Werden einige von ihnen eines Tages auch ein Gefängnis niederbrennen, so wie wir es einst getan haben? In den USA sind Gefängnisse ein riesiges Geschäft. Eine andere Art von Sklaverei. Sie stehen für alles, wogegen ich gekämpft habe: Misshandlung von Arbeiterinnen und Arbeitern, eine massive Überbelegung durch People of Color. Dort werden Menschen lebenslang eingesperrt und müssen als billige Arbeitskräfte dienen. Das war auch meine Wirklichkeit. Bereits Ende des 18. Jahrhunderts war ich im Frauengefängnis von Kopenhagen zur

Zwangsarbeit verpflichtet. Wir Insassinnen haben uns jede Krankheit eingefangen, die man sich nur vorstellen kann: Cholera, Typhus, Lungenentzündung. Viele von uns starben wie die Fliegen. Mit der Zeit wurden wir alle still, wie leere Muschelschalen. Wie die toten Korallen am Denkmal. Seine Oberfläche erinnert an das einstige Leben. Doch trügt die vermeintliche Langlebigkeit der Korallenwelt: der Sockel kann leicht in Stücke gebrochen werden. Damit hängt selbst mein Fundament von der Gnade der Öffentlichkeit ab.

Als Frauen wurden wir einerseits aufgrund unseres Geschlechts zusammengepfercht, andererseits wurden wir wegen unserer gewalttätigen und aggressiven Handlungen zugleich nicht als weiblich angesehen. Wir hatten wie Männer gehandelt und nur Männer haben das Privileg, Gewalt gegen andere anzuwenden. Heute werden immer mehr schwarze Frauen inhaftiert, als Folge sich verschlechternder wirtschaftlicher Bedingungen. Das darf man keinesfalls verschweigen! Und wie damals werden auch heute noch Frauen unterdrückt, gerade wenn sie sich nicht an traditionelle Vorstellungen von Frauenrollen halten.

Versuchen Sie einmal, sich das Ausmaß an Gewalt, Armut und Vernachlässigung vorzustellen, gegen das wir, noch auf den Inseln, ankämpften. Kurz nach dem Aufstand, der 1848 zur unerwarteten Emanzipation der Sklaven führte, wurden wir dort von einer verheerenden Choleraepidemie heimgesucht, die auf dem Schiffsweg von Kopenhagen zu uns gekommen war. Das hatte schwere Folgen. Und nach der Abschaffung der Sklaverei waren die Gehälter so niedrig, dass man die eigene Familie nicht davon ernähren konnte. Die Sterberate unter unseren Kindern war in den 1870ern höher als die Zahl der Neugeborenen. Daraufhin legten wir 1878 unsere „Weiblichkeit“ ab und brannten die Hauptstadt Frederiksted nieder. Wie Daenerys in *Game of Thrones*: „Burn them all!“ Mein Buschmesser war mein Schwert, die Königinnen meine Drachen. Wir taten es wirklich, denn unsere Wut war wahrhaftig.

Bevor wir zur Fackel griffen, hatte es bereits einen Aufstand auf dänischem Boden gegeben. 1872 schlug die Polizei auf Sozialisten ein, die sich aus Protest auf einem Feld in der Nähe der dänischen Hauptstadt versammelt hatten. Dieser Vorfall nahm einen mythischen Status in ihrem Lokalgedächtnis an, markiert er doch den Beginn einer positiven Veränderung für die Arbeiterschaft, die sich gegen unerträgliche Bedingungen vereinte. Weiße Historiker schrieben darüber und behaupteten, es sei der erste Aufstand und sogar die einzige offene Auseinandersetzung mit den Behörden gewesen, die die Sozialisten je gehabt hätten. Sie wären die Ersten gewesen. Unser Aufstand hingegen zählt nicht, nicht einmal als zweite, sozialistisch inspirierte Revolution in der dänischen Geschichte. Denn bei uns marschierten Frauen vorneweg. Vielleicht waren wir damit nicht auf die „richtige" Weise sozialistisch? Oder hatten wir die falsche Hautfarbe?

Aus meiner Sicht war der Brand von 1887 ganz klar eine Arbeiterrevolte – die größte, die jemals auf dänischem Territorium stattfand. Aber sie ist in Vergessenheit geraten. In einer Ausstellung des Arbeitermuseums in Kopenhagen 2017 wurde endlich wieder an sie erinnert. In der Ausstellung gab es auch eine niedliche Miniaturversion meines Denkmals zu sehen.

Ich frage mich immer noch, welche Art von Gesellschaft wir wohl hätten haben können, wenn wir damals erfolgreich gewesen wären. Apropos Revolte: Als die privilegierten Frauen in Dänemark 1915 endlich ihr gesetzliches Wahlrecht erlangten, war das Allererste, wofür sie es nutzten, für den Verkauf der Dänisch-Westindischen Inseln an die USA zu stimmen. Sie fragten die Inselbewohner nicht nach ihrer Meinung. Ich denke, dass sie alle, unabhängig vom Geschlecht, uns bloß loswerden wollten, bevor ihr Parlament schwarze Vertreter hätte akzeptieren und unseren Stimmen hätte Gehör schenken müssen. Stimmen, die sie nicht als diejenigen vollwertiger Menschen erachteten. Zur damaligen Zeit war Rassismus ein wesentlicher Bestandteil der öffentlichen Meinung, der Wissenschaft und des Rechts. Sie verkauften die Inseln also an die USA, wo die Jim-Crow-Gesetze herrschten und wo der Ku-Klux-Klan, der bereits zu meinen Lebzeiten in allen Teilen des Südens aktiv war, soeben erst öffentlichkeitswirksam durch einen Film gepriesen worden war: 1915 erschien *The Clansman* von D. W. Griffith, besser bekannt als *Birth of a Nation*. Damit war *ihre* Geburt gemeint, nicht *unsere*.

Nein, ich bin nicht die zukünftige Königin von Dänemark, obwohl auch ihr Vorname Mary ist. Die Künstlerinnen statteten Königin Margrethe II. von Dänemark einen Besuch ab, um ihr von meiner Existenz neben dem königlichen Schloss Amalienborg zu erzählen. Viele Häuser im Zentrum Kopenhagens beruhen auf durch Kolonialismus und Versklavung gewonnenem Reichtum. Amalienborg erhielt eine besondere Würdigung durch die Eröffnungsszenen des 2018 erschienenen Dokumentarfilms *A Black Chapter* von Maya Albana. Die Künstlerin Jeannette Ehlers, eine meiner beiden Schöpferinnen, spaziert darin barfuß (so sitze übrigens auch ich auf dem Korallensockel) und in einem Kleid (ähnlich dem, das ich trage), mit einer Peitsche in den Händen durch den Innenhof des Schlosses. Albana und Ehlers gingen zusammen zur Schule, waren eng befreundet und wussten beide, dass sie anders aussahen als die anderen. Albanas Vater war Malaysier, Ehlers Vater kam aus der Karibik. Eines Tages begann Ehlers ihre eigene Geschichte bewusst zum Inhalt ihrer Kunst zu machen, und Albana versuchte in ihrem Dokumentarfilm nachzuvollziehen, wie ihre Herkunft ihre beiden Leben beeinflusst hat.

Als ich den Dokumentarfilm sah, machte mich das traurig, denn darin fiel einiges unter den Tisch. Ich war nicht allein gewesen, wir waren viele, viele, die litten, viele, die protestierten. Ich stehe stellvertretend für alle Rebellen. Und auch mein Denkmal war Resultat einer Zusammenarbeit. Das zeigt sich schon an meiner Gestalt, gebildet aus den zwei Körpern beider Künstlerinnen, vereint in einem 3D-Scan. Allein die Tatsache, dass es mich überhaupt gibt, ist Ergebnis zahlreicher Diskussionen und kollaborativer Arbeit. Dazu gehörte zum Beispiel Helle Stenum von der Roskilde Universitet, die die Idee hatte, das Westindische Lagerhaus mit Lagerhallen auf den Amerikanischen Jungferninseln zu vernetzen und diese für Austauschprojekte mit Künstlerinnen und anderen zu öffnen. Ihre Idee fand jedoch keine Beachtung. Aus wachsender Verzweiflung, dass sich diese Ideen nicht umsetzen ließen, wurde Helle ihrerseits zu einer „Königin Mary", einer Kämpferin. Am Ende gelang es ihr, Jeannette Ehlers und La Vaughn Belle zusammenzuführen. Und so entstand ich. Ein ungewöhnliches Denkmal. Öffentlich aufgestellt, so die Hoffnung, würde ich vielleicht die ersehnte Wende bringen und endlich eine Möglichkeit für die Auseinandersetzung mit der Vergangenheit einleiten. Zukünftig sollte es dann mehr als eine Version von mir geben. Das geschah auch. Die Ford-Stiftung hat eine erhalten, diese Kopie steht nun vor dem Barnard College in New York City. Vielleicht sitze ich zukünftig auch auf St. Croix oder in Ghana, und erinnere an schwarzen Widerstand gegen die Unterdrücker? Wie dem auch sei, das bisher Erreichte kam nur zustande, weil eine Reihe engagierter Leute zusammenarbeitete. Helle drehte dann noch einen begleitenden Dokumentarfilm, *We Carry It Within Us* (2017), bei dem eben dieses Engagement vieler im Vordergrund stand, also das, was ich in Albanas Film vermisse. Die Betonung lag immer auf dem „wir". Das ist auch meine zentrale Botschaft: Allein ist man einfach nicht stark genug, auch wenn das leicht vergessen werden kann, so einsam wie ich hier dasitze.

Mein Denkmal wurde zu einer Erfolgsgeschichte, national und international. Aber es wurde auch als Alibi missbraucht, um eine vermeintlich erfolgreiche Diversitätspolitik zu rechtfertigen. Aber wie lässt sich das schon verhindern? Ich werde jetzt bei Anlässen erwähnt, um die ich nie gebeten habe und an denen ich nie teilhaben wollte. Institutionen und Personen benutzen mich für ihre vielfältigen Interessen – wohlgemerkt ohne meiner Denkmalgestalt zuvor sonderlich dabei geholfen zu haben, das zu werden, was ich nun bin, oder später sonst irgendwie für mich zu sorgen. Der kalte Wind nagt weiter an mir. Die Rückseite meines Stuhls ist bereits durchgebrochen. Auch wurden meine beiden Knöchel und ein Arm zerstört. Es gab niemanden, der sich um meine Schäden kümmerte.

Die Nationalgalerie Dänemarks hat ihre große Sammlung antiker Plastiken im Westindischen Lagerhaus hinter mir verstaut, wodurch eine Begegnung der unheimlichen Art zwischen der lange beschwiegenen Geschichte der Schwarzen, repräsentiert durch das

Lagerhaus, und der Geschichte der Weißen mit ihren Kunstschätzen entstand. Der Vater der Kunstgeschichte und Archäologie, Johann Joachim Winckelmann, hatte sich bereits im 17. Jahrhundert der Antike gewidmet. Allerdings auf seine Weise. Obwohl er sich zu seiner Zeit wie kein Zweiter mit der antiken Skulptur auskannte, vertrat er die Ansicht, die griechische antike Skulptur sei weiß, und nicht farbig gewesen. So hielt der Weißheitskult an und blieb auch im Neoklassizismus die Norm. Bevor Winckelmann nach Rom aufbrach, schaute er sich deutsche Sammlungen antiker Plastiken an und entwickelte eine Vorliebe für vom Licht angestrahlten weißen Gips, der die „reine Form" offenbarte. Solche Sammlungen nach Winckelmanns Geschmack verbreiteten sich in ganz Europa. Dabei war es Winckelmann selbst, der diese Entwicklung mit seinen revolutionären Gedanken über Freiheit, guten Geschmack und der Farbe Weiß als Nonplusultra antrieb. Alle wollten den Winckelmann'schen Stilidealen huldigen. Gutgestellte europäische Männer waren sehr darauf bedacht, weiße Kopien von Winckelmanns bevorzugten antiken Statuen überall dort aufzustellen, wo auch immer sie Dienst an den „Zivilisationsgrenzen" leisteten, sei es in Südafrika, Argentinien, Australien, China, Japan oder auf dem Boden der Ureinwohner Nordamerikas. Auch Dänemark bekam sein Fett weg. Nach Winckelmann waren zu kalte oder zu heiße Gegenden eigentlich ungeeignet, um zivilisatorisch gedeihen zu können. Die Dänen mussten ihre geografisch bedingten Defizite folglich ausgleichen. Das taten sie, indem sie eine besonders imposante Sammlung antiker Plastiken anschafften und Kopien antiker Skulpturen in ganz Kopenhagen aufstellten. Auf diese Weise konnten sie in ihrem viel zu kalten, Wikinger-verrückten Teil der Erde doch noch auf ihre zivilisierten Tugenden hinweisen.

Wenn ich mich umschaue, sehe ich Reichtum und Wohlstand, aber Zivilisation? War die dänische Geschichte nicht eher geprägt von Angst und Hass gegenüber anderen? Das Beschweigen der schwarzen Geschichte, auf die das Westindische Lagerhaus verweist, und einer endlos recycelten weißen Geschichte, die der dortigen Sammlung antiker Plastiken entspricht, wird nun durch meine Anwesenheit hinterfragt. Doch stehe ich draußen und friere und zerbrösele langsam im rauen Wind. Zudem hat die Nationalgalerie sich 2017, in ihrem 100. Jubiläumsjahr, dafür entschieden, die Öffnungszeiten der Sammlung im Lager hinter mir radikal einzuschränken. Schon damals lief es im Kulturbereich wirtschaftlich schlecht. So viel zum Thema Zivilisation. Ging es wirklich darum, sich der unbequemen Vergangenheit zu stellen? An diesem Ort drängte sich die Möglichkeit ja förmlich auf – aber überzeugt das Resultat?

Ich bin nur poröses Polystyrol, nicht Bronze wie die Kopie von Michelangelos *David*, der gleich neben mir steht. Wer weiß, welchen Schaden ich im kommenden Winter erleiden werde. Aber derzeit bin ich noch ebenso groß wie der nackte Schönling. Und das, obwohl ich sitze. Obgleich uns die Entschlossenheit zum Kampf eint, bin ich doch Davids Gegenpart. Michelangelo wird seit Jahrhunderten zu den bedeutendsten westlichen Künstlern gezählt. Den grundlegenden Trick der westlichen Kunst, nämlich Trauma in Schönheit zu verwandeln, hat er mit seinen in sadomasochistischer Glückseligkeit leidenden Sklavenskulpturen hervorragend perfektioniert.

Bin weder Sklavin noch schön – ich bin Queen Mary. Bevor du weitergehst, vergiss das nicht. Ich bin hier, um euch zu verfolgen, euch im Schlaf heimzusuchen, euch an eure Geschichte zu erinnern, nicht bloß, um Lob zu ernten, kurzfristig ein gutes Gefühl auszulösen. Ich fordere dich nicht nur zum Nachdenken, sondern auch zum Handeln auf. Wenn ich höre, wie eine Person flüstert: „Ja, auch ich bin Queen Mary“, freue ich mich. Du kennst meine Antwort: „Ah, where you gon' go burn?“

Aus dem Englischen von Julia Lange und Tanja Schult.

Angaben zum Werk

Werktitel: *I Am Queen Mary*
Künstlerinnen: La Vaughn Belle & Jeannette Ehlers
Auftraggeberinnen: Initiative der Künstlerinnen
Jahr der Einweihung: 2018
Ort: Larsens Plads, The West Indian Warehouse, Kopenhagen, Dänemark

Zum Nach- und Weiterlesen

Belle, La Vaughn, *Writing Out Of The Margins: Selected Footnotes On Det Sorte Kapitel* (Oktober 2018), http://lavaughnbelle.blogspot.com/ (letzter Zugriff: 7. Mai 2021).

Danbolt, Mathias, & Michael K. Wilson, „A Monumental Challenge to Danish History", in *Art Criticism* (2018), https://kunstkritikk.com/a-monumental-challenge-to-danish-history/ (letzter Zugriff: 7. Mai 2021).

Ehlers, Jeannette, *Say it loud!* (Kopenhagen: Forlaget Nemo, 2016).

Gordon, Avery F., *Ghostly Matters. Haunting and the Sociological Imagination* (Minneapolis & London: University of Minnesota Press, 2008).

Odumosu, Temi, „What Lies Unspoken: A Remedy for Colonial Silence(s) in Denmark", in: *ThirdText* (2019), Bd. 33, Nr. 4–5, 615-629.

Stenum, Helle, *We Carry It Within Us,* 2017 (Film), https://wecarryitwithinus.com/home/ (letzter Zugriff: 7. Mai 2021).

Henrik Holm arbeitet als Kurator in der Royal Cast Collection des West Indian Warehouse, die zur Nationalgalerie Dänemarks (Statens Museum for Kunst, SMK) gehört.

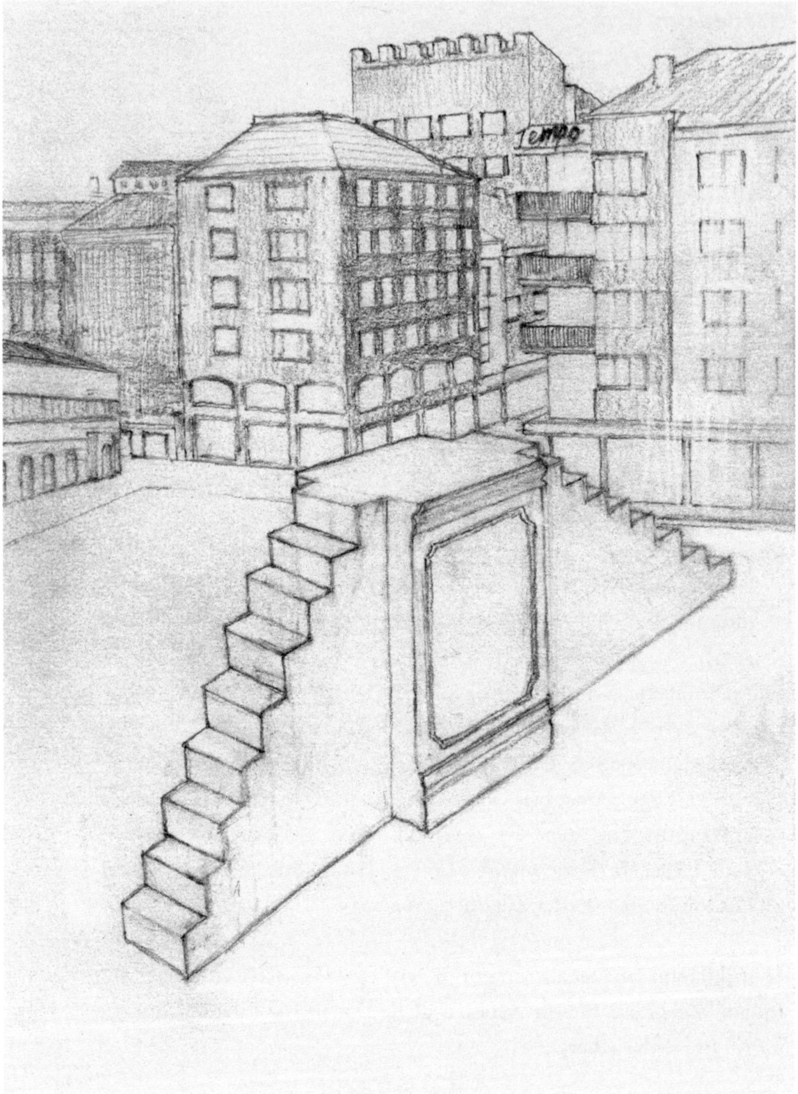
Tempo

Denkmäler in der Demokratie

TIM COLE

Einer von vielen

Ich bin weder der Erste noch der Letzte, der auf diesem neoklassizistischen Granitsockel Platz nimmt. Ich bin einfach einer von vielen, ständig wechselnden Bewohnern dieses Viertels mit seiner luxuriösen, imposanten Bebauung im Herzen Londons.

Am Anfang war eine Leerstelle: ein Sockel, der noch unbesetzt und für eine übergroße Bronzefigur eines kürzlich verstorbenen Monarchen gedacht war. Als der Platz, auf dem der Sockel stand, in den 1840er Jahren umgestaltet wurde, waren die beiden Ecken auf der Nordseite für zwei Denkmäler der letzten beiden Könige des Landes vorgesehen. Aber König Wilhelm IV. wurde, obgleich betrauert, nach seinem Tod nie aufs Podest gehoben, zumindest nicht hier. Sein älterer Bruder, Georg IV., hingegen schon. Ich kann ihn auf seinem Pferd in der hinteren Ecke des Platzes ausmachen. Sein Sockel ist das Ebenbild von meinem. Schaute dieser in einen Spiegel, sähe er mich. Vielleicht ist dies das Schicksal von jüngeren Brüdern zu allen Zeiten und überall auf Erden: Der ältere Bruder, und somit Erbe, wird zum König gekrönt. Der Jüngere, das heißt sein „Ersatz", folgt ihm nur auf den Thron, wenn der Ältere vorzeitig stirbt. Obwohl also beide Brüder am Ende König wurden – der eine planmäßig, der andere überraschend – war es nur der Erstgeborene, der es sowohl auf den Thron als auch auf den Sockel im Herzen der Hauptstadt schaffte.

Wenngleich also sein Bruder Wilhelm sich nie zu ihm gesellte, war Georg dennoch niemals allein auf diesem Platz. Weit davon entfernt. Jedoch wurde er von Anfang an übersehen. In der Mitte, über König und Volk schwebend, thront ein anderer Mann, auf einer fast 60 Meter hohen Siegessäule. Er war kein König, sondern ein Admiral: Horatio Nelson, Kommandeur der britischen Marine. Letztlich war der Platz somit nie wirklich König Georgs, sondern eher Nelsons: benannt nach Letzterem und dessen siegreicher Seeschlacht von Trafalgar zur Zeit der Napoleonischen Kriege.

Seit der Ankunft Georgs in der einen Ecke des Platzes und Horatios in der Mitte haben sich noch andere hier niedergelassen, um den militärischen Erfolgen des Landes im 19. Jahrhundert Tribut zu zollen. Auf der Südseite ehren links und rechts zwei kleinere Sockel weniger bedeutende Personen. Angrenzend an das Kanada-Haus und das Haus Südafrikas handelt es sich dabei passenderweise um Männer des Imperiums. Beide führten imperiale Feldzüge des britischen Militärs in Indien an. Beide wurden hier, kurz nachdem sie starben, in Bronze verewigt: Mitte der 1850er Jahre zunächst General Sir Charles James Napier und einige Jahre später, in den frühen 1860er Jahren, Generalmajor Sir Henry Havelock. Beide kehren mir den Rücken zu, sodass ich ihre Gesichter nicht sehe. Somit können auch sie nicht sehen, wie ich hier stehe und nach Süden in Richtung des Flusses schaue, genau wie sie.

Nachdem der für den jüngeren Königsbruder, Wilhelm IV., vorgesehene Sockel anderthalb Jahrhunderte leer stand, schien es endlich an der Zeit, etwas gegen diese Lücke in der Landschaft zu tun. Briefe wurden an die Presse verfasst, Geld gesammelt und Künstler beauftragt. Aber es war kein König, dem letztendlich ein verspäteter Auftritt in überlebensgroßer Erscheinung an der nordwestlichen Seite des Platzes gewährt wurde. Stattdessen war es die zerbrechliche Gestalt Christi, die 1999 als erstes von vielen zeitlich begrenzten Werken auf dem Sockel platziert wurde. Mit geschlossenen Augen, ganz am Rande des Sockels, nur in ein Lendentuch gewickelt und eine Dornenkrone aus Stacheldraht tragend, sah diese Gestalt eher verletzlich als heldenhaft aus. *Ecce Homo* – Siehe, der Mensch! – ist ein Mann, der vor Gericht steht und sich dem Tod gegenübersieht, kein gefeierter Kriegsheld auf einer Siegessäule.

Dieser sich am Rande des Abgrunds befindende Christus war, ebenso wie ich, immer als zeitweiliger und nicht als ständiger Bewohner dieses Platzes geplant. Im Sommer darauf wich er einem

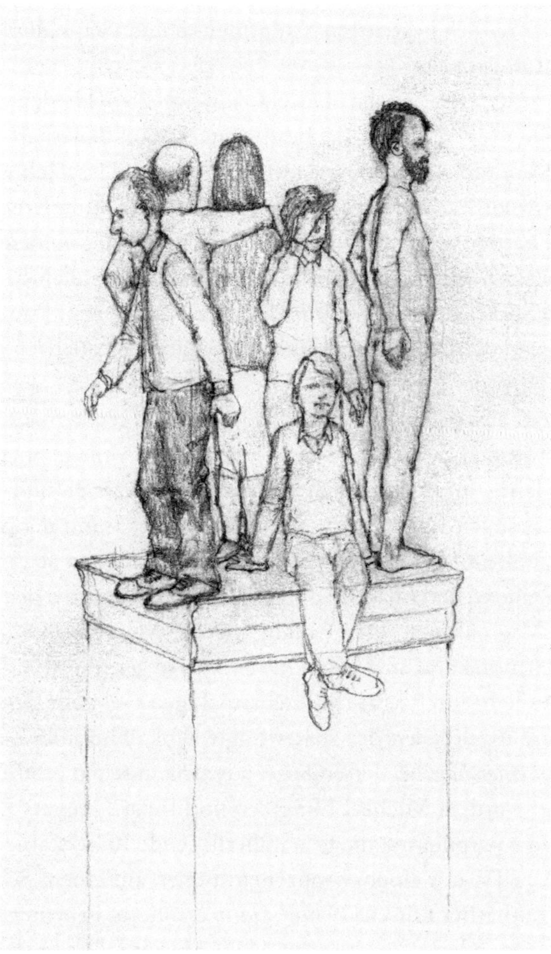

monumentalen Mannskopf, zerquetscht von einem übergroßen Buch und einem sterbenden Baum. Im nächsten Jahr wurde dieser durch einen transparenten, umgedrehten Sockel aus Harzguss ersetzt: ein leerer Sockel auf einem leeren Sockel. Nachdem also Mark Wallinger den vierten Sockel des Platzes mit seinem zerbrechlichen Christus bespielt und Bill Woodrow dort sein *Unabhängig von der Geschichte* installiert hatte, beendete Rachel Whiteread diese erste

Phase der zeitlich begrenzten Skulpturen mit der Sockelduplierung, genannt *Monument*.

Es wurde gleichzeitig überlegt, mit welchen Helden der ursprünglich für Wilhelm IV. bestimmte Sockel dauerhaft besetzt werden könnte. Über Könige aus der jüngeren Geschichte wurde ebenso diskutiert wie über Menschen, die kürzlich in Kriegen gekämpft hatten, auch zeitgenössische Helden und Prominente wurden vorgeschlagen. Doch anstatt schließlich jemanden dauerhaft auf den Sockel zu heben, wurde der stete Wandel zum Prinzip und zur Tugend erklärt. Und auf diesem Weg bin denn auch ich hier gelandet. Aber der Reihe nach.

Anstatt also diesen Ort langfristig einer einzigen heroischen Person zu widmen, sollte der Sockel fortan einige Monate, manchmal auch 2 Jahre, unterschiedlichen Künstlern überlassen und von ihnen ausgestaltet werden. Auf Whitereads Werk – mit der transparenten, hohlen Umkehrung der Sockelform – folgten ab 2005 eine ganze Reihe weiterer Künstler, die mit ihren Skulpturen den Sockel in Beschlag nahmen. Den Anfang machte Marc Quinns gliederlose Marmorskulptur *Alison Lapper, schwanger*, die von Thomas Schüttes lichtdurchlässigem, mehrstöckigen Gebäude *Modell für ein Hotel* abgelöst wurde. Später folgte Yinka Shonibares *Nelson-Schiff in einer Flasche,* dessen Segel aus afrikanischen Stoffmustern gefertigt wurden. Michael Elmgreen und Ingar Dragsets *Kraftlose Strukturen* parodierten die gegenüberliegende Reiterstatue zu Ehren Georg IV. mit einem bronzenen Jungen auf einem Schaukelpferd. Katharina Fritschs blauer *Hahn* erinnerte in seiner Farbigkeit an Yves Kleins Kunstwerke. Hans Haackes *Geschenkter Gaul* bestand aus einer Skelettform, die den Aufstieg und Fall der Börse live übertrug. David Shrigleys übergroßer, nach oben ragender Daumen trug den Titel *Wirklich gut* – ein ironisches Augenzwinkern bezüglich der Logik der sozialen Medien. In *Der Unsichtbare Feind sollte nicht existieren* rekonstruierte Michael Rakowitz aus irakischen Dattel-Sirup-Dosen eine antike Statue, die vom IS zerstört worden war. Dem folgte Heather Phillipsons Werk *Das Ende*, das eine mit einer Kirsche verzierte Haube aus Schlagsahne zeigte, die von einer Fliege angefressen und von einer Drohne überwacht wurde; die Drohne beobachtete zugleich auch die Passanten, die über den Platz gingen. Jede einzelne dieser Arbeiten deutete nicht nur den Sockel, auf dem ich nun stehe, sondern auch den königlich-imperialen Platz, auf den ich hinausschaue, auf seine eigene Art und Weise um.

Im Sommer 2009, nach Schüttes Modellhochhaus und vor Shonibares Buddelschiff, kam ich dann ins Spiel, oder besser Antony Gormleys Projekt *Der eine und der andere.* Gormley ist insbesondere bekannt für seinen *Engel des Nordens,* der Besucher in Newcastle und Gateshead am Straßenrand begrüßt, sowie für *Ein anderer Ort,* bei dem 100 gusseiserne Figuren am Strand von Liverpool aufs Meer blicken. Auch am Trafalgar Square und bei der Ausgestaltung des vierten Sockels setzte Gormley auf die menschliche Gestalt. Statt wie bei *Ein anderer Ort* und vielen ähnlichen Werken seinen eigenen, nackten Körper einzusetzen, lud Gormley am Trafalgar Square aber lieber andere Menschen ein, ihren Körper, ob nun bekleidet oder nackt, auf dem Sockel zur Schau zu stellen.

Und so bin ich hier gelandet. Vor ein paar Minuten wurde ich vorsichtig und langsam mit einem Kran heraufgehoben, gerade als die Uhr am Big Ben südlich von mir die volle Stunde schlug. Und in knapp einer Stunde, wenn die Uhr erneut schlägt, werde ich langsam und vorsichtig wieder auf den Erdboden zurückkehren. Ich kam aus der Menge, auf die ich jetzt herabschaue, und ich werde bald wieder in ihre Anonymität zurückkehren. Aber zumindest vorübergehend bin ich Mittelpunkt der Aufmerksamkeit und genieße meine Warhol'schen viermal „15 Minuten Ruhm".

Wie bin ich hier gelandet? Ich habe mich beworben, und ich wurde ausgewählt. So einfach war das. Aber Glück war auch dabei. Vielleicht geschieht am Ende alles auf diese Weise. Vielleicht ist dies letztlich auch der Grund, warum sich die anderen drei bronzenen Bewohner dieses Platzes in den entfernten Ecken wiederfinden. Sie hatten Glück gehabt. Ich bewarb mich online für einen Platz auf dem vierten Sockel. Ich wollte etwas sein, etwas tun, hier wirken, sechzig Minuten lang.

Nachdem ich mich beworben hatte, musste ich warten. Von den 34.500 Bewerbern wurde mir und 2399 anderen „Podestlern“ ein Zeitfenster zugewiesen. Ich musste ja schließlich wissen, wann ich nach London kommen sollte. Und bei der 100-tägigen Besetzung des neoklassizistischen Granitsockels sollte es schließlich geordnet zugehen. Wir „Podestler“ sollten das Land in seiner ganzen Weite und Vielfalt repräsentieren. Heldenhafte Ausnahmeerscheinungen waren unerwünscht. Und so bin ich denn auch ein Jedermann, ein zufällig Ausgewählter, aber kein Auserwählter, eben einer von vielen. Ich bin von der Provinz ins Zentrum gereist. Und zwar nicht bloß, um zu erzählen, wer *ich* bin, sondern auch ein wenig darüber, wer *wir* sind. Eine Stunde lang gebe ich Einblick in unser aller Gedächtnis und frage, was es bedeutet, Brite zu sein … dieses legendäre „Britischsein“ ist ja eine sehr komplexe Idee, die sich hier auf meinen gebrechlichen Körper beschränkt, der, ähnlich dem ersten Sockelbewohner, Wallingers Christusgestalt, vorsichtig am Rande des Sockels balanciert.

Auf diesem Sockel, mit Aussicht auf das symbolische Herz der Nation, bin ich mir sowohl der Ehre als auch der Absurdität meines Hierseins bewusst. Ich schaue hinüber zu Georg IV., seit anderthalb Jahrhunderten in strammer Tapferkeit erstarrt. Ebenso wie ich steht er sieben Meter hoch über dem Boden, um sicherzustellen, dass man zu ihm aufblickt, während er selbst nach unten schaut. Im Gegensatz zu mir wurde er vergrößert, um stark und mächtig auszusehen. Im Vergleich erscheine ich lächerlich mickrig auf diesem Einsiedlerstumpf und fühle mich auch so. Wenn ich auf die Menschen herabschaue, die über den Platz eilen, im Brunnen waten oder stehen bleiben, um mir zuzusehen, wird mir bewusst, wie klein und unbedeutend ich ihnen erscheinen muss. Und von hier oben sehen auch sie klein und unbedeutend aus.

Obgleich alles andere als groß und auf sieben Meter Höhe platziert, bin ich dennoch nicht zum Schweigen zu bringen. Dagegen verbleiben meine imposanten Kollegen auf ihren Sockeln in den anderen drei Ecken des Platzes seltsam stumm. Stille, grüblerische Gestalten. Aufgrund ihrer Unbeweglichkeit scheinen sie einfach

Teil der Architektur dieses Stadtraumes zu sein. Aber ich bewege mich und spreche. Ich ziehe mich an und ziehe mich aus. Ich falle ins Auge und ins Ohr, in einer Weise, in der dieser König und diese imperialen Anführer aus matter Bronze es nicht zu tun vermögen. Ich sage meine Meinung und weigere mich, den Mund zu halten. Ich kann hier oben letztlich mehr oder weniger alles tun, was ich will. Eine Stunde lang.

Dass meine Anwesenheit hier zeitlich befristet ist, erlaubt mir Freiheiten. Ich genieße es, einer der 2400 zeitweiligen Bewohner zu sein, und damit ein kleiner Teil der noch jungen Geschichte der wechselnden Bespielung des vierten Sockels. Es freut mich, jemand zu sein, der diesen Sockel nur für eine Stunde und nicht für ein Jahr beansprucht, geschweige denn ein Jahrhundert. Wie anstrengend wäre das! In ein paar Minuten werde ich meinen sorgfältig geplanten, sicheren Abstieg beginnen und bereitwillig meinen Platz auf dem Sockel an einen anderen übergeben. Ich, wie die Person, die vor mir kam, und die Person, die mich ablöst, bin die vergänglichste aller Statuen. Im Gegensatz dazu verkörpern die anderen drei, die in ihren Ecken stehen, die Idee von Beständigkeit, die in Bronze gegossene Denkmäler nun mal für sich beanspruchen. Aber was bedeutet das schon?

Diese anderen drei Statuen sind schon eine Weile hier, das stimmt. Aber sie sind nicht seit jeher hier gewesen. Es gab jenen Moment in den 1840er Jahren als Georg IV. – aber nicht sein jüngerer Bruder! – auf sieben Meter angehoben und vorsichtig auf dem Sockel platziert wurde. Und in den Folgejahren erhielt er von Napier und Havelock Gesellschaft. Aber was nach oben strebt, kann – und muss vielleicht schlussendlich auch – runterkommen. Das Stürzen von Denkmälern mit ihrem arroganten Anspruch auf Beständigkeit ist der Stoff von Revolutionen und militärischen Siegen: Die Helden der Vergangenheit werden zu den Schurken von heute, die durch neue Helden ersetzt werden. Ich erhebe keinen Anspruch auf Heldentum. Ich erhebe keinen Anspruch darauf, für immer ein Denkmal zu sein. Nach meiner Sternstunde gehe ich ohne Aufheben, damit jemand anderes meinen Platz einnimmt, und kehre wieder in die Menge zurück, aus der ich hergekommen bin.

Ich bin weder der Erste noch der Letzte, der auf diesem neoklassizistischen Granitsockel steht. Ich bin einfach einer von vielen Bewohnern dieses Viertels mit seiner luxuriösen, imposanten Bebauung im Herzen Londons.

Aus dem Englischen von Julia Lange und Tanja Schult.

Angaben zum Werk

Werktitel: *One & Other*
Künstler: Antony Gormley
Auftraggeberin: Fourth Plinth Commission
Jahr der Einweihung / Dauer: Juli 2009 bis Oktober 2009
Ort: Trafalgar Square, London, England

Zum Nach- und Weiterlesen

Antony Gormley on Sculpture (London: Thames and Hudson, 2015/2019).

De Vasconcellos, Isabel (mit einem Vorwort von Grayson Perry), *Fourth Plinth: How London Created the Smallest Sculpture Park in the World* (London: Art/Books, 2016).

One and Other: Antony Gormley. Mit Beiträgen von Hugh Brody, Lee Hall, Darian Leader, Alphonso Lingis & Hans Ulrich Obrist (London: Jonathan Cape, 2010).

Tim Cole ist Historiker und lebt in Bristol. Im Zuge des in den Medien viel diskutierten Denkmalsturzes der Colston Statue wurde er im Jahr 2020 zum Vorsitzenden der neu einberufenen Bristol History Commission ernannt, die sich kritisch mit dem öffentlichen Gedenken der Stadt und ihrer Geschichte auseinandersetzt.

TANJA SCHULT

Ich bin ich und doch nicht

Da auf dem Hügel – das bin ich: Der Pavillon des *Nationalen Denkmals für Frieden und Gerechtigkeit.* Von Cottage Hill aus überblicke ich Montgomery. Die Blätter der Bäume verdecken den Flusslauf. Aber dort unten wurden einst Sklaven in andere Städte verfrachtet. Ein paar Blocks weiter, in der Stadtmitte bei der schönen Fontäne, durch deren Wasserspiel das auf dem anderen Hügel der Stadt weiß strahlende State Capitol am Ende der Prachtstraße zu sehen ist, da wurden die Sklaven feilgeboten. Montgomery war das Zentrum von Alabamas Sklavenhandel, die Geburtsstätte der Konföderation, aber auch der Bürgerrechtsbewegung. Wenn du die Landschaft zu lesen weißt, erkennst du die vielen Schichten der Geschichte. Hier wurde das erste Weiße Haus errichtet. Unweit davon, am Eingang des State Capitol, Jefferson Davis ein Denkmal gesetzt. Davis war 1861 zum ersten – und einzigen – Präsidenten der Konföderierten Staaten von Amerika gewählt worden. Als Bronzefigur steht er immer noch da, mit ausgebreiteten Armen, und überblickt die Stadt, als ob sie ihm gehöre.

Blickt man von dort zurück, die Prachtstraße hinunter, erspäht man den Ort, an dem fast ein Jahrhundert später, 1955, der 13-monatige Busboykott mit Rosa Parks' Weigerung begann, ihren Sitzplatz zu räumen. Der Boykott beendete die Segregation in den städtischen Bussen. Angeführt wurden die Proteste von Martin Luther King, der in der Dexter-Kirche predigte. Wenige Jahre danach gelang den Freedom Riders das Gleiche in den Überlandbussen im Bundesstaat Alabama. Unweit von der Dexter-Kirche, im Asphalt vor dem State Capitol, erinnern unzählige Fußabdrücke an den langen Marsch, der mit 25.000 Menschen 1965 von Selma bis nach

Montgomery führte. Selbst wenn ihr Protest vor und nicht wie geplant im State Capitol endete, konnte die Bürgerrechtsbewegung doch große Erfolge verzeichnen, nicht zuletzt ein gerechteres Wahlsystem durchsetzen.

Und nun stehe ich hier. Sehe ich von weitem nicht aus wie Mies van der Rohes Neue Nationalgalerie in Berlin? Elegant, wie ein moderner Kunsttempel, mit Reminiszenzen an die alten Griechen? Zugegeben, dieser Schein trügt. Wenn du näherkommst, erkennst du, dass ich aus vielen einzelnen Stelen bestehe. 805, um genau zu sein. Darauf findest du die Namen der weit über 4000 Menschen, die zwischen 1877 und 1950 ermordet wurden. Gelyncht. Nur weil sie schwarze Haut hatten. 1877 markiert das Jahr, in dem die bundesstaatlichen Verbände, die Federal Troops, wieder abgezogen wurden, nachdem sie nach dem Bürgerkrieg zum Schutz der ehemals Versklavten in den Südstaaten geblieben waren und für ihre Sicherheit hätten sorgen sollen. Nach ihrem Abzug nahmen Verfolgung, Unterdrückung und Ausbeutung der schwarzen Bevölkerung erneut zu. Wer sich dem entgegenstellte, wurde Opfer der Lynchjustiz. Die Mörder waren angesehene Mitglieder der Gesellschaft und wurden bis 1950 nicht zur Rechenschaft gezogen, obgleich sie in einem Rechtsstaat lebten. Aber auch danach wurden viele weitere Morde nicht juridisch verfolgt.

Ich bin Teil dieser Landschaft und ihrer Geschichte, bilde ein Gegengewicht zum State Capitol auf dem anderen Hügel der Stadt, das mit den ihm umgebenden Denkmälern an die Konföderation erinnert. Zwischen uns die vielen Gedenktafeln und Museen, die der Bürgerrechtsbewegung gewidmet sind. In meiner eher platten Gestalt bin ich nicht so forsch wie die über 26 Meter hohe Säule von Alabamas Konföderationsdenkmals, das neben dem Capitol, einem Ausrufungszeichen gleich, in den Himmel ragt. Doch folge auch ich Rosa Parks' Beispiel, bin zäh und standhaft. In aller Schlichtheit stehe ich würdig und doch erhöht auf meinem Hügel und mahne die Nation, in der ich zuhause bin, das von ihr verursachte Unrecht anzuerkennen und endlich eine gerechtere Gesellschaft zu verwirklichen, so wie es die amerikanische Verfassung vorschreibt.

Der Chor der liegenden Stelen meldet sich zu Wort:
Wie pathetisch, großer Bruder. Der amerikanische Traum, erneut beschworen. Große Worte, Frieden und Gerechtigkeit. Das mit den großen Gesten funktioniert doch nicht – denk an die Megagesichter der vier Gründungsväter am Mount Rushmore oder den monumentalen King auf der Washington Mall. Das führt doch alles zu nichts. Du bist doch nicht allein, du brauchst uns!

Der Pavillon antwortet, leicht genervt:
Kleine Geschwister!

Ich war noch nicht fertig. Aber okay, ich bin nicht allein, bin nicht nur Teil der Stadtlandschaft, sondern auch eingebettet in einen Gedenkpark, der mich und viele weitere Skulpturen, darunter eben auch euch, die liegenden Stelen, umgibt.

Eingeweiht wurden wir im April 2018. Das Datum war bewusst gewählt, denn seit 1994 ist der April in den Südstaaten der Erinnerung an die Konföderation gewidmet. Dies war seinerzeit wiederum eine Reaktion auf den seit den 1970er Jahren vielerorts begangenen *Black History Month*, der jährlich im März gefeiert wird. Bereits die Einweihung war also symbolträchtig – und gut besucht: 35.000 Menschen waren mit dabei. Und der Besucherstrom hielt an. Seit der Einweihung kamen weitere 700.000, bis Covid-19 dem im Frühjahr 2020 abrupt einen Riegel vorschob. 700.000! Da sage einer, Denkmäler werden nicht gesehen …

Komm ruhig näher, folge dem Weg vom Eingang den Hügel hinauf, bis zu mir. Berühr mich, berühr meine rostige Eisenhaut. Nun stehst du Auge in Auge mit den Namen der Opfer. Ed Henderson. Ermordet am 14. September 1899. Eines von Tausenden Opfern. Diese Verbrechen waren bekannt, doch die schiere Anzahl der Morde überwältigt die Besucher dann doch. Ich kann es an ihren Reaktionen sehen, wenn sie die Namen auf meinen über 800 Stelen lesen, mit den Fingern berühren, und leicht zusammensacken. Kann hören, wie sie ungläubig miteinander darüber sprechen. Das Wissen um das Ausmaß der Schandtaten sinkt in ihre Körper ein.

Die Equal Justice Initiative, kurz EJI, die uns initiierte, dokumentierte in den letzten Jahren noch Hunderte neue Fälle. An diesem Ort wird an alle Opfer gedacht, auch der bisher unbekannten Toten. Das alles können die Besucher auf den vielen Informationstafeln lesen und durch mich erfahren.

Wenn du durch mich hindurchgehst, senkt sich langsam der Boden. Umso weiter du in mein Inneres kommst, umso höher hängen die Stelen über dir. Wirken bedrohlich. Erinnern an die zerschundenen Körper der Ermordeten, die von Bäumen und Brückengeländern hingen. *Strange Fruit* … hörst du Billy Holidays Raunen? Die Leichen blieben damals hängen, bis sie verrotteten. Zur Abschreckung für Schwarze. Zur Ermunterung für Weiße. Die Mörder hatten keine Repressalien zu befürchten. Von einigen dieser absurden Ereignisse tödlichen Ausgangs berichten kurze Texte. Während du von Schild zu Schild gehst und von der Grausamkeit liest, die unschuldigen Menschen vor aller Augen zugefügt wurde, hängt über dir schwer der Stelenwald. Diese Verbrechen werden nicht bildlich dargestellt. Du musst sie mitdenken. Dir die Bilder aus Schulbüchern und Filmen in Erinnerung rufen.

Mir wird zugutegehalten, dass ich würdevoll der Toten gedenke. Vielleicht liegt das gerade an der Abwesenheit dieser Bilder, und an der schlichten Eleganz meiner Ausformung, die trotz aller Melancholie von mir ausgeht. Meine vier Arme bilden den Pavillon, in der Mitte das Atrium mit einer erhöhten Freifläche. Sie erinnert daran, dass alles am helllichten Tag geschah. Wer sich eben noch im dunklen Stelenwald befand, ist nun den Blicken der anderen ausgeliefert. Das ist unbehaglich, regt aber zum Nachdenken an.

Das bin ich. Und doch nicht. Oder nicht nur, zugegeben.

Chor der liegenden Stelen:
Endlich. Dachten schon, er wollte uns wirklich nicht zu Wort kommen lassen. Denn er ist ja nicht allein, unser großer Bruder. Sicher, der Pavillon auf dem Hügel ist wichtig: sichtbar, elegant, lockt Besucher an. Die dreitägige Einweihung war bombastisch. So etwas hatte die Nation noch nicht gesehen – ein neuer Meilenstein in der

amerikanischen Erinnerungslandschaft war geboren. Und so fotogen! All die Aufnahmen, die in den sozialen Medien gepostet wurden und zusammen mit der medialen Aufmerksamkeit im In- und Ausland für zahlreiche Besucher sorgten. Was für ein Auftrieb für die Stadt, die schon bessere Tage gesehen hat. Aber klar, in erster Linie ein Beweis dafür, dass dieses Denkmal gebraucht wird.

Doch der Pavillon ist ja wahrlich nur *ein* Teil des Ganzen. Wichtiger sind wir.

Wenn du aus dem Bauch des Pavillons herauskommst, stehst du plötzlich vor einem Feld von Stelen. Das sind wir. Duplikate der Stelen, die du gerade durchlaufen hast. Sozusagen ihre Zwillinge. Doch wir vermehren uns stetig. Denn mittlerweile hat die EJI noch mehr Morde aufgedeckt. Sie lässt einfach nicht locker, ihre Nachforschungen gehen unaufhörlich weiter. Der große Bruder mag statisch dastehen, ganz so wie es traditionell einem Denkmal entspricht. Doch wir, die wir hier liegen, werden immer zahlreicher. Und wir sind anders. Einfach herumliegen liegt uns nicht. Wir wollen weg!

Aufgebahrt erinnern wir an Särge. Doch wir warten darauf, von den Landkreisen, in denen Lynchmorde begangen wurden, eingefordert und dort vor Ort aufrecht aufgestellt zu werden. Eines Tages sollen wir alle dort zu finden sein, wo die Morde, an die wir erinnern, stattfanden. Manche von uns stehen dann direkt neben einem Denkmal für die im Bürgerkrieg gefallenen Soldaten. Das wird die Landschaft gründlich umgestalten und einigen zu denken geben. Wir sind Teil des *Nationalen Denkmals für Frieden und Gerechtigkeit*, aber wie es der Name bereits ankündigt, soll die ganze Nation in diese Denkmalidee einbezogen werden, und dafür reicht ein einziges Denkmal an nur einem Ort nicht aus.

Wir lösen uns also als Ensemble auf, werden in alle Winde verweht, von Alabama bis in den tiefsten Süden, über Utah bis Kalifornien. Dann ist Schluss mit der trauernden Verbundenheit, die uns noch vereint. Jede einzelne Stele steht eines Tages an einem anderen Ort. Wenn uns das gelingt, ist es das Ergebnis einer Massenbewegung, einer sanften Revolution, von unten.

Die EJI lässt uns aber nicht so einfach ziehen, sie stellt Bedingungen. Sie bezahlt unseren Transport und unsere Errichtung, aber die Komitees, die uns vor Ort übernehmen sollen, müssen es ernst meinen mit der Vergangenheitsbewältigung. Das erfordert Zeit und ist mit unserer Errichtung allein nicht getan. Dem muss so einiges vorausgehen. Standorte müssen gefunden, Baugenehmigungen eingeholt und die Einweihungen geplant werden. Weite Teile der Gesellschaft sollen in die Auseinandersetzungen mit den konkreten historischen Ereignissen einbezogen, kommunale soziale Netzwerke geschaffen und Schulen in den Gedenkprozess integriert werden. Es geht um das Ausheben verschütteter Spuren und das Vergegenwärtigen übersehener Erzählungen.

Unsere Mission: die USA von Grund auf neu zu möblieren – Zeichen zu setzen – die Stelen als aufrechte Mahnmale im Stadtraum zu etablieren. Doch vor allem: diese schlichten Monumente zum Motor eines Aufarbeitungsprozesses werden zu lassen. Ein Bewusstsein dafür zu schaffen, dass die Folgen der innerstaatlichen Migration von 6 Millionen Menschen aus dem Süden in den Rest des Landes zwischen 1910 und 1970 ein Ergebnis der Sklaverei und ihrer Fortsetzung mit anderen Mitteln sind. Die daraus resultierende und bis heute anhaltende soziale und wirtschaftliche Ungerechtigkeit muss überwunden werden.

Wir sind ein Teil einer größeren Bewegung. Vor uns liegen mehr als 800 Einweihungen, ein Medienereignis wird das nächste jagen.

Es melden sich weitere Familienmitglieder des Gedenkparks zu Wort. Sie fühlen sich übersehen:

Können wir auch mal was sagen? Wann immer hierzulande etwas gelingt, muss in Superlativen gesprochen werden. Dabei bleibt vieles unbeachtet.

Beindruckender Pavillon, keine Frage, ein Hingucker, erfüllt auch eine sinnstiftende Funktion, nicht zuletzt in dieser traditionsreichen Nachbarschaft, die nach Jahrzehnten des Verfalls als Folge eines Autobahnbaus mitten durch die schönen Holzhäuser den Zuspruch internationaler Berichterstatter und den Zustrom von Touristen wirklich verdient hat. Und ja, es stimmt schon, kongeniales Denkmalkonzept: Permanenz und Monumentalität gepaart mit demokratischer Teilhabe durch die einzufordernden Stelen. Darauf muss man erstmal kommen. Innovativ, passt zum mobilen 21. Jahrhundert. Und das von einer NGO. Chapeau!

Aber noch hat ja die Auflösung der Stelen nicht begonnen. Vielleicht macht uns die politische Lage noch einen Strich durch die Rechnung, und ihr, liebe Stelen, bleibt da noch eine Weile liegen. Oder, wie es zurzeit aussieht, die allgemeine Unzufriedenheit beschleunigt die Entwicklung, denn mehr und mehr Menschen sehnen sich danach, der fortschreitenden Polarisierung des Landes Konkretes entgegenzustellen. Sie wollen mitmachen. Die Aufstellung der Duplikate bietet ihnen ein Ventil, die angestaute Frustration konstruktiv zu entladen. Eure Errichtung, liebe Stelen, ist damit ein Statement des Aufarbeitungswillens, ein Bekenntnis zur Versöhnung. Das wird spannend.

Zurück bleibt dann, irgendwann, der Pavillon. Nur ist der eben nicht allein. Wir sind auch noch da. Mit uns beginnt der gesamte Gedenkpark überhaupt erst. Der Weg zum Pavillon führt ja nicht einfach am Rasen entlang. Der Weg beginnt mit dem langen Leidensweg der Schwarzen, die vor 400 Jahren mit den ersten Sklaventransporten nach Amerika kamen. An diesen Anfang erinnert die Skulpturengruppe *Nkyinkyim.*

Nkyinkyim:
Uns hat der ghanaische Künstler Kwame Akoto-Bamfo geschaffen. Der akanische Titel umfasst das Auf und Nieder eines Lebens und die Fähigkeit der Menschen, sich den meisten Lebenslagen anzupassen. Wir, Frauen und Männer unterschiedlichen Alters und Standes, ein Neugeborenes ist auch dabei, wurden gerade in jenem Augenblick der Verzweiflung dargestellt, in dem wir versklavt wurden, als wir kurz vor dem Abtransport in ferne Länder standen – Länder, denen die Ausbeutung von Menschen wie uns Reichtum einbrachte. Wir stehen am Fuße des Hügels und erinnern daran,

dass Lynchmorde eine 400-jährige Vorgeschichte haben. Ohne die Sklaverei sind jene Gräuel nicht zu verstehen.

Mit uns wird just jener Moment geschildert, in dem der freie Wille in die Sklaverei gezwungen wird und Menschen ihrer universellen Rechte beraubt werden. Doch gleichzeitig ließ der Künstler jedem einzelnen von uns seine Individualität. Solch eine Darstellung der Sklaverei hat es in der Kunst bisher noch nicht gegeben. Mit unserer Platzierung direkt auf dem Boden, unseren expressiven Gesten und der Verbindung von Würde und größter Verzweiflung verweisen wir ganz selbstbewusst auf Rodins berühmte *Bürger von Calais*. Zudem wehren wir uns gegen die klassische Fixierung der skulpturalen Tradition auf den weißen Körper. Trotz der Ungerechtigkeit, die uns zugefügt wird, stehen wir hier daher mit derselben Selbstverständlichkeit wie die Davis-Bronze vor dem Capitol. Damit hat Akoto-Bamfo das Genre Skulptur selbst emanzipiert.

Mit uns beginnt der Weg hinauf zum Pavillon. Und wenn die Besucher aus dessen Bauch herauskommen und das Stelenfeld durchschritten haben, kommen sie zu unseren Schwestern, einer Bronzegruppe, die seitlich am Rande des Pavillons steht. Die Künstlerin, Dana King, hat sie *Geleitet von Gerechtigkeit* getauft.

Die Schwestern:
Wir sind drei Frauen unterschiedlichen Alters, eine schwanger, eine in der Mitte des Lebens, die dritte bereits von den Jahren gebeugt. Wir scheinen gleichsam auf die Besucher zuzuschreiten. Am Boden einige Fußspuren, in die man nicht nur gedanklich eintreten darf.

Wir drei erinnern an die Ausdauer und Hartnäckigkeit insbesondere der Frauen, die sich an dem über ein Jahr währenden Busboykott beteiligten. Steht man neben uns und dreht sich nach dem Stelenfeld um, spürt man die Widerständigkeit, die von uns ausgeht. Unsere Kraft wirkt ermunternd, fordert aber auch dazu auf, den noch fehlenden Teil der Aufarbeitungsarbeit zu leisten. Unsere Botschaft an die Besucher: Ihr schafft das – denkt daran, was wir alles für euch errungen haben! Nun ist es eure Aufgabe, dass die Stelen eingefordert und am historischen Orten der Verbrechen aufgestellt werden. Es ist an der Zeit. Amerika muss sich seiner Vergangenheit stellen. Wir stehen hinter euch.

Zugegeben, der Enthusiasmus, den wir ausstrahlen, rührt von einer etwas nostalgischen Sicht auf die Erfolgsgeschichte der Bürgerrechtsbewegung her, die in ihrer Verklärtheit einiges gemeinsam hat mit der sentimentalen Zurechtlegung der konföderierten Geschichtsschreibung. Diese nostalgische Schwärmerei kann so nicht stehen bleiben. Dem stellt sich die Wirklichkeit entgegen. Daran erinnern unsere Brüder.

Die Brüder:
Wir, die Männer in Willis Thomas' *Erhebt euch!,* haben unsere Arme zum Himmel gereckt, unsere Köpfe sind gesenkt, manche gar in der Mauer versunken, die unsere Gruppe zusammenhält. Die Augen geschlossen, stoisch Drangsalierungen aushaltend. Wir erinnern daran, dass die Ungerechtigkeit auch nach dem Ende der sogenannten Rassentrennung anhielt. Nicht zuletzt die Polizeigewalt gegen dunkelhäutige Amerikaner verweist darauf, dass der amerikanische Traum von Freiheit und Gerechtigkeit noch lange nicht für alle wahr geworden ist. George Floyd war nicht das letzte Opfer.

Die Skulpturen sprechen nun mit vereinter Stimme:
Doch selbst wir figurativen Skulpturen, die im Gegensatz zum abstrakten Pavillon mehr Identifikationsmöglichkeiten bieten, sind nur Teile eines großen Ganzen, einer Parklandschaft, die den Pavillon umgibt. In dieser Gedenklandschaft kommen ausschließlich Afro-Amerikaner und Menschen dunkler Hautfarbe zur Sprache, werden sichtbar, in unzähligen Brauntönen. Dazu kommen zahlreiche Inschriften und Texte, die den historischen Kontext erklären, sowie ein Zitat aus Toni Morrisons Roman *Beloved*, und ein extra für diesen Ort geschriebenes Gedicht von Elizabeth Alexander, *Invocation.* Die Bilder und Texte stellen die Selbstverständlichkeit und Selbstgefälligkeit der von Weißen festgehaltenen Geschichtsschreibung infrage.

Unser Ensemble ist sanftmütig, stolz und insistierend, ganz so wie unsere Schwester in Kopenhagen, Queen Mary, die allerdings bereits zu verwittern droht. Doch uns kann so leicht nichts etwas anhaben. Wir sind aus Bronze, dabei so standhaft wie einst Rosa Parks. Und wir sind als Teil des Parks geschützt, uns umgibt ein Zaun, man muss Eintritt zahlen, um uns zu besuchen, und durch eine Sicherheitsschleuse gehen. Dies nicht nur, weil die EJI, die uns hat bauen lassen, auf Spenden angewiesen ist und das Geld dringend braucht, um Menschen vor der Todesstrafe zu bewahren. Vielmehr geht es darum, sich zu vergewissern, dass an diesem Ort den Opfern der Sklaverei, der Lynchmorde und der Segregation mit Respekt und in Ruhe gedacht werden kann.

Wir werden gebraucht – wir Skulpturen genauso wie die Texte und Bänke, die Zäune und Bäume, in deren Schatten sich die Besucher ausruhen, und das Gesehene und Gelesene verdauen können. Denn zugegeben, dieser Teil der amerikanischen Geschichte ist nur schwer zu verkraften. Doch an ihn zu erinnern, bietet die Chance, Amerika nicht „great", aber gerechter zu machen.

Der Pavillon schweigt eine Weile. Dann leise, aber bestimmt:
Wer hier war, angefangen bei der Darstellung des Augenblicks der Versklavung und dem Versuch, dennoch die eigene Würde zu bewahren, wer mich durchschritt, von Ausmaß und Art der Verbrechen erschüttert, sich zu Kings Frauen gesellte und dort Kraft sammelte, wer Zorn in sich aufsteigen fühlte angesichts der erhobenen Hände der Männer in Thomas' *Erhebt euch!* und einige der Köpfe vor Ohnmacht in die Mauer einsinken sah, der kann nicht anders: ist berührt und verpflichtet zu handeln. Der missionarische Geist meiner Brüder, der einzufordernden Stelen, ist in der Tat der Motor, die Diskussion, die wir hier gemeinsam anzuregen versuchen. Meine Schwestern sind wichtig für das Verständnis sowie die Bereitschaft weiterzukämpfen. Damit erfüllen wir, die das *Denkmal für Frieden und Gerechtigkeit* ausmachen, gemeinsam den Denkmalsinn, der dem Denken ein Handeln folgen sehen will. Wenn sich die demokratische Triebkraft des Denkmals erfüllt, und ich –

nein, wir! – dazu beitragen, dem amerikanischen Traum näher zu kommen, dann wäre viel erreicht. Dieser Weg ist steinig und weit. Jedoch, es kann gelingen.

Angaben zum Werk

Werktitel: *The National Memorial for Peace and Justice*
Auftraggeberinnen & Realisation: Equal Justice Intiative in Zusammenarbeit mit der MASS Design Group
Jahr der Einweihung: 2018
Ort: Montgomery, Alabama, USA

Tanja Schult ist Kunstwissenschaftlerin und lebt in Stockholm. Über *The National Memorial for Peace and Justice* schrieb sie in *Liminalities: A Journal of Performance Studies* (2020), Bd. 16, Nr. 3. Der Artikel, zahlreich bebildert, ist im Internet frei verfügbar.

MARIUS BRYAN HENDERSON

Verflüssigt-flüchtig

Wir schmiegen uns nicht an.
Uns kannst du nie gänzlich umfassen,
wir sind nie ganz zu raffen.

Unsere fluiden Verkörperungen treten den Körpern der Besuchenden –
für Denkmäler eher untypisch – primär ohne Steine und Metalle gegenüber.
Eure Körper begegnen uns mit ihren Augen,
auch durch mal leises, mal lautes Tastentippen,
auf Fingerspitzen.
Ab und zu vernehmen wir ein Seufzen,
ein betroffenes Schweigen, und immer immer wieder
Weinen –
Tränen, aus Trauer und aus Wut –

Wir gleichen einer Vernetzung,
unsere sprichwörtlich „trockenen“ Fakten
benetzen sich mit Blut und Tränenflüssigkeit,
gespeist aus vergegenwärtigter Vergangenheit, den Blitz- und Brückenschlägen
aus dem Einst, ins Jetzt.

Das unfassbare Ausmaß der Verbrechen,
die wir verzeichnen,
trifft zunächst auf Netzhäute,
dringt dann vielleicht als Kerbe ins Gedächtnis.

Numerische Folgen, Nullen und Einsen,
dienen uns als flächige Untersockelungen,
aber die Zahlen, von denen wir erzählen,
tragen so viel mehr –
im Dickicht der Tabellen
summieren sich die genichteten Körper –
end
los

Datenflüsse kreuzen und durchfließen uns horizontal, intersektional,
ohne verhärtende Erdung und denkmaltypische, vertikale Sockelung,
inmitten und mitten durch, kein Von-oben-Herab.

Und während immer mehr versteinerte, selbst ernannte „Herrenmenschen"
von den Sockeln baden gehen
und sich deren Einfluss hoffentlich endlich verflüssigt,
fließen wir weiter,
erhalten die Erinnerung an die Vielen,
fließen auf vielen sensorischen Kanälen und in den Datenbanken,
verdichtet zu digitalen Denkmälern.

Angaben zum Werk

Werktitel: www.slavevoyages.org

KünstlerInnen: Es handelt sich bei diesem *digital memorial*, wie es auf der Website heißt, um ein wissenschaftlich basiertes Projekt, welches den rassialisierten transatlantischen und intra-amerikanischen Versklavungshandel dokumentiert. An dem Projekt sind zahlreiche WissenschaftlerInnen aus verschiedenen Disziplinen beteiligt, ebenso wie diverse BibliothekarInnen,

IT-SpezialistInnen, ProgrammiererInnen und WebdesignerInnen, welche die Website gestaltet haben, aufrechterhalten und aktualisieren.
Auftraggeber: Das US-amerikanische National Endowment for the Humanities diente als Hauptsponsor der anhaltenden Arbeit an diesem digitalen Denkmal / wissenschaftlichen Projekt. Realisiert wurde das Projekt maßgeblich an den folgenden Institutionen: Emory Center for Digital Scholarship, University of California, Irvine, University of California, Santa Cruz, Hutchins Center der Harvard University.
Jahr der Einweihung: 1992 (offline), 2008 (Open Access Online)
Ort: World Wide Web

Zum Nach- und Weiterlesen

Martin, Dawn Lundy, *A Gathering of Matter / A Matter of Gathering* (Athens: University of Georgia Press, 2007).

Philip, M. NourbeSe, & Setaey Adamu Boateng, *Zong!* (Middletown: Wesleyan University Press, 2008).

Sharpe, Christina, *In the Wake: On Blackness and Being* (Durham: Duke University Press, 2016).

Wilderson, Frank B., III. *Afropessimism* (New York: Liveright, 2020).

Marius Bryan Henderson ist amerikanistischer Literatur- und Kulturwissenschaftler an der Friedrich-Alexander-Universität Erlangen-Nürnberg und lebt in Hamburg. Zu seinen Forschungsschwerpunkten gehören experimentelle Lyrik und afro-diasporische Theorie.

LAURA A. MACALUSO

Spiel mit mir!

Mit mir verhält es sich wie mit Prinzessin Diana. In meiner Rolle als Gedenkbrunnen in einem der berühmtesten Parks der Welt, dem Hyde Park in London, stehe auch ich für eine neue, unverwechselbare Art des In-der-Welt-Seins, so wie es einst Diana tat.

Mein Dasein begann zwei Jahre nach Dianas Tod, zunächst als Konzept, ausgearbeitet durch ein von der Stiftung Königlicher Gärten gesponsertes Komitee. Ich bestand somit erst einmal aus Skizzen auf einem Zeichentisch, aus Gesprächen zwischen Männern, die feine weiße Hemden und gebügelte Hosen trugen. Diese Fachleute wollten, dass ich ein Gedenkbrunnen werde, keine traditionelle Bronzefigur. Diana hatte die Menschen, die im Komitee über mich urteilten, nie kennengelernt. Aber das war auch nicht entscheidend, denn sie sollten die breite Öffentlichkeit vertreten. Also alle, die immer noch um die „Königin der Herzen" trauerten. Im September 2001 begann der Designwettbewerb, doch es war ein furchtbarer Monat, überschattet von den Terroranschlägen am 11. September in New York.

Früher wünschte ich mir, ich wäre eine Bronzefigur geworden. Dianas Abbild. Aber stattdessen wurde auf Wasser als übergreifendes Thema gesetzt. Statt eine unbewegliche Figur zu sein, wurde es mein Job, strömendes Wasser kreislaufförmig durch mich selbst hindurchzuleiten. Die amerikanische Landschaftsarchitektin Kathryn Gustafson, die mich entwarf, hatte die Idee, dass ich ein Ort des „Innehaltens und des Vergnügens" sein sollte. So viel entnahm ich, damals noch als Skizze, zumindest den Äußerungen bei den Ausschusssitzungen. Aber mir schien, die Komiteemitglieder hatten eigentlich keinen blassen Schimmer davon, worauf sie sich einließen. Das Ganze erinnerte mich alles irgendwie an die Geschichte von Diana selbst, daran, wie sie sich in Charles verliebte und ihn mit gerade einmal 20 Jahren heiratete. Auch jetzt war es naiv anzunehmen, dass alles glatt gehen würde. Aber während Dianas Ehe unglücklich verlief, wurde ich in meiner Rolle als Gedenkbrunnen ein großer Erfolg.

Nur wenige Tage, nachdem das Wasser durch meinen Körper zu pumpen begann, wurde ich schon zu einer Besucherattraktion für Jung und Alt. Die Menschen liefen mich ab, den künstlichen Flusslauf hoch und runter, das Wasser um sich spritzend. Einige saßen aber auch bloß ruhig auf meinen niedrigen Wänden aus Cornwallschem Granit, ihrer Schuhe entledigt, die Füße ins Wasser haltend, mit den Zehen den Boden streifend.

Doch zugegeben, am Anfang konnte ich nicht so recht nachvollziehen, wie das für mich zuständige Komitee zu solch unbeschwertem Besucherverhalten einladen konnte, denn ich befinde mich schließlich im wohl meistbesuchten Park Londons. Die eindringlichen Appelle, mich nicht im Laufschritt zu durchschreiten, verhallten in den warmen Sommermonaten natürlich ungehört. Anstelle wie geplant ein Ort der ruhigen Andacht zu sein, wurde ich vielmehr zu einem Ort des aktiven Vergnügens. Vom Wasser angezogen, begannen Kinder und Erwachsene schon bald nach meiner Eröffnung auf mir zu rutschen und leider auch zu fallen: einige verletzten sich dabei. Ebenso wie die Fachleute musste auch ich erst auf hartem Wege lernen, dass eine gutgemeinte Idee manchmal negative Folgen nach sich zieht. Schließlich wurde das Wasser abgestellt und meine Anlage für Besucher geschlossen. Ich wurde rutschfest gemacht. Neue Sicherheitsmaßnahmen folgten, darunter ein rund um mich hochgezogener Zaun. Zudem wurden Mitarbeiter der Königlichen Gärten geschult. Ihr wisst schon, das sind die freundlichen Leute in den grünen Fleecejacken mit dem Kronenlogo aus Blättern drauf, die zur Ruhe ermahnen und nach dem Rechten sehen. Die Menschen kamen wieder, spielen in mir und genießen das Leben und das Gefühl von Gemeinschaft, das ich biete.

Im Grunde hat sich also nichts geändert – es ist wie nach der Einweihung. Und das Verhalten der Besucher spiegelt ihr Verhältnis zu Diana: die Menschen lieben mich exakt so, wie ich bin, als naturnahen Erholungsort in einer Stadt, die berühmt ist für ihre Parks, aber in der es auch viel Verkehr und Lärm gibt. Dem bunten Treiben schaue ich nun gerne zu.

Aber was ist mit den Kritikern und Akademikern, die endlos über Dinge wie Denkmäler und Museen schreiben und sich nie die Mühe machen, die breite Öffentlichkeit zu fragen, was die denn eigentlich darüber denkt? Von Fragen an die Denkmäler und Museen und ihrer Eigenwahrnehmung mal ganz abgesehen. Ich beschloss, es herauszufinden, und konsultierte eine Bibliothek. Man empfahl mir das Buch *London's Monuments*, Teil einer 2007 veröffentlichten *Metro-Guide*-Serie. Hier finde ich schon eine Beschreibung von mir, dachte ich, denn ich wurde ja bereits drei Jahre vor der Veröffentlichung des Reiseführers fertiggestellt. Mich ein wenig wichtig fühlend, sah ich mir zunächst den Abschnitt zu den Denkmälern des englischen Königshauses an. 27 Könige sind dort insgesamt gelistet. Dank meiner Recherche weiß ich jetzt, dass es allein sechs verschiedene Georgs auf dem englischen Thron gegeben hat. Der kleine Georg aus dem Hause Windsor, Dianas erster Enkel, den sie nie kennengelernt hat, und der zukünftige König von England, ist der bisher letzte. Seltsam, dachte ich, ich bin nirgendwo erwähnt. „Aber Moment!", widerfuhr es mir. Denn plötzlich sah ich einen weiteren Abschnitt im Buch, der sich Denkmälern unter der Überschrift „Morde, Unfalltote & Skandale" widmete. Hier musste Diana mit ihrem traurigen Schicksal zu finden sein! Aber auch in diesem Kapitel: nichts. Na ja, letztlich ist das beruhigend. Der Autor des Buches, Andrew Kershman, mag mich einfach vergessen haben. Oder hat er mich gar absichtlich ausgeschlossen? Wie dem auch sei, immerhin werde ich hier nicht fälschlicherweise als Erinnerung an Dianas tragischen und skandalösen Tod beschrieben, denn ich erinnere ja vor allem an ihre Lebensfreude, ihre Liebe zu Kindern und ihr soziales Engagement.

„Ach, aber Diana kann ja gar nicht im Abschnitt über die Royals stehen!", fiel mir dann ein. Ihr mögt euch vielleicht erinnern, dass Diana, als sie sich 1996 von Charles scheiden ließ, der Titel der Prinzessin entzogen wurde. Seitdem war sie nicht mehr Königliche Hoheit Prinzessin Diana, sondern schlicht Diana, Prinzessin von Wales. Was wie ein kleiner, zu vernachlässigender Unterschied im Detail erscheint, war in Wahrheit ein starker Affront. Der junge Prinz William soll seiner Mutter, so die Legendenbildung, daraufhin versprochen haben, ihr den ihr gebührenden Platz in der königlichen Rangordnung wiederzugeben, sobald er König geworden sei. Ohne den Titel der Prinzessin war Diana dazu verpflichtet, vor denen, die über ihr standen, einen Knicks zu machen. Dies schloss ihren früheren Ehemann und ihre Kinder mit ein. Aber immerhin behielt Diana als Mutter des zukünftigen Königs von England zumindest einige königliche Privilegien. Bei der Überführung ihres Sarges aus Paris nach London wurde dieser mit der „Royal Standard"-Flagge drapiert. Diese Flagge mit dem leuchtend roten walisischen Drachen auf goldgelbem Grund wurde auch bei dem offiziellen Trauerzug entlang des Hyde Parks verwendet.

Denkmäler sollen diejenigen, an die sie erinnern, ehren. Aber wie kann diese Ehrung aussehen? Welche Botschaft sende ich aus? Erinnere ich an die Verstorbene als „Königin der Herzen"? Oder als Frau und Mutter? Oder als junges Mädchen mit Hoffnungen und Träumen?

Lasst mich dem Autor Andrew Kershman einen Vertrauensvorschuss geben. Vielleicht hat er mich in sein 375-seitiges *London's-Monuments-Buch* auch nicht mitaufgenommen, weil ich im engeren Sinn kein Denkmal, also ein *monument*, wie es im Englischen heißt, sondern ein *memorial* bin. Obwohl die Wörter *monument* und *memorial* im Englischen manchmal synonym verwendet werden, ist der zentrale Unterschied gemeinhin, dass ein *memorial* ein Objekt ist, das Menschen nutzen können, benannt nach einer bekannten Persönlichkeit oder einem tragischen Ereignis. Der Verwendungszweck der Gedenkstätten ist dabei so vielfältig wie die Bedürfnisse der Menschen im Alltag. Ein Schwimmbad, eine Baumgruppe, eine Bibliothek. In meinem Fall bin ich ein langgestreckter, kreisförmiger Brunnen, der vor allem als Spielstätte für Familien mit Kindern und Touristen fungiert.

Dennoch: Dass ich überhaupt nicht in *London's Monuments* vorkomme, erscheint mir wie ein letzter Versuch, die „Königin der Herzen" aus der offiziellen Geschichtsschreibung herauszuschreiben. Dianas Geschichte und Beziehung zum Königshaus war schließlich sehr kompliziert. Ist es heute einfacher zu akzeptieren, dass die meisten Geschichten über Ikonen der Zeitgeschichte komplex sind? Wenn Andrew Kershman *London's Monuments* heute noch einmal schreiben sollte, würde er mich dann mit einbeziehen? Vielleicht würde er aufgrund meiner Form nicht mich, dafür aber ein anderes Denkmal für Diana berücksichtigen, eines, das gerade erst, im Sommer 2021, eingeweiht wurde. Statt eines lebendigen, eher ungewöhnlichen Denkmals, wie ich es bin, wurde es diesmal eine traditionellere, figurative Darstellung in Bronze. Prinz William und Prinz Harry hatten gelegentlich über ihr gemeinsames Projekt informiert, das sie anlässlich des 20. Todestages ihrer Mutter im Jahr 2017 erstmals angekündigt hatten. Damals beschlossen die Prinzen, ein neues Denkmal zu Dianas 60. Geburtstag am 1. Juli 2021 errichten zu lassen. In einer Erklärung des Kensington Palace wurden William und Harry mit den Worten zitiert, dass das neue Denkmal „allen, die den Kensington Palast besuchen, helfen wird, über das Leben ihrer Mutter und ihr Vermächtnis nachzudenken". Das neue Diana-Denkmal basiert auf Skizzen des Bildhauers Ian Rank-Broadley, der für seine figurative Darstellung von Queen Elizabeth auf Münzen des Vereinigten Königreichs und des Commonwealth bekannt ist. Das neue Denkmal steht auf dem Gelände des Kensington Palace, in dem Diana früher lebte. Die Prinzen William und Harry sind sich offenbar bewusst, dass es ein Bedürfnis nach einer bildlichen Darstellung ihrer Mutter gibt. Die Bronzefigur reiht sich in die bestehende Londoner Sammlung von Diana-Denkmälern ein. Zu diesen kann man auch den „White Garden" im Kensington Palace zählen, der im Jahr von Dianas Tod entstand.

An manchen Tagen, wenn alle Kinder in der Schule sind und es leiser ist, kann ich Gespräche von älteren Menschen hören, die durch den Park gehen und für einen Moment innehalten, um mich zu betrachten. Menschen, die sich an die Zeit erinnern, als Diana eine junge, schüchterne Prinzessin war, die sich erst noch daran gewöhnen musste, im königlichen Rampenlicht zu stehen. Aber ich mache auch anderes Gedenken an Diana möglich. An einem sonnigen Tag erinnert der Gedenkbrunnen an eines der letzten Fotos von Diana – ihr wisst schon, das, auf dem sie einen türkisfarbenen Badeanzug trägt, am Bug einer Superyacht sitzend, die dem Vater ihres Playboy-Freundes Dodi Fayed gehörte. In jenem August 1997 ließ sie ihre Beine verspielt über das blau schimmernde Mittelmeer hängen und streckte sich elegant der Sonne entgegen. Vielleicht nahm sie diese Pose auch für die Fotografen ein, von denen sie wusste, dass sie stets präsent waren. Dies ist eines der letzten Bilder von Diana. Einige sagen, sie war endlich glücklich. Befreit aus einer lieblosen Ehe und weitgehend unabhängig, konnte sie ihren nächsten Lebensabschnitt planen, der im Zeichen des humanitären Dienstes stehen sollte. Diana war 36 Jahre alt. Wenige Tage später kam sie bei der Flucht vor Paparazzi durch einen Autounfall in einem Pariser Tunnel ums Leben. Als Gedenkbrunnen hoffe ich, dass ich denjenigen, die es wünschen, eine Gelegenheit biete, über die vielen Seiten Dianas nachzudenken, und darüber, wie wenig wir sie doch eigentlich kannten.

Dianas Anwesenheit – im wirklichen Leben wie auch heute in unserer Erinnerung fast ein Vierteljahrhundert nach ihrem tragischen Tod – hinterfragt einen zentralen Aspekt des britischen Selbstverständnisses, der von Königin Elizabeth seit über 65 Jahren tagtäglich vorgelebt wird. „Keep calm and carry on with a stiff upper Lip" – Ruhe bewahren und selbstbeherrscht weitermachen. Vor gut 30 Jahren, in den 1990er Jahren, galt Dianas Leben vielen als ungewöhnlich und skandalös: schließlich war sie weder ruhig noch emotionslos. Über Dianas Bulimie wurde in der Öffentlichkeit nicht gesprochen. Die Affäre des Ehemannes sollte privat bleiben und von der Ehefrau stoisch ertragen werden. Um ihr Leben neu gestalten zu können, musste Diana in den Krieg ziehen – nicht mit, sondern gegen die britische Königsfamilie. Und am Ende verlor sie.

Oder etwa nicht? Es schien, als sei es Diana gelungen, die Monarchie zu verändern, denn sonst wäre die Ehe ihres zweiten Sohnes Harry mit einer geschiedenen, schwarzen Amerikanerin kaum möglich gewesen. Aber im Frühjahr 2021 wurde erneut deutlich, dass die Königsfamilie sich weiterhin mit Außenseitern schwertat.

25 Jahre nach Dianas Tod scheint ihr einstmals als dramatisch und skandalös wahrgenommenes Leben etwas von seinem öffentlichen Erregungspotenzial verloren zu haben. Für die im 21. Jahrhundert Geborenen ist ihr Leben wohl kein wichtiger Bezugspunkt mehr. Aber all diejenigen, die die 1980er und 1990er Jahre bewusst durchlebten, werden die Tausenden von Blumensträußen und Karten, die nach ihrem Tod vor dem Toren des Buckingham Palace abgelegt wurden, schwerlich vergessen können. Diese spontane, sichtbare Manifestation kollektiver Trauer war so etwas wie ein temporäres Denkmal, das auf unzähligen Fotografien und Videobildern festgehalten wurde.

Heute gibt es weltweit Denkmäler für Diana, seit neuestem auch in Ungarn. Und es werden sicherlich noch weitere hinzukommen. Die verschiedenen Diana-Denkmäler, im engen und weiteren Sinn, tragen dazu bei, dass unterschiedliche Facetten der Erinnerung an Diana zu einer fortwährenden Beschäftigung mit (ihrer) Geschichte führen. Als *Diana Memorial Fountain* stelle ich dabei nur einen Teil der komplexen Geschichtsschreibung von Dianas Leben dar. Ich betone das Unkonventionelle, ihre Verspieltheit und Lebenslust. Hier sind alle willkommen, so wie sie sind – dürfen picknicken, im Wasser planschen, in der Sonne sitzen.

Dianas letzter Sommer ist längst vorbei. Auch der Pandemiesommer 2020 verblasst nun allmählich. Monatelang war ich für die Öffentlichkeit geschlossen, doch jetzt kehren die Besucher langsam zurück. Ich hoffe, es kommen demnächst wieder sehr viele mehr und spielen mit mir!

Aus dem Englischen von Julia Lange und Tanja Schult.

Angaben zum Werk

Werktitel: *Diana, Princess of Wales Memorial Fountain*
Künstlerin: Kathryn Gustafson / Gustafson Porter & Bowman
Auftraggeber: The Royal Parks
Jahr der Einweihung: 2004
Ort: Hyde Park, London, England

Zum Nach- und Weiterlesen

Hill, Rupert, *Walking London's Statues and Monuments* (London: New Holland Publishers LTD, 2010).

Kershman, Andrew, *London's Monuments* (London: Metro Publications, 2007).

Laura A. Macaluso ist Historikerin und lebt in Alexandria, Virginia. Sie arbeitet als *Grant Writer* in Washington, DC und ist die Autorin zahlreicher Bücher. Zu ihren jüngsten Veröffentlichungen zählen *The Public Art of Hartford* und *A History Lover's Guide to Alexandria and Northern Virginia*, beide 2021 erschienen.

ANNE BAKER

Auf dem Weg

Damals, als ich wuchs, herrschte hier Ruhe. Die Felder sind noch grün, in der Ferne schimmern die sanften Hügel bläulich. An diesem Hang stehen auch noch andere Bäume. Ich als Steineibe überrage sie alle. Auf den Feldern wächst das Gras neben viel niedrigem Gebüsch und Gestrüpp. In der Abenddämmerung wandern Impalas über die Felder. Papageien und Tauben zwitschern in meinen Ästen, vor allem im Herbst, wenn die Samen reif sind. Früher kamen die Farmarbeiter, um das Gras zu mähen, oder um Schafe zum Weiden zu bringen. Jene Tage waren viel lebhafter. Die Arbeiter sangen, plauderten in der Mittagspause in meinem Schatten. Aus ihren Gesprächen wurde deutlich, dass es schwierige Zeiten waren. Sie mussten darauf achten, was sie sagten. Ich verstand nicht, warum. Ab und zu kam der Farmer in seinem dicken Wagen vorbei; er blieb nie lange.

So verlief mein Leben, ruhig und gleichmäßig. Darum ist mir auch jener Tag in Erinnerung geblieben, obwohl ich nicht richtig verstand, was damals geschah. Es war ein Nachmittag im Winter. Ein kühler Wind wehte über die Felder. Ich war ungefähr 30 Jahre alt, ziemlich jung für eine Steineibe, aber schon groß. Von meinem Standort aus konnte ich deshalb die Straße gut sehen. Was auf der Straße passierte, interessierte mich immer. Plötzlich erschien ein dunkles Auto, ein Ford V8, aus dem Nichts. Es schwenkte aus und hielt direkt vor einem großen Austin, der daraufhin ebenfalls anhalten musste. Ein magerer, weißer Mann stieg aus dem Ford und lief zur Beifahrertür. Dann hielten noch zwei andere schwarze Autos. Der weiße Mann sprach mit dem schwarzen Mann auf dem Beifahrersitz und zeigte ihm ein Stück Papier. Der schwarze Mann trug eine weiße

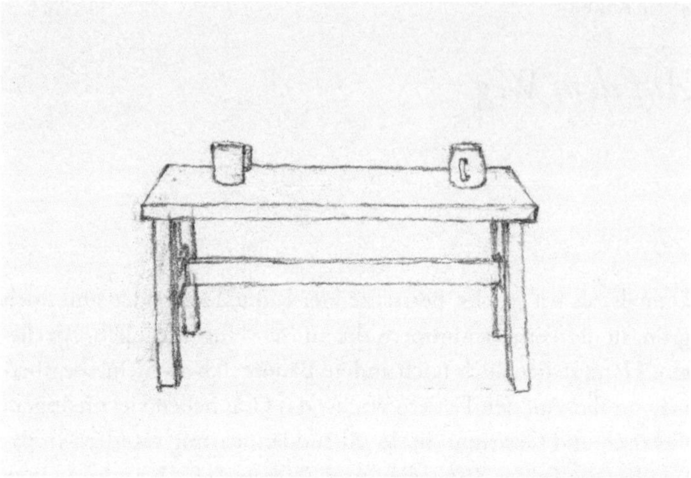

Jacke und sah aus wie der Chauffeur. Merkwürdig, denn er fuhr ja nicht. Ein weißer Mann saß hinterm Steuer. Ein weiterer Mann stieg hinten im Austin ein. Alle Autos drehten um und fuhren Richtung Pietermaritzburg. Ein paar Minuten später war alles vorbei.

Ich dachte lange darüber nach. Was sollte das alles bedeuten? Warum wurde ein Auto auf unserer kleinen Landstraße in der Nähe von Howick in KwaZulu-Natal angehalten? Einige Wochen später saßen die Farmarbeiter wieder im Gras mit ihren Broten. Sie plauderten leise, als wollten sie nicht gehört werden. Ich konnte nicht alles verstehen.

„Ich habe gehört, dass es Polizisten waren, die Madiba festnahmen", sagte einer der Arbeiter. „Er wurde in eine Zelle gesperrt. Muss noch vor Gericht erscheinen. Wer war eigentlich der weiße Mann am Steuer?"

„Cecil Williams. Stand in der Zeitung. Er und Mandela hatten ein Treffen hier in der Gegend. Sie wollten gegen die Regierung vorgehen. Die kriegen Schwierigkeiten …", antwortete ein anderer.

Es dauerte eine Weile, bis ich begriff, dass Madiba und Mandela ein und dieselbe Person waren. Nelson Mandela. Er war der schwarze Mann, der an jenem 5. August 1962 verhaftet wurde. Die ganze Sache schien sehr gefährlich.

Es war Winter, und die Arbeiter kamen nicht mehr so oft. Aber wenn sie da waren, dann drehten sich die Gespräche meistens um Mandela und den ANC. Cecil Williams stand unter Hausarrest, aber Mandela war noch im Gefängnis, angeklagt wegen Hochverrat. „Jemand hat ihn verraten", sagten sie. Aber niemand schien zu wissen, wer es getan hatte.

Eines Tages sprachen sie wieder über Mandela.

„Wo ist Madiba jetzt?"

„Auf Robben Island. Die Insel liegt beim Westkap. Da ist nur ein Gefängnis, sonst nichts."

„Ein schrecklicher Ort. Die Gefangenen werden geschlagen und gefoltert, sagt man."

Da war Mandela also – auf einer Insel vor Kapstadt, im Gefängnis, in Einzelhaft, lebenslang.

Danach war es jahrelang wieder ruhig. Die Jahreszeiten wechselten sich ab, und ich hörte nur noch manchmal etwas über Mandela. Die Arbeiter waren ab und zu noch auf dem Feld, aber sie sprachen wenig über ihn. Scheinbar wussten sie kaum, was im Lande vor sich ging. Dann, 1976, wurde viel über einen Aufstand gesprochen und bald darauf über einen nationalen Notstand. Auf den Straßen kämpfte man für Menschenrechte. „Apartheid weg!" war der Slogan. Viele wurden getötet. „Wir müssen zusammenhalten." Solche Worte hörte ich damals sehr oft.

Im März 1982 herrschte große Aufregung. Mandela wurde nach Pollsmoor, einem weniger strengen Gefängnis in einem Vorort von Kapstadt, überführt.

„Warum nach Pollsmoor?", fragte ein Arbeiter.

„Keine Ahnung. Ist wahrscheinlich ein gutes Zeichen. Vielleicht wird er freigelassen."

„Unmöglich", meinten alle.

Einige Jahre später, im November 1985, machten sich alle Sorgen. Madiba musste operiert werden. „Ist er in Sicherheit?" war nun die große Frage. Seine Frau und Töchter hatten ihn im Krankenhaus besucht. Alle waren erleichtert, die Operation war gut verlaufen.

Im nächsten Jahr gingen die Aufstände und Kämpfe weiter. Die

Arbeiter sprachen nur sehr leise darüber. Sie schienen Angst zu haben. Den weißen Farmer sah ich selten, aber er sagte sowieso nie was.

Dann, 1987, wurde Mandela in ein neues Gefängnis überführt, das Victor-Verster-Gefängnis außerhalb von Kapstadt. Hier durfte er zumindest seine Familie treffen. Die Arbeiter fingen an, ohne Hemmungen über die Entwicklungen zu sprechen. Im Juli 1988 stand es in der Zeitung: Mandela hatte ein Gespräch mit Präsident Botha gehabt. Die Aufregung war groß. Vielleicht wird er freigelassen? Nach so vielen Jahren! Alle waren besorgt. Was, wenn nicht?

Es dauerte einige Monate, aber es geschah dann tatsächlich – nach 27 Jahren, im Hochsommer, am 11. Februar 1990. Mandela war frei. Ein Arbeiter zeigte den anderen die Berichte in der Zeitung.

„Schau mal. Sie tanzen auf den Straßen. Plakate haben sie auch. Da steht drauf: Bist du so weit? Mandela kommt."

„Natürlich! Schon lange", sagte ein anderer.

Danach drehten sich die Gespräche ausschließlich um Politik. Davon verstand ich wenig. Einige Zeitungen schrieben, dass damals die Amerikaner in Mandelas Verhaftung verwickelt waren. Sie hatten Angst, dass der ANC mit den Kommunisten zusammenarbeitete. Alles schien sehr kompliziert.

1994 wurden Wahlen ausgeschrieben. Jeder hatte Stimmrecht. Natürlich wollten alle Madiba wählen. Er siegte und wurde im Mai Präsident, im Alter von 75 Jahren. Jetzt sollte die Apartheid abgeschafft werden. Freiheit war das Wort der Stunde. Ich hörte, dass Mandela ein Buch über sein Leben geschrieben hatte: *Der lange Weg zur Freiheit.*

Die Tage wurden umtriebiger. Unser Feld wurde viel besucht. Leute kamen, um die Straße zu sehen, wo Mandela verhaftet wurde. 1999 trat Mandela zurück, aber die Gespräche kreisten weiterhin um ihn. „Mandela" versprach Freiheit.

In den Zeitungen schrieb man offenbar, dass ein Denkmal auf unserer Wiese errichtet werden sollte. Aber nichts geschah, und alles schien vergessen.

Jahre später tauchten andere Leute auf. Sie schauten sich alles an und dachten gemeinsam nach. Einige hatten komplizierte Geräte bei sich und machten Fotos. Seit 2011 kamen die Farmarbeiter nicht mehr. Unser Feld wurde offenbar an die Gemeinde uMngeni verkauft. Nun kamen jeden Tag viele Leute. Am 5. August 2011 gab es ein großes Fest. Ich hatte noch nie solch eine Menschenmenge gesehen. Der Bürgermeister von uMngeni hielt eine Rede, andere auch. Ein langer, alter Mann, George Bizos, sprach über seine Studienzeit mit Mandela. Er sei Rechtsanwalt und habe Mandela damals vor dem Gerichtshof verteidigt. Man wollte ein Museum zu Ehren Mandelas errichten, und auch das Denkmal, von dem ich ja schon gehört hatte. Dann sprach ein viel jüngerer Mann. Er sah aus wie Mandela, so wie ich ihn in Erinnerung hatte. Kein Wunder, denn er war Mandelas Enkel, Mandla. Er erhob seine geballte Faust, und alle jubelten ihm zu.

Die Aktivitäten nahmen zu. Bauleute fingen an, ein kleines Gebäude weiter oben am Hang zu bauen, und einen Weg zu verlegen, der den Hang hinunterführte. Er endet heute an einer glatten, viereckigen Fläche. Von da aus sieht man die Landschaft in der Ferne. Zwei weiße Männer kamen damals auch. Einer hieß Marco Cianfanelli. Scheinbar war das Denkmal seine Idee, die er sich zusammen mit Jeremy Rose ausgedacht hatte. Langsam fing alles an Gestalt anzunehmen. Auf der viereckigen Fläche wurden viele schwarze, schlanke Stahlpfähle befestigt. Die Arbeiten dauerten lange. Als alles fertig war, konnte ich sehen, was die Pfähle darstellten: Madibas Gesicht. Er schaut Richtung Westen, dorthin, wo er einst im Gefängnis einsaß. Ich konnte meinen Blick nicht von ihm abwenden. Auf dem Weg hin zum Denkmal hatte man kleine Holzschilder aufgestellt. Auf ihnen wurde an wichtige Ereignisse erinnert, die sich seit Mandelas Verhaftung im Jahre 1962 zugetragen hatten. Der Weg heißt „Weg zur Freiheit“.

Ein Jahr später, am 4. August 2012, fand wieder ein großes Fest statt. Es kamen noch mehr Leute als im Jahr zuvor. Dies war die offizielle Eröffnung des Denkmals. Unser Feld, die Capture Site, war unterdessen Kulturerbe geworden. Frauen ululierten und tanzten, und viele Reden wurden gehalten. Der damalige Präsident,

Jacob Zuma, sprach darüber, wie wichtig es sei, dass Kinder ihre Geschichte kannten. Cianfanelli erklärte, warum er das Denkmal auf diese Art gestaltet hatte: Die fünfzig Stahlpfähle erinnerten an die fünfzig Jahre, die seit der Verhaftung Mandelas vergangen waren; sie symbolisierten auch den Kampf derer, die zusammen mit Mandela für die Freiheit gekämpft hatten. An einige Worte, die Cianfanelli an diesem Tag sprach, kann ich mich noch gut erinnern:

„Wenn man durch die Struktur läuft, strahlt sie ein Licht aus, ein Symbol für den politischen Aufstand und die Solidarität vieler Menschen."

Natürlich kann ich nicht zwischen den Pfählen laufen. Aber viele Leute machen das. Auf dem Weg zum Denkmal bleiben sie oft stehen.

„Jetzt sehe ich es. Sein Gesicht", rufen sie erstaunt. Dann bleiben sie schweigend stehen, und schauen. So beeindruckend ist es.

Ich war enttäuscht, dass Madiba nicht bei der Einweihung dabei war, aber er war schon 94 Jahre alt. Jemand sagte, er sei krank.

Das Feld wurde immer voller. Drei Wochen nach der Eröffnung fand ein Marathon statt. Die Läufer starteten in Durban und das Rennen endete auf unserem Feld. So viele Leute jubeln und feiern zu sehen, das war toll! Aber ich fand es auch schön, als sie wieder weg waren. Da hatte ich das Feld erst einmal wieder für mich allein.

Autos und Busse kommen noch ständig vorbei. So viele verschiedene Menschen, verschiedene Sprachen, viel Lärm. Aber wenn sie den langen Weg entlangwandern, werden sie stiller – als ob sie erst dann verstünden, wie lang Madibas Kampf andauerte, wie schwer der Weg gewesen war.

Am 5. Dezember 2013 ist Mandela gestorben. Viele kamen zum Feld und legten Blumen nieder. Es war traurig. Ich sah einen der Farmarbeiter, mittlerweile ein alter Mann. Er stand neben dem Denkmal und weinte.

Vor einem Jahr fing man wieder zu bauen an. Ein neues Museum aus Beton und Glas, viel größer als das kleine Gebäude. Dann kamen die Laster mit allerhand Sachen für die Ausstellung. Es war ein Schock, als ein schwarzer Ford V8 ausgeladen wurde. Es war natürlich nicht das Originalauto von 1962, aber es brachte die Erinnerung in voller Schärfe zurück. Das neue Museum wurde am 11. Februar 2020 vom Premierminister von KwaZulu-Natal, Sihle Zikalala, eröffnet. An jenem Tag kamen wieder viele Leute, und so ist es jetzt immer. Große Schulgruppen, Busse voll Touristen.

Alles ist anders. Es wird nie wieder mein ruhiges Feld sein. Aber es gibt die friedlichen Abendstunden. Dann kann ich mir Madibas Gesicht ansehen und über die Zukunft nachdenken. Die Impalas kommen manchmal zurück zum Grasen. Einer rieb seinen Rücken gegen die schwarzen Pfähle. Madiba hätte das sicher gefallen.

Aus dem Englischen von Anne Baker, Tanja Schult und Julia Lange.

Angaben zum Werk

Werktitel: *Nelson Mandela Howick Site*
Künstler: Marco Cianfanelli & Jeremy Rose
AuftraggeberInnen: Central and Provincial governments
Jahr der Einweihung: 2012
Ort: Howick, KwaZulu-Natal, Südafrika

Zum Nach- und Weiterlesen

Mandela, Nelson, *Long Walk to Freedom – the Autobiography of Nelson Mandela* (New York: Back Bay Books, 1995).

Miller, Kim & Brenda Schmahmann (Hg.), *Public Art in South Africa: Bronze Warriors and Plastic Presidents* (Bloomington: Indiana University Press, 2017).

Anne Baker ist Sprachwissenschaftlerin und lebt in Amsterdam und Stellenbosch.